润物无声

——语文思维成长与素养提升

孙树楠 著

中国石油大学出版社
CHINA UNIVERSITY OF PETROLEUM PRESS

山东·青岛

图书在版编目（CIP）数据

润物无声：语文思维成长与素养提升 / 孙树楠著
. -- 青岛：中国石油大学出版社，2024.9
ISBN 978-7-5636-8230-0

Ⅰ.①润…　Ⅱ.①孙…　Ⅲ.①中学语文课－教学研究
－高中　Ⅳ.①G633.302

中国国家版本馆CIP数据核字（2024）第098795号

书　　　名：润物无声——语文思维成长与素养提升
　　　　　　RUNWU WUSHENG——YUWEN
　　　　　　SIWEI CHENGZHANG YU SUYANG TISHENG

著　　者：孙树楠

责任编辑：陈亚亚（电话　0532-86981529）
责任校对：朱纪寒（电话　0532-86981529）
封面设计：孙晓娟

出　版　者：中国石油大学出版社
　　　　　　（地址：山东省青岛市黄岛区长江西路66号　邮编：266580）
网　　　址：http://cbs.upc.edu.cn
电子邮箱：Q20160035@upc.edu.cn
排　版　者：济南海讯图文有限公司
印　刷　者：泰安市成辉印刷有限公司
发　行　者：中国石油大学出版社（电话　0532-86983437）
开　　本：710 mm×1 000 mm　1/16
印　　张：15.75
字　　数：278 千字
版　印　次：2024 年 9 月第 1 版　2024 年 9 月第 1 次印刷
书　　号：ISBN 978-7-5636-8230-0
定　　价：58.00 元

前　言

　　语文学习看起来容易，以至于让许多人从心理上忽视它，但是做起来很难，难到让许多人无法找到突破的路。语文学科的学习成为一些人的短板，制约着其整体成绩的提高。

　　随着教育教学改革的进一步深入，关于语文学习的思考与探索也在进一步深入，语文学习正在进入一个全新的阶段，改变了过去那种靠刷题提高成绩的简单机械做法和碎片化的阅读方式，重在突出学生的主动学习和整体阅读，全面提升学生的语文素养，这是语文学习本质的回归。

　　《普通高中语文课程标准》（2017 年版 2020 年修订），以立德树人为基本目标，以语文核心素养为依归，关注学生个性化、多样化的发展要求，强调教师要将教的过程转变为学生自主学习的过程、学生自主体验的过程和学生积极自主发展的过程。这就是"以人为本"的理念在课程和教学上的具体应用。新编高中语文教材以课程标准的总体规划为依据，以单元整体设计为基础，以课文为主要载体，以"学习任务群"的形式重构高中语文课程的内容系统，着力发展学生的语文核心素养，灵活设计阅读与鉴赏、表达与交流、梳理与探究等实践活动，改变过去常见的以单纯的知识传授为中心或以能力为中心的思路，引导学生在真实的情境中学习和运用语言，在个性化的参与和实践中提升学生的语文核心素养。

　　关于语文学习的理论浩繁。理论固然能起到高位引领的作用，但是对于具体的语文学习，特别是语文实践，总是显得抽象而让人无从下手。本书基于新课标的基本要求，以对语文课程与教学理论的研究为支撑，不拘泥于专题知识的完整系统，重在对语文学习中核心问题的思考与解决，立足于高中语文学习的实际，抓住关键，快速突破，是对语文知识与能力的一次系统重构。本书从散文品析与感悟、小说理解与分析、戏剧教学与实践、诗歌阅读与鉴赏、大单元背景下的教学设计、整本书阅读与探讨、写作指导与升格等方面，突出学习过程中的核心内容和关键节点，并予以重点关注，既有语文学习的整体构建，又有具体的课堂设计，从最真实的学习活动入手，破解学习过程中的难题，找到生动且富有创新意义的方法，更具有操作性、针对性和指导性。

本书方向明确，目标清晰，以高中语文教材为依托，结合丰富的名家作品和历年高考材料，从语文学习的基本层面着手，有利于对学习的整体和深入把握。本书整体结构是科学、系统的，是结构化、体系化的，既有理论上的引领，又有课程内容学习方法的具体指导，体现了对语文学习实践的深度思考和科学预测。课堂设计以语文课程学习与语文课堂实践为基础，针对学习重点进行深层次剖析，力求在关键的阅读、理解、分析、写作等方面做出突破。单元教学设计重在整体规划，从学习的角度设计阅读过程和理解过程，立足于学生的主动学习，关注人的成长，体现"以学生为中心"的教育理念，关注学生的研究性学习过程，注重学生的个性体现与集体参与，达成学生语文核心素养的落地，体现对语文学科深入学习的前瞻性思维，体现语文课程独有的育人价值。

在当前语文学习的过程中，急功近利的思想依然存在。语文素养不在于做多少题，而在于学会阅读，学会思考，学会审美，学会运用发展思维，理解文化的丰富内涵，真正走进语文的天地。本书针对学习中亟须解决的问题，逐点深入分析，既有纵向的探究，又有横向的关联，体现了对当前语文教育的思考，从具体处入手，从细微处突破，突破难点、重点，建构起独有的知识、能力、逻辑和价值意义上的联结，从中体验、感悟、对话、批判、建构，从而实现认知水平、思维水平、人格品质的提升和建构能力的突破。

本书结合作者在一线教学过程中的基本经验，深刻地分析当前语文学习中存在的问题，对学习过程和学习方法进行了深入剖析，具有深远的指导意义，把立德树人的根本任务落到了实处。

著者

2024 年 3 月

目　录

第一章

散文品析与感悟

　　散文的特点是"形散而神不散"。"形散"是指散文取材广泛，既可以写人，又可以写景或记事，而且在写人、写景、记事的过程中，可以超越时间和空间的界限，选取不同的素材。"神不散"是指散文所要表达的主题必须明确而集中，不管选取什么时间、地点的素材，都不能脱离中心，都要为主题服务。

　　鉴赏散文，就要从散文的特点入手，理清散文的内容。这包括明确文章是对社会现象的思考，还是对个人生活的感悟；是对历史作阐发，还是就现实作联想。同时，要在具体的语境中理解文中的词语和句子，体味其中包含的深意，从而准确地把握文章的主旨。从表达方式上来看，散文既注重记叙，又注重议论和抒情。可以说，记叙是它的血肉，议论和抒情是它的筋骨，从记叙的内容中把握事件的来龙去脉、人物的性格和精神，从议论中体会作者的思想、自然万物中包含的哲理，从抒情中理清作者的情感。散文的语言生动形象、内涵丰厚。在阅读的过程中，读者要细细品味，方能悟出其中的深意，领略融于其中的对人生世事的思考和深刻的哲理。

第一节 散文中物象的作用

散文作品在行文的过程中，经常会写到一些具体的事物。这些事物有的贯穿全文，起到线索的作用；有的被赋予丰富的象征意义，承载着作者的情感和思想。它们在文章里起着重要的作用。读懂散文作品中的物象内涵，就是读懂散文的重要途径之一。

一、物象的线索作用

散文中的物象既是作者描写的对象，又是行文的线索。它把众多材料组织在一起，借以表达文章的主旨。

茅盾先生的《白杨礼赞》中，作者以白杨树为描写对象，一开始就直接抒发对白杨树的热烈赞美之情，随后在广阔的高原的背景下引出了白杨树。作者抓住白杨树的主要特点——"笔直""向上"，对它的外形进行了形象的描写：

> 它的干通常是丈把高，像加过人工似的，一丈以内绝无旁枝。它所有的丫枝一律向上，而且紧紧靠拢，也像加以人工似的，成为一束，绝不旁逸斜出；它的宽大的叶子也是片片向上，几乎没有斜生的，更不用说倒垂了；它的皮光滑而有银色的晕圈，微微泛出淡青色。这是虽在北方风雪的压迫下却保持着倔强挺立的一种树。哪怕只有碗那样粗细，它却努力向上发展，高到丈许，两丈，参天耸立，不折不挠，对抗着西北风。

在作者的眼里，"那是力争上游的一种树""实在是不平凡的一种树"。作者极力赞颂白杨树力争上游、紧密团结、不屈不挠的精神。"它伟岸，正直，朴质，严肃，也不缺乏温和，更不用提它的坚强不屈与挺拔，它是树中的伟丈夫！"最后由树及人，概括了白杨树的象征意义。整篇文章围绕白杨树组织材料，结构严谨，抒情性强。

再如出现在高考试卷中的《从祁连山飘来的雪》中，雪是主要的写景对象。作者赋予祁连山独特的景象，那是作者回忆中的模样。雪是线索，贯穿全文。从题目到正文主体，再到结尾，雪串联起了作者的各种想象和感受。雪是作者抒情的载体，承载了作者浓烈的乡思之情，表达了作者对祁连山、对故乡的联想和思念。雪是感情沟通的桥梁。雪使父母与祁连山与故乡密切关联，搭起"我"与这三者沟通的桥梁。

二、物象的象征意义

散文中的物象具有丰富的象征意义。象征使文意含蓄，文笔优美，达到曲径通幽、委婉动人的效果；象征使文中塑造的形象丰满，有更为深刻而丰富的内涵，可以扩展形象的宽度和深度；象征使文章文采斐然，情趣横生，让读者从不同的角度加深对文章主旨的理解。

如上文提到的《白杨礼赞》，歌颂白杨树朴实的风格及内在的品质，由树及人地概括白杨树的象征意义。作者用别具一格的审美眼光，从白杨树的朴实风格、内在品质，联想到中国共产党领导下的"北方的农民"、守卫家乡的"哨兵"，以及他们团结一致、坚持抗战，用血写出了新中国历史的革命精神和意志。

> 当你在积雪初融的高原上走过，看见平坦的大地上傲然挺立这么一株或一排白杨树，难道你就觉得它只是树？难道你就不想到它的朴质，严肃，坚强不屈，至少也象征了北方的农民？难道你竟一点也不联想到，在敌后的广大土地上，到处有坚强不屈，就像这白杨树一样傲然挺立的守卫他们家乡的哨兵？难道你又不更远一点想到，这样枝枝叶叶靠紧团结，力求上进的白杨树，宛然象征了今天在华北平原纵横决荡，用血写出新中国历史的那种精神和意志？
>
> 白杨不是平凡的树。它在西北极普遍，不被人重视，就跟北方农民相似；它有极强的生命力，磨折不了，压迫不倒，也跟北方的农民相似。我赞美白杨树，就因为它不但象征了北方的农民，尤其象征了今天我们民族解放斗争中所不可缺的朴质、坚强、力求上进的精神。

作家创作的目的不会只是简单地写一棵树，或者只是写自然景物，其情感往往寄托在这些具体的物象中。文章的主旨就在"白杨树"的象征意义中。这篇文章发表于1941年3月。在那个特殊的年代里，作者运用这样的方式，通过对白杨树的赞美，歌颂了正在坚持抗日战争的北方农民及其所代表的我们民族的质朴、坚强、力求上进的精神，让人既能感受到北方大地的特色景物，又能感受到中华民族不屈的坚韧性格。

史铁生在《我与地坛》中写到的地坛以及地坛里的景物，同样被赋予了丰富的象征意义。

地坛的存在本来是一个客观的事实，但是从作者走进去的那一刻起，在作者和读者的心里，它就已经不再仅仅是一个地方。那些古朴的建筑和园里大大小小的生命，都被赋予了情感的色彩，甚至有一些宿命的意味。在它们的身上，有作者处于极端痛苦和绝望时的暗淡心理的映射，也有促使他走出生命低谷的行动启迪。

> 它等待我出生，然后又等待我活到最狂妄的年龄上忽地残废了双腿。
>
> 四百多年里，它一面剥蚀了古殿檐头浮夸的琉璃，淡褪了门壁上炫耀的朱红，坍圮了一段段高墙，又散落了玉砌雕栏，祭坛四周的老柏树愈见苍幽，到处的野草荒藤也都茂盛得自在坦荡。
>
> 十五年前的一个下午，我摇着轮椅进入园中，它为一个失魂落魄的人把一切都准备好了。那时，太阳循着亘古不变的路途正越来越大，也越红。在满园弥漫的沉静光芒中，一个人更容易看到时间，并看见自己的身影。

这样一座荒芜冷落得如同一片野地的园子，正好可以裹住一颗失去了希望的心，使其可以在这样的破败里舔舐痛苦。

然而，地坛里并非没有生机：

> 蜂儿如一朵小雾稳稳地停在半空；蚂蚁摇头晃脑捋着触须，猛然间想透了什么，转身疾行而去；瓢虫爬得不耐烦了，累了，祈祷一回便支开翅膀，忽悠一下升空了；树干上留着一个蝉蜕，寂寞如一间空屋；露

水在草叶上滚动，聚集，压弯了草叶，轰然坠地，摔开万道金光。

这一个个渺小却充满活力的生命，如同一组组富有象征意味的符号，也是作者生命状态的一种别样的呈现形式。这里有作者对生命意义的一种新的理解和参透，充满着积极向上的精神。特别是"蝉蜕"，看上去是一个空壳，但是，蝉却是凭借它才获得了生命。

作者把讴歌人生的意义当作写作的目的，这些象征意义的文字透露出来的是作者积极的人生态度，也是对读者的深刻启迪。

在作者的心里，地坛是一种顽强不屈精神的象征。它是作者的精神家园，也是每一个读者的精神家园。一个人可能会经受这样或那样的磨难，但只要有这种精神，就能够微笑着面对生活，还生活应有的阳光和色彩。就是地坛里那些古旧的建筑、老树、野草荒藤，还有那些看似渺小而又毫不起眼的小东西，都有一种意义和力量映射在作者的心里，这些物象也是作者精神家园的一部分。

再如周敦颐的《爱莲说》，作者以莲为描写的主体，但重点并不是写莲的清姿素容，而是写莲的高贵品质："出淤泥而不染，濯清涟而不妖。"虽身处污泥之中，却能做到洁身自好，不随世俗，且真率自然，不显媚态。而它"中通外直，不蔓不枝"的外在形态，也是其自身挺直、不牵扯攀附的坚贞品格，所以，在作者的眼里，它自然是"可远观而不可亵玩"的傲然不群的君子。

当然，作者的目的自然不仅是赞美莲的品质，还是托物喻人。作者在莲的身上寄予了对理想人格的肯定和追求，也反映出鄙弃贪图富贵、追名逐利的世态的心理和追求洁身自好的美好情操。就连文中一些次要的物象，也被赋予了深刻的象征意义。作者用"花中隐士"菊作正衬，用追求富贵的牡丹作反衬，表达自己洁身自好、不慕名利的生活态度，含蓄而突出地表达了文章的主旨，使"爱莲"主题得以深化。

在高考试题中，对物象的内涵的理解，同样是考查的重点。如高考卷中《建水记》写到的各种饮食：烧卖、苞谷酒、干巴菌、草芽、莴笋……可以说是花样繁多。这些最为普通的东西，正是建水人生活的平常体现。在作者的笔下和读者的心里，它们就是建水独特的地方风物，更是建水的历史传承。写饮食，就是写人的日常生活和城的烟火气息，而这些，正是作者要表现的建水古城的城市品格。这些普通的物象，就是一个个文化符号，它们所承载的内涵已经远远地超越了它们自身。

　　散文的特点"形散而神不散"，讲究含蓄蕴藉。作者围绕具体的事物组织材料，又把情感寄托在具体的事物中。文章中写到的物象在以事物本身出现的同时，也包含着作者或人物的思想感情，不仅有其本身的具体意义，还具有被赋予的抽象意义。因此，在阅读的过程中，抓住这条主线，就能很好地抓住文章的行文思路，走进文章中去，读懂文章深厚的主旨内容。

第二节　散文中的"小"和"大"

　　现代散文中的"小"与"大",主要讲的就是散文鉴赏过程中对取材和主题的理解,对作者选取素材、体悟素材的赏鉴。

　　郁达夫说:"一粒沙里见世界,半瓣花上说人情,就是现代散文的特征之一。""一粒沙""半瓣花",都是小得不能再小的事物,但是这"小"中却能"见世界""说人情",看出"大"来。

　　"以小见大"本是散文采用的一种方法,即抓住看似平凡细小的事物,以此体现较大的主题,或者揭示深刻的生活哲理。尤其对于记叙性散文,这是一种常见的写作方法。它以小事见深意,所记之事一般平凡琐碎,常以若干零碎、琐屑之事来反映一个主题。

　　散文形散而神不散的特点,决定了散文内容的丰富。全文好像全是一些小的片断,一些小的场面或景物。阅读时要努力根据这些小的片断、场面、景物和事件,去把握文章的结构和线索,把握作者的感情脉络,从而剥去外表那些看似凌乱的"形"。如果不注意整体阅读,就很难理清作者的思路,把握不住那"不散"的神。

一、寻常生活,细腻真切

　　朱自清的《背影》表现的是人世间最动人的父子之情。这篇散文叙述的是作者离开南京,前往北京大学,父亲送他到浦口火车站,照料他上车,并给他买橘子的情形。作者脑海里印象最深刻的是,父亲为了给他买橘子爬上月台时的背影。作者用朴素的文字,把父亲对儿子的爱表达得深刻细腻、真挚感人,从平凡的事件中呈现出父亲的关怀和爱护。

　　全文集中描写的是父亲在特定场合下使作者极为感动的那个背影。作者写了当时父亲的体态、穿着打扮,更主要地写了买橘子时穿过铁路再爬上月台的情形，并不借助于什么修饰、陪衬之类，只把当时的情景再现于眼前。这种白描的文字，读起来清淡质朴，却情真味浓，蕴藏着一段深情，所谓于平淡中见神奇。有人说，朱自清笔下父亲的"背影"就是"父爱"的代名词，一点也不为过。

这篇散文通过一条与众不同的途径，反映了一种在旧道德观念的冰水退潮时，人与人之间的关系，特别是父子关系中最真诚、最动人的天伦的觉醒。在这种觉醒面前，人们第一次作为一个真实的人来占有并表露自己的感情，这也是文章中蕴藏的革命性的历史内容及思想意义。

史铁生在《合欢树》中力图表现母爱这一宏大而又深刻的主题，却故意选取了最平凡的生活场景。作者写到了母亲栽树以及养树的过程，先是种在花盆里，"第二年没有发芽""第三年竟然长出茂盛的枝叶"，让母亲"高兴了很多天，以为那是个好兆头"，再到更加悉心地照顾，"不敢大意"。"死而复生"的合欢树寄托着母亲的希望，合欢树就是儿子的化身，只是后来搬了家，又经历了一些变故，"悲痛弄得我们都把那棵小树忘记了"。而当作者再一次走进当初的大院时，母亲已经不在了，作者内心里的悲痛和愧疚让他不想再走进小院里去，但是当年的那些情景在作者的心里却是无比清晰。那棵树，长在作者的心里；那些花，也开在作者的心里。可以说，合欢树的成长经历与作者有着一定的类似之处，是作者个人命运的写照。这棵树，也是母亲活在世上的见证，母亲的芳泽造福于儿女与他人。作者看到的树影，不仅仅是树的影子，应该也是母亲的身影。母爱的恩泽已经渗透进生命的深处。合欢树也是作者思念母亲的载体，母亲为他牺牲太多，如果不是自己残废了，母亲可能会有另一种活法。作者眼里的树，就是心里的母亲。他不想走进那个母亲曾经生活过的小院，其实是内心充满了对母亲的愧疚之情。作者爱自己的母亲，但又无法去面对那些曾经的悲苦，还有那为了自己过早地离开了的母亲。这棵合欢树，并不是一棵平常的树，它是母子合欢的附丽，牵系着母子之间的深情。作者以合欢树为题想必也是为了借"合欢"来寄托母子之间无法再见面的遗憾。

作者通过平常的生活情景，表达对母亲深切的思念。这一手法也体现在他的《我与地坛》中。作者写自己二十岁时忽然截瘫，"被命运击昏了头，一心以为自己是世上最不幸的一个"，"总是独自跑到地坛去"，却没有想到"曾经给母亲出了一个怎样的难题"，直到"有一回我摇车出了小院，想起一件什么事又返身回来，看见母亲仍站在原地，还是送我走时的姿势，望着我拐出小院去的那处墙角，对我的回来竟一时没有反应"。这样的情景让人泪目，母亲的担心和无奈，都在那个一直都没有动过的身影里。作者终于明白了"儿子的不幸在母亲那儿总是要加倍的"，"这样一个母亲，注定是活得最苦的母亲"。这样平常而又深情的场面，极为真切地写出了母亲的担心和内心的挣扎。

杨绛《老王》中的老王穷苦卑微、纯朴善良，靠一辆破旧的三轮车活命。"文革"期间，载客的三轮车被取缔，他的生活就更加窘迫，只能凑合着打发日子。他打了一辈子光棍，孤苦伶仃，住在荒僻的小胡同里，小屋破破烂烂的，他的眼睛又不好，一生凄凉艰难，是一个生活在社会底层的不幸者。但是老王心好，老实厚道，有良心，关心人。他需要钱，可是做生意从不多收一分钱，而且非常讲感情，讲仁义，愿意尽义务，或者少收钱，是一个精神上没有受到任何污染的极其纯朴的好人。

在那样一个时代背景之下，老王生活都无法保证，却用一颗善良、宽厚、感恩之心对待他人，从来没有考虑过自己也是一个不幸的人。老王用自己的心和行动折射出底层人物的光芒。

作者也写到自己对老王的帮助：照顾老王的生意，坐他的车；老王再客气，也付给他应得的报酬；老王送来香油、鸡蛋，不让他白送；关心老王的生活，并把对老王的关爱延续下去——作者女儿给他一大瓶鱼肝油，治好了他的夜盲症。这些帮助不仅是物质上的，还是精神上的。真诚的同情能给不幸者战胜困难的勇气和力量，让他们明白，这个世界上除了灾难、自私、冷漠，还有温暖和关爱。如果是地位相当、处境差不多的人，这样做可能是礼尚往来，是联络感情，可是我们看了杨绛的简介，就知道从出身、学识、家庭等方面来看，他们根本就不是一个阶层的人，那么作者对老王的帮助就是送给他一个春天，老王对此用尽生命的最后力气来回报，也就可以理解了。但是作者觉得自己对老王的照顾太少了，最后也是拿钱侮辱了老王感谢的诚意。"面对每一个不幸的人我们都有愧怍"，杨绛首先把自己浸入愧怍之海中，用"隐者"的心态去思索。能把自己的不幸化为幸运的人是慈爱宽容的，而能用一颗温和的心去直面不幸而愧怍的人又是冷静高远的。她的愧怍，是知识分子用人类眼光、人类情怀去舔舐我们曾经的创伤，去面对我们苦难后的岁月。这份愧怍，是一个无辜生命体对一切生命欠然状态的全力担荷，是作者对自我灵魂的无情审视，更是替一个未曾充分反省、忏悔的时代树立的人类良知标杆。

杨绛的《老王》中，最主要的是平等观念。在作者心里，人是生而平等的，各人境遇不同，甚至差别很大，不过是幸运与不幸造成的差别。所谓幸与不幸，包括天赋条件、成长条件、生理条件，幸运者只有关爱不幸者的责任，没有歧视不幸者的理由。再是人道主义精神。这种精神要求社会关心个人，同情个人，尊重个人对社会作出的贡献，尊重人格，维护社会成员的基本权利，并促进全体劳动者的全面发展。作者一家对老王是怀有这种精神的。文章能通过对一些小事的叙说，描摹出一个人最具风采的性格特点，立起一个"人"的形象，有意无意之间"带"出了一个时代的影子，反映出了当时的社会情况，同时也含蓄地提出了"关怀步行者"这一社会问题。

二、曲径通幽，柳暗花明

散文中的"以小见大"，也是一种"曲径通幽"的方法，对于人生、时代乃至社会的"大"问题，直接揭示就会让人感到枯燥无味，效果不佳。如果采用迂回法，找一个小的角度，绕点弯子，通过自然景物、虫鱼鸟兽等小题材来抒发自己的感情或揭示哲理，如行进在幽深的曲径中，一路穿过花草，最后抵达目的地，就会给人一种豁然开朗、柳暗花明之感。

柳宗元曾针对当时地方官吏扰民、伤民的现象写过一篇文章《种树郭橐驼传》。郭橐驼善于种树，树不仅成活率高，而且长得高大茂盛，结果实早而且多。其他种树的人即使暗中观察、羡慕效仿，也没有谁能比得上。问他其中的道理，他说"橐驼非能使木寿且孳也，能顺木之天以致其性焉尔"，意思是"我郭橐驼不是能够使树木活得长久而且长得很快，只不过能够顺应树木的天性，来实现其自身的习性罢了"。随后，作者由种树联系到"官理"，借郭橐驼之口说出当时的社会弊病："且暮吏来而呼曰：'官命促尔耕，勖尔植，督尔获，早缫而绪，早织而缕，字而幼孩，遂而鸡豚。'鸣鼓而聚之，击木而召之。"看起来官吏好像是很怜爱百姓，但百姓最终反因此受到祸害。"吾小人辍飧饔以劳吏者，且不得暇，又何以蕃吾生而安吾性耶？故病且怠"，从这个角度来看，种树之理与治民之理相似。作者没有直接写"官理"，而是借种树之理来映射，既生动又直白，看似普通生活中的小道理，实际上是治国的大道理，作者写得委婉曲折又充满理趣。

散文中的"以小见大"还可以是从某一独特的角度来表现大的主题。

郁达夫《故都的秋》，创作于1934年8月。当时，郁达夫刚刚到达北平（今北京）。郁达夫是浙江人，在到达北平之后，对故乡有着深深的眷恋。在作者的心里，对秋天悲凉的感受实质上是对人生的感受。1931年，"九一八"事变发生后，日本逐步蚕食中国的土地，中华文明千年古都——北平，处在风雨飘摇之中。郁达夫触景伤情，写了《故都的秋》，描绘的是"悲凉"景物，流露的是"悲凉"心绪，表达的是对故都的一往情深。作者从一个普通人的视角出发，写自己眼里秋天的特点。他笔下的人物也是普通百姓，是"着着很厚的单衣或夹袄的都市闲人"。作者通过五幅秋景图——秋晨静观、秋槐落蕊、秋蝉残鸣、秋雨话凉、秋果盛景，来表现故都之秋的清、静、悲凉。文章将悲秋与颂秋结合起来，秋中有情的眷恋，情中有秋的落寞。这情是故乡情、爱国情；这落寞之秋是作者当时心境的写照，是对国运衰微的喟叹。文章蕴含深沉的故都之恋、故国之爱，唤起人们对美的追求，对祖国的热爱。"以我观物，故物皆着我之色彩"，作者笔下渲染的秋是冷清的，又是寂静的，更是美丽的。美好的事物在凋零，作者将自己的同情与悲哀深深地藏在简淡的文字中，让读者从悲凉中读到了眼泪，从眼泪中读到了情感，体会到了一种刻骨铭心的悲凉。

不论文章采用什么样的表现形式，只要抓住以小见大中的"小"，即文章的焦点，就可以抓住文章的中心，因为它既是写作创意的浓缩和生发，又是写作者匠心独具的安排，它已不是一般意义的"小"，而是小中寓大、以小胜大的高度提炼的产物，是简洁的。因此，我们阅读散文必须发挥联想和想象，并结合个人生活经验，努力让自己和作者的情感发生强烈共鸣，从"小"处读到"大"处，通过那些小的题材、细节和独特的角度读出伟大的情感、深刻的思想和重大的意义，才能真正地领会作者的情感，把握文章的主题，才是真正地读懂了文章。

第三节　散文的真性情

　　散文讲究"真诚"，这种真诚，不仅指能在文章中再现真实的自我，还要做到说真话、言真情。没有真情的文章是没有生命和灵魂的。《毛诗序》云："诗者，志之所之也，在心为志，发言为诗。情动于中而形于言……"作诗如此，为文自然也如此。

　　"真者，精诚之至也。不精不诚，不能动人。故强哭者虽悲不哀，强怒者虽严不威，强亲者虽笑不和。真悲无声而哀，真怒未发而威，真亲未笑而和。真在内者，神动于外，是所以贵真也。"（《庄子·渔父》）意思是说，所谓真，就是精诚的极点。不精不诚，不能感动人。人要守真，一个不真诚的人是不能打动别人的，也得不到别人的认可和赞同。散文创作要求作者能够写出自己的真性情，以真实的面目待人，以诚实的心示人，以纯粹的情动人，真实情感的自然流露是散文美的重要因素。真情，是散文的生命。

　　自古以来，情真就是散文的根本。唯有情真，才能真正打动人心。

一、写真实情感

　　韩愈的《祭十二郎文》感情深厚，读来让人唏嘘落泪。韩愈幼年丧父，靠兄嫂抚养成人。韩愈与其侄十二郎自幼相守，历经磨难，感情特别深厚。但成年以后，韩愈四处漂泊，与十二郎很少见面。正当韩愈官运好转，有可能与十二郎相聚的时候，突然传来十二郎去世的噩耗。

　　作者与十二郎虽名为叔侄，却情同手足。特别是两代人中都只有他们一个，"两世一身，形单影只"。作者在文章中写了他和十二郎一起生活的一些琐事，也写了家里人先后离去的伤心事实，又写自己凄楚的仕宦经历。许多年来，聚少离多，作者难以抚平内心的思念之情，而让作者没有想到的是，年轻的十二郎却又不幸早早地离开了人世，原以为"吾与汝俱少年，以为虽暂相别，终当久相与处"，可现实总让人意料不到，"汝病吾不知时，汝殁吾不知日，生不能相养于共居，殁不得抚汝以尽哀，敛不凭其棺，窆不临其穴"，怎不让人泪下？一桩桩，一幕幕，回忆过去，面对现实，叙述时不加修饰，不作渲染，诉说琐事，平平淡淡，但字字句句发自骨肉至情，真实而且深沉，在深沉的叙事中融着作者奔流起伏、倾泻不止的悲伤之情。作者把抒情与叙事结合在一起。辛酸悲痛，都寄寓在朴素的文字中；拳拳之心，都从肺腑中流出。清代张伯行于《唐宋八大家文钞》卷三评论说："昌黎曾为其嫂服三年丧，君子以为知礼。况韩氏两世之语，于心极不忘乎！固宜此篇之情辞深切，动人凄恻也。"清代吴楚材、吴调侯于《古文观止》卷八也评论说："情之至者，自然流为至文。读此等文，须想其一面哭一面写，字字是血，字字是泪；未尝有意为文，而文无不工。祭文中千年绝调。"

归有光的《项脊轩志》也借百年老屋的几经兴废，回忆家庭琐事，抒发了物在人亡、三世变迁的感慨。

小小书轩，关联着生活的悲喜，日子平静而又淡然，"借书满架，偃仰啸歌，冥然兀坐，万籁有声；而庭阶寂寂，小鸟时来啄食，人至不去。三五之夜，明月半墙，桂影斑驳，风移影动，珊珊可爱"。轩内积书，轩外花木，白日小鸟，月夜桂影，共同构成了一种和谐清雅的小天地。而居于这小天地中心的，正是作者自己。他的清贫的生活、高洁的志趣、怡悦的心境，于不知不觉中自然而然地显露出来。而更让作者难以忘记的是浓浓的亲情，"娘以指叩门扉曰：'儿寒乎？欲食乎？'"当年母亲的言语、神情似在眼前。林纾曾说："震川之述老妪语，至琐细，至无关紧要，然自少失母之儿读之，匪不流涕矣。"（《古文辞类纂选本、〈项脊轩志〉评语》）而祖母临轩探望，言语中更是充满了关爱、牵挂、赞许和鞭策："吾儿，久不见若影，何竟日默默在此，大类女郎也？""比去，以手阖门，自语曰：'吾家读书久不效，儿之成，则可待乎！'顷之，持一象笏至，曰：'此吾祖太常公宣德间执此以朝，他日汝当用之！'"此情此景，如同昨日，可是，物是人非，怎不让人痛断肚肠？写亡妻，他说："时至轩中，从余问古事，或凭几学书。"寥寥数笔，绘出了夫妻之间的一片深情。末尾，作者把极深的悲痛寄寓一棵枇杷树："庭有枇杷树，吾妻死之年所手植也，今已亭亭如盖矣。"树长，人亡，光阴易逝，情意难忘。那些往日的光景，看似随手写来，却无一字无一句不凝聚着作者的真情，不言情而情无限，言有尽而意无穷，可以说情到深处，意也到深处。

二、写真实生活

人们读朱自清的散文，无不为他融于字里行间的真情所打动。作者从最真实的生活出发，写最真实的人、事、景，并在这些人、事、景中流露内心最深处的情，不矫饰，不做作，用最朴素的文字，触动读者的内心。

他的名篇《荷塘月色》，起笔就写"这几天心里颇不宁静"，让读者的心一下子就揪了起来。可是他又不说如何不宁静，只是说心里想荷塘，有欣然向往之意，要做个"自由的人"，似乎有意要回避，也或者是一时难以说清，但是这些都让我们看到了一个徘徊游走于暗夜里的孤独的行者。

探究作者写作的背景，我们也深为处于政治和家庭多重压力下的作者感到压抑，他自己也说："这几天似乎有些异样，像一叶扁舟在无边的大海上，像一个猎人在无尽的森林里……心里是一团乱麻，也可以说是一团火。似乎在挣扎着，要明白些什么，但似乎也没有明白。"（《一封信》）这样的处境和心境，也反映在他去荷塘的路上的描写："沿着荷塘，是一条曲折的小煤屑路。这是一条幽僻的路；白天也少人走，夜晚更加寂寞。荷塘四面，长着许多树，蓊蓊郁郁的。路的一旁，是些杨柳，和一些不知道名字的树。没有月光的晚上，这路上阴森森的，有些怕人。今晚却很好，虽然月光也还是淡淡的。"阴森可怕的环境，正是作者苦闷内心的真实再现。

好在荷塘的月色和月下的荷塘是美的，让他慢慢地陶醉在其中，而内心里的愁也在慢慢消解。作者的笔下：花是零星的，香是缕缕的，风是微微的，月是淡淡的。这些恰是作者当时微妙心思的反映，似乎也正是作者想追求一种适度的生活情趣的流露。然而，这样的宁静也只是片刻的，树上的蝉声与水里的蛙声，似乎在不经意间搅扰了这份难得的平静，让他不禁感慨："热闹是他们的，我什么也没有。"而他又"想起采莲的事情来"，也是对一种自由生活的向往。但是思绪忽然中断，"猛一抬头，不觉已是自己的门前"，现实中的烦扰，仍然无法完全排解得清。

可以说，作者一路走，一路看，也是一路思考，他眼里的景和心里的情有机地融合在了一起。我们读到的、看到的，就是作者凄凉心境的真实投射，是作者心灵世界与外部世界的冲突和寻求摆脱冲突的愿望。

史铁生的《我与地坛》，也是一篇至情至真的文章。在这篇自叙性的文章里，我们看到的是作者身遭不幸后挣扎在生死边缘的痛苦心路历程，以及母亲为了照顾儿子作出的巨大努力背后所承载的深沉的母爱。

"荒芜冷落得如同一片野地"的古园，成了作者躲避现实和抚平伤口的地方。"它等待我出生，然后又等待我活到最狂妄的年龄上忽地残废了双腿"，似乎有些宿命的味道，"它为一个失魂落魄的人把一切都准备好了"，"在满园弥漫的沉静光芒中，一个人更容易看到时间，并看见自己的身影"，我们很难想象得出作者在那段时间里与自己、与命运作出了怎样的斗争。而当我们读到"这样想了好几年，最后事情终于弄明白了：一个人，出生了，这就不再是一个可以辩论的问题，而只是上天交给他的一个事实；上天在交给我们这个事实的时候，已经顺便保证了它的结果，所以死是一件不必急于求成的事，死是一个必然会降临的节日。这样想过之后我安心多了，眼前的一切不再那么可怕。比如你起早熬夜准备考试的时候，忽然想起有一个长长的假期在前面等待你，你会不会觉得轻松一点？并且庆幸并且感激这样的安排？"时，我们一方面为作者最后的挣脱而庆幸，另一方面也为他毫不隐瞒自己的脆弱而赞叹。这样的感悟，是经过了多少的失落、绝望、斗争才会有的一个结局。一个人不会生来就是一个强者，必定是在经历了一些，又战胜了一些之后，才会一点点成长，只是史铁生的这份"成长"来得更为惨烈了一些。在作者的笔下，我们看到了一个不屈的灵魂和一个站在命运的高处呐喊冲击的战士。

当然，作者也不是一个人在和命运搏斗，这后面还有母亲在和他一起承受着苦难，在他的背后坚强地支撑着他。母亲是伟大的，母爱是伟大的。我们很难体会到，在面对一个在人生最好的年龄却残疾了的儿子时，母亲心中的那份痛苦。为了帮助儿子从痛苦中走出来，母亲表现出了极大的理解和隐忍。"她知道得给我一点独处的时间，得有这样一段过程。她只是不知道这过程得要多久，和这过程的尽头究竟是什么。"只是作者当时沉浸在自己的痛苦中，完全没有领会到"儿子的不幸在母亲那儿总是要加倍的"，"这样一个母亲，注定是活得最苦的母亲"。当后来自己取得了一些成就时，"我真是多么希望我的母亲还活着"，可是，母亲却永远也不会看到了。"只是到了这时候，纷纭的往事才在我眼前幻现得清晰，母亲的苦难与伟大才在我心中渗透得深彻。"这样的彻悟，又是浸润了多少泪水之后才能得来的。

"史铁生写的不是油滑遁世的逸情散文，不是速生速灭的快餐散文，不是自矜自吟的假'士大夫'散文，不是撒娇发嗲的小女人散文，挫折、创痛、悲愤、绝望，固然在其作品中留下了痕迹，但他的作品始终祥和、安静、宽厚，兼具文学力量和人道力量。"（《广州日报》）作者对于命运与生死问题的理解与感悟是深刻的，是作者从内心深处发出的最真纯的呐喊。古园中的一草一木，还有那些无尽的车辙以及母亲的脚印，都是关于真情的颂歌。

散文是一种自由宽松的文体，可以触及生活的每一个角落。大事小情，花草树木，都可以成为写作的对象。写作者要做的就是把自己对自然、对人生世事的体验和感悟真实而艺术地呈现出来，像巴金那样"要掏出自己燃烧的心，要讲自己心里的话"，说真话，抒真情，才可能打动和感染读者。

真情，是散文的品格，是散文的真性情。

第四节　鉴赏散文的美

　　散文是"美文"，它有朴实优美的语言，有清明深远的意境，更有丰富而深刻的精神内涵。散文中有"美"的丰富因子，而散文鉴赏中的审美活动也不会是指向单一、层面单薄的过程。要鉴赏散文的美，就要走进文本的深处，读懂文字的美，更要读懂情感的美和哲理的美。

一、散文的语言美

　　散文的语言具有清新、自然、流畅、简洁等特点，虽不刻意修饰，但也不缺少文采，不有意追求而又自得其韵。具有画面感和形象感的语言，不仅可以使作品生动感人，富有活力，还能增强文章的艺术性和感染力。散文家碧野曾说："正因为散文是美的，所以用词措句要苦心推敲，做到句句优美，字字精炼。"可见，语言美是散文成为美文的一个重要方面。

　　散文的语言美可以从以下几个方面来分析：

（一）修辞美

　　散文语言经常用到修辞，以达到生动形象的目的，增强表达效果。散文中的修辞体现在句式的选择、词语的锤炼上，更体现在一些具体的修辞手法的使用上。语言文字内涵的丰富和形式的优美，都是审美要素的具体呈现。

　　　　层层的叶子中间，零星地点缀着些白花，有袅娜地开着的，有羞涩地打着朵儿的；正如一粒粒的明珠，又如碧天里的星星，又如刚出浴的美人。（朱自清《荷塘月色》）

　　荷叶茂密，层层叠叠的；荷花隐在叶中，若隐若现，又是在朦胧的月光下，自然难以一目了然。一组新奇的比喻，作者选用特定的形象——明珠、星星、出浴的美人，写出了特定情境下荷花的特点，把荷花描绘得圆润而有光泽，显得那么娇美、洁白，秀丽迷人，又营造了一种迷蒙、秀美的境界，让人恍如进入仙境。这样的情境，正可以将不平静的心融入其中，所有的愁绪都可以慢慢地消融了。

> 虽然是满月，天上却有一层淡淡的云，所以不能朗照；但我以为这恰是到了好处——酣眠固不可少，小睡也别有风味的。（朱自清《荷塘月色》）

作者写天上的满月，由于被一层淡淡的云遮住，因此不能"朗照"时，用了对偶句式"酣眠固不可少，小睡也别有风味的"，用"酣眠"与"小睡"相对，把淡云遮月的情景写得恰到好处。

> 微风过处，送来缕缕清香，仿佛远处高楼上渺茫的歌声似的。（朱自清《荷塘月色》）

有形的东西，能够形象地进行描述，难的是把那些无形的东西一样形象地表达出来。"高楼上的歌声"本在"远处"，似有似无，很难听得清、听得明。但是，在这样一个月明花开的晚上，诗人的心慢慢地平静下来，可以捕捉到那些让心灵愉悦的声音。于是，歌声入了耳，也入了心。本句运用通感手法，"清香"本来是属于嗅觉的，作者却将它转化成听觉上的"渺茫的歌声"，令人联想到若有若无、轻淡幽香、沁人心脾等。其间，感觉的转移伴随着想象跳跃。通感技巧的运用，能突破语言的局限，丰富表情达意的审美情趣，起到增强文采的艺术效果，也很好地烘托了环境的清幽和心绪的平和，景与情的巧妙融合，也带给读者无限想象的空间。

> 山上有了小屋，好比一望无际的水面飘过一片风帆，辽阔无边的天空掠过一只飞雁，是单纯的底色上一点灵动的色彩，是山川美景中的一点生气，一点情调。（李乐薇《我的空中楼阁》）

"山"与"小屋"相辅相成，相互映衬，奇特的想象铺开了辽阔、空旷的背景，呈现出点缀物的小巧玲珑。四个比喻角度各异，海面飘过风帆，蓝天掠过飞雁，以动喻静，以大衬小。后两个隐喻着重色彩和情韵，渲染小屋灵巧的风姿和迷人的气势。寂静的山上增添如此灵秀的点缀，使山景大为增色，美不胜收。

（二）句式美

富于变化的长短句、整散句的交错运用，较有规律的停顿，抑扬有致的句调、层次，使文章摇曳多姿，鲜活生动，给人一种灵动、妩媚的感觉。

李乐薇《我的空中楼阁》中就有大量这样的句子："树的动，显出小屋的静；树的高大，显出小屋的小巧"；"和'领土'相对的是'领空'，论'领空'却又是无限的，足以举目千里，足以俯仰天地，左顾有山外青山，右盼有绿野阡陌"；"虽不养鸟，每天早晨有鸟语盈耳。无须挂画，门外有幅巨画——名叫自然"。

这些句子整齐凝练，结构相似，变化参差，错落有致，虽然不是妙语如珠，却淡雅自然，字字饱含情致，句句富有风韵。

一个好的散文作者，总会在句式的选择上显示出独到的功夫。

> 我出外，小屋是我快乐的起点；我归来，小屋是我幸福的终点。往返于快乐与幸福之间，哪儿还有不好走的路呢？我只觉得出外时身轻如飞，山路自动地后退；归来时带几分雀跃的心情，一跳一跳就跳过了那些山坡。我替山坡起了个名字，叫幸福的阶梯，山路被我唤做空中走廊！（李乐薇《我的空中楼阁》）

句中先用对偶句抒写小屋给我的快乐和幸福，再用反问句强调这种感情，接着是两个并列的整句，抒发深切的感受和欢快的情怀，最后颇有情趣地给山坡和小路起名，用了一个主动句和一个被动句。作者深谙语言排列组合的艺术，节奏随文思的激荡不断地起伏流淌。

作者能够自觉地注意句式的选用，使各种句式参差错综，在长短、轻重、缓急上面显示出情感思想的变化和发展，同时使人读起来琅琅上口，形成自然而和谐、抑扬而流畅的节奏。

（三）音韵美

音韵美是指文章的语言声调和谐，节奏优美，把诗的语言融入散文中，使文辞富有悠扬婉转和回环跌宕的音韵美感。

朱自清在他的《荷塘月色》里使用了大量的叠音词。叠音词的运用不但传神地描摹出眼前的景象，而且使文气舒展，富有音韵和谐的美感。"曲曲折折"的荷塘、"层层的叶子"，写出了荷塘的形状和叶子紧密挨着的样子。"脉脉"赋予了流水感情，给人一种温馨的感觉。"蓊蓊郁郁""远远近近"和"高高低低"的树、"隐隐约约"的远山，写得极富层次，错落有致。这些叠音词的使用，不但使描写的景物更加生动形象，而且使语句更具有节奏感、音韵美。

又如"亭亭"的荷花、"田田"的叶子、"缕缕"的清香、"脉脉"的流水、"密密地"挨、"静静地"泻、"重重"围住等，比比皆是，独具匠心。叠音词，不仅在内容上丰富了语言的审美意义，创造出优美的诗情画意，还在形式上增添了语言的韵律美，读来错落有致、琅琅上口。它或造成一种走月流云的音韵美，或造成一种反复回环的抒情气氛。

二、散文的情感美

散文的特点之一是以情感人。可以说，情感是散文的灵魂，不论是写景散文，还是写人散文、叙事散文，都融入了作者丰富的情感，也正是这些情感，感染熏陶着读者，给读者以美的情感体验，达到深层的情感审美需求。

朱自清的《荷塘月色》，是一篇以写景见长的作品，但是作者的情感一直融入其中，并一直牵拽着读者的心。作者笔下的荷塘月色和月下荷塘，都笼罩在情感的变化中。正是融入了丰富的情感，他笔下的景物才会打动人心。

作者在文章的开篇，就直接点明了自己此时的心境——"这几天心里颇不宁静"，所以想起了日日走过的荷塘，而眼前曲折的小煤屑路，是"寂寞"的，"阴森森的，有些怕人"。景语即情语，作者没有说自己为什么"心里颇不宁静"，但是他眼里的景物告诉我们他心里的暗淡。而这样静谧的环境，正适合一个人静静地走、静静地想，慢慢排解心里的烦忧。经过了一番内心的努力后，认为"白天里一定要做的事，一定要说的话，现在都可以不理"，便觉是个自由的人，沉重的心情也在一定程度上得到了缓解。

作者眼里的荷塘是美的，月色也是美的，但终究是蒙上一层雾似的愁绪，所以他眼里的景也是朦胧的，即使因美景而生出来的喜，也是那种淡淡的，仿佛一缕轻轻的风在心间拂过。

当"蝉声"和"蛙声"把作者的思绪拉回到现实中，作者似乎还不愿从美妙的意境中走出来，于是又"想起采莲的事情来了"。作者想到的《采莲赋》《西洲曲》，写的是少男少女自由浪漫的爱情与嬉闹，这种洋溢着青春气息的恋爱欢会的场面，乍看起来似乎不应该出现在此时的世界里，但是细细想想，似乎就能找到一些作者心里不宁静的原因了。

再如《背影》，作者谈写作动机时曾说："我写《背影》，就因为文中所引的父亲的来信里那句话。当时读了父亲的信，真的泪如泉涌。我父亲待我的许多好处，特别是《背影》里所叙的那一回，想起来跟在眼前一般无二。我这篇文只是写实。"（1947年，朱自清答《文艺知识》编者问）作者的父亲，先是"赋闲"，后为了找差事而"东奔西走"，乃至老境"颓唐"，这些都从一个侧面反映了当时知识分子奔波劳碌、前途渺茫、谋事艰难、境遇凄惨的现实。在这一背景下，作者写出了真挚、深沉、感人至深的父子之爱。这是符合我们民族伦理道德的纯真而高尚的感情。父子之爱融入了辛酸与悲凉的情绪之中，含有在厄运面前的挣扎和对人情淡薄的旧世道的抗争。虽然这只是怨而不怒式的反抗，但也会引起人们的同情、叹惋乃至强烈的共鸣。

一部文学作品必然寄托着作者的情感，这种情感越是真挚强烈，作品就越具有感染力和生命力。

三、散文的意境美

"意境"并不只属于诗词，也是散文的一个突出特点。古人有"诗文一家""文中有画"之说，散文同样用优美的语言创设特定的情境来表情达意。

朱自清的《荷塘月色》在意境的营造上，就是突出的例子。作者在心情郁闷的情形下，看到了月下的荷塘、荷塘的月色，营造了一种朦胧而优美的意境，淡淡的月色，迷蒙的荷塘，再加上作者内心里那种淡淡的愁绪，一起勾勒成一幅充满情感的画，在读者的心里也弥漫成雾似的绝美。

再如李乐薇的《我的空中楼阁》，作者把自己的情感融入文字中，使各种各样的景物带上强烈的主观色彩，因此，这些外在景物实际上是作者内在精神的体现，所谓小屋、绿树、花、山，它们的活力、轻灵、自由、开放，无不是作者自身精神外化了的景物特征。作者笔下的景是美的，情是美的，意境自然而生。作者用清新明快的笔调和优美流畅的语言，构建了一个灵动而又多情的艺术天地，仿佛一幅淡雅的水墨画。

　　散文的美，美在意境，让读者的心里充满了新奇的想象，而这些看似缥缈的东西，正是那些可意会却又难以言传的东西，正是散文带给读者的美的享受，而读者也是从这样的意境体验中完成了自己的审美和再创造。

四、散文的哲思美

　　散文的美，固然体现为文章精美的语言和真性情，而文章中充满的作者对人生世事的思考和对自然万物的审美认知，同样闪现着理性的光辉。

　　川端康成的《花未眠》就是一篇充满哲理思考的美文。作者从自然之美中获得一种生命的感动，把自然之美与生命之情融合在一起。"凌晨四点醒来，发现海棠花未眠"，本是一件生活中平常的小事，但是作者却生发出感慨："自然的美是无限的，人感受到的美却是有限的。"面对一朵夜间盛放的海棠花，作者"觉得它美极了。它盛放，含有一种哀伤的美"。同时，盛极必衰，"迎接这一刻盛开的是下一刻的凋落""事物好不容易如愿表现出来的时候，也就是死亡""只要有点进步，那就是进一步接近死亡，这是多么凄惨啊"，夜间盛放的海棠花蕴涵着的浓厚的生命孤独感、短暂感、悲剧感、虚无感便形成一种美，一种哀伤的美。花开自然是美丽的，但是开在夜间，盛放的美无人发现，无人赏识，"哀伤"在于寂寞和孤独。作者看到盛开的花，马上就感觉到了它暗含的悲伤，这与作者自己的经历和性格是分不开的，作者自小孤苦伶仃，生活漂泊无依，童年没有感受到人间的温暖。畸形的家境，寂寞的生活，让他形成了比较孤僻、内向的性格和气质，也对他后来的文风有着深刻的影响。然而，在《花未眠》中，川端康成并没停留在对海棠花的哀叹之中，他进一步写到，尽管海棠花哀伤、孤独、短暂，却仍然昼夜不停地盛放，使他感受到生命的力量和伟大，并为之感动，因此发出"如果说，一朵花很美，那么我有时就会不由自主地自语道：要活下去！"的感慨，这体现了作者又"由死向生"，从死亡角度去反观生命的价值：尽管生命是短暂而脆弱的，并且终归于虚无，悲剧是人的最终宿命，但生命的价值却体现在生命过程中的绽放。这是川端康成对于个体生命意义的赞美。明知下一刻的毁灭，也要在开放中成就着自己的美丽。生命正是因为过程的丰富而呈现出绚烂多姿的色彩以及存在的意义。

史铁生在《我与地坛》中，有一段精彩的表述："一个人，出生了，这就不再是一个可以辩论的问题，而只是上帝交给他的一个事实；上天在交给我们这个事实的时候，已经顺便保证了它的结果，所以死是一件不必急于求成的事，死是一个必然会降临的节日。"作者在人生最美的年华瘫痪了，这对他来说是个致命的打击，在"失魂落魄"中走进园子，百无聊赖，无所事事，苦苦挣扎。作者说，"在满园弥漫的沉静光芒中，一个人更容易看到时间，并看见自己的身影"。这一独特的"沉静"的环境，使他活过来，使他感悟到人生的艰难，从而产生了质的飞跃和超越。这种环境"弥漫"着沉静的"光芒"，是培养他飞跃和超越的土壤。他感受到了"时间"无声无息地流逝，更看到了自己残疾的"身影"。

一个破旧的古园，园里那些古老的建筑，还有那些不起眼的小小的生物撞击着他的心灵和情感，给了他启发，让他冷静下来，专心致志地想"死和生"的问题。一个遭受了磨难又差一点走到生命尽头的人有了新的认识和意外的收获：人生下来，死就是一个无法回避的结局，既然这样，那就要好好地活下去。与其向命运屈服，不如在生活的田野上播种希望；应该豁达地面对死亡，面对生活中的厄运，从而获得顽强地活下去的信心和勇气。饱含情感而又富有哲理的文字，让读者看到了生命的坚韧和顽强，让读者也一起重新思考生命的意义和价值。

哲理美是散文的最高境界。作者的哲理思考能够深化文章的内容和情感，让读者走进对生活更深层次的思考中。

黑格尔说，艺术内容在某种意义上最终是从感性事物，从自然取来的；或者说，纵使内容是心灵性的，这种心灵性的东西也必须借外在现实中的形象，才能掌握得到，才能表现出来。情感、哲思、形式从来都不是孤立存在的，形式与内容的和谐统一才能铸成艺术的美。散文的鉴赏是一个系统而复杂的过程，这里有对作者文字中表现出来的美的鉴赏，也有读者自己情感和经历的融入，是一个再创造的过程。刘勰在《文心雕龙》里提出"披文入情"的说法，强调"夫缀文者情动而辞发，观文者披文以入情"，由"文"而"情"，才能慢慢地走进散文美的境界中。

第二章

小说理解与分析

小说是以刻画人物形象为中心，通过完整的故事情节和环境描写来反映社会生活的文学体裁。

阅读小说，首先要抓住人物、情节、环境这三个要素，进而把握小说的主题和艺术手法，达到鉴赏的更高层次。

"审美鉴赏与创造"的学科素养要求，需要阅读者达到较高的鉴赏水平。要全面地把握情节的特点，弄清其中的曲折；要多层次解读人物形象特点以及刻画人物形象的手法，理解人物的社会意义；要把握作品中的环境特点，明确人物生存的社会环境和自然环境；要全面理解小说的主题，理解作品深刻的现实意义。情节、人物、环境、主题，都是建筑在语言的外壳上的。鉴赏的过程，也是对语言进行欣赏的过程。

第一节 把握小说情节

情节，是小说的三要素之一。

情节，是小说作品中所描写的人物之间的相互关系和人与环境间的矛盾冲突，而产生的一系列生活事件发展、演变的过程，一般包括开端、发展、高潮、结局四个部分。

小说的情节来源于生活，但又不是生活的实录，它是经过加工了的，比现实生活更紧凑和集中，更有代表性。小说通过具体的情节来刻画人物，揭示主题。情节是小说的框架和脉络，因此，鉴赏小说首先就要理清情节，在情节发展的过程中，梳理事件的始末，了解人物的生活、思想，进而读懂主题。

一、情节梳理

情节是小说的框架和脉络。梳理情节，是阅读小说的基础，是整体感知小说的起点。小说情节的结构主要通过情节的推进或情绪的勾连、材料的组织来完成。阅读小说时，抓住线索是把握内容的关键，而理清情节的叙述手法，则可以帮助我们更好地理解小说的叙述方式及把握小说的主题。

（一）线索

传统小说的情节主要是线性结构模式，包括开端、发展、高潮、结局等。贯穿整个作品发展脉络的是线索，它可以是小说中的某个人物的经历过程，某件事的发展状况，也可以是某种情感的外泄，还可以是故事中时空的变换。因而从线索运行的轨迹来看，线索通常会以人物、事情、物品、时间、地点、感情流动的状况等来分类。有些小说是单线结构，有些是双线（明线、暗线）结构。

在鲁迅的《祝福》中，"我"起到了线索的作用。文中主要人物祥林嫂的遭遇则通过"我"的所见所闻呈现出来。"我"是个具有进步思想的小资产阶级知识分子，在旧历（农历）的年底来到鲁镇，见到了祥林嫂；之后，听到了她的死讯；接着，在沉思中想起了祥林嫂的一些事情，"先前所见所闻的她的半生事迹的断片，至此也联成一片了"。祥林嫂的故事，有些是"我"所见的，如祥林嫂的外貌、在鲁镇生活的情况等；有些事实直接发生在"我"的身上，如有无魂灵的对话；有些事情是听来的，如阿毛的故事等。这些不同的故事，虽然有现实，有过去，有实，有虚，但因为"我"串连在了一起，整体上结构严谨，也合乎人们一般的认知习惯。在阅读的过程中，从"我"入手，祥林嫂的故事就会一步步地展现出来。

在鲁迅的小说《药》中，"药"则是线索。小栓生病，华老栓要到刑场买"药"，这所谓的"药"，是蘸了人血的馒头。小栓在茶馆里吃了"药"，惹得茶馆里的茶客好一通羡慕，随后便谈起了"药"的来源。小说展现的是普通群众的愚昧。他们深信人血馒头能治病的迷信邪说，对于革命者的牺牲却是漠然置之。当然，这篇小说还有一条线索，就是革命者夏瑜的就义。老栓去买馒头，夏瑜走向刑场，那馒头就是夏瑜的鲜血染红的。小栓吃的"药"，就是蘸了夏瑜的血的馒头。茶馆里茶客谈的话题，也是夏瑜被捕后的情景。这条线索，指向了当时的旧民主主义革命，揭示了革命者的悲哀。文章中的"药"，既是愚昧群众治病的药，也是给当时的旧民主主义革命开的一剂良药，那就是要发动群众，才能取得革命的胜利。两条线索并行到最后的融合，可以引导读者更加全面透彻地认识作品中的人物，理解深刻的社会主题。

茹志鹃的《百合花》以"我"的耳闻目睹为明线，以"我"的感情变化为暗线。明暗两条线索相互交织，构成了一个和谐完美的统一体。其中，暗线"我"的感情变化这一链环，起着引领故事情节由轻到重、由淡而浓发展的主导作用。对"我"的感情变化这一暗线进行几个角度的认识和把握，有助于我们更全面地理解小说的主题。

高考命题，主要涉及情节的概括类题目，抓住了线索，按照事件发生、发展的过程，逐步概括下来，应当不是难事。阅读时要注意找到体现小说整体结构、线索的字句，又要注意圈画表示段落、层次关系的字词，要注意整体理解情节，不能只看部分，断章取义。

有的题干直接明确概括情节或者梳理情节、脉络，往往有"分析""梳理"等作答动词和"情节"等表答题方向的名词，这是明考，比如某高考题：请围绕主人公贝蒂梳理文章的主要情节。有的题干要求概括人物的心理变化、态度变化、情感变化等，这类题目也是情节梳理题，只是答题方向不同，这是暗考，比如，请简要分析文中先行者的心理变化过程。

解答此类题目，注意以下几个方面：理清小说的结构层次，按小说的叙述顺序、情节发展中的"开端、发展、高潮、结局"的结构脉络梳理；抓住线索，概括出情节发展的各个阶段内容；围绕人物活动，深入阅读文本内容，抓住对情节推进或人物活动、心理具有表现力的细节，勾画关键语句，并进行提炼、概括。

如某高考题目：请简要分析先行者的心理变化过程（《微纪元》）。

第一步：审题干，明题型。题目中的"分析""心理过程"，显示出这是一道"暗考型"的情节题。

第二步：依内容，理层次。回答本题要从整体上把握全文，梳理小说的行文思路。这篇小说按照时间顺序，围绕先行者回归地球这一行程中的所思、所想、所闻展开故事，可以按照着陆前、着陆后以及故事发生突转这三个时间点确定答题区间，随后寻找描述心理状态的词语、句子，即可得出答案。

由原文开头部分"先行者知道""闭起双眼默祷""强迫自己睁开双眼"可知他心存侥幸又早知事实的矛盾心理；由着陆后"失望""麻木""孤独"等词语可知他确认只剩下自己一个人由失望到孤独、绝望的心理；由结尾部分"浑身一震""俯身向里面看"等词语、句子可知他认识到人类可能还在，感到震撼并重新燃起希望。

第三步：巧概括，规范答。本文先行者回归地球这一行程中的所思是一条纵线，按照上面梳理的三个层次简要概括即可。

（二）情节叙述手法

情节叙述手法是指为了使情节连贯、脉络清晰、结构紧凑而运用的各种艺术技巧，包括叙述顺序、叙述人称和视角、叙述方式等。

1. 叙述顺序

小说叙述顺序主要有顺序、倒序、插叙、补叙、平叙等。

顺序，是按照时间或空间的先后顺序来写。它的好处是情节发展脉络分明，层次清晰。

倒叙，就是不按时间先后顺序来写，而是把某些发生在后面的情节或结局先行提出，再按顺序叙述下去。倒叙的好处是制造悬念，引人入胜。

插叙，在叙述主要事件的过程中，根据表达的需要，暂时中断主线而插入另外一些与中心事件有关的内容的叙述。叙述完插入的事件后再接上原来的事件。插叙内容不影响主要事件的表达。它对主要情节或中心事件做必要的铺垫、照应、补充、说明，使情节更完整，结构更严谨，内容更充实。

补叙，也叫追叙，在行文中用两三句话或一小段话对前边说的人或事做一些补充的交代，补充另一与之有关的事件，使事件的整个过程更加清晰完整，有助于更好地表达主题，使文章结构完整，行文跌宕起伏，收到出人意料的效果。

平叙，就是平行叙述，即叙述同一时间内不同地点所发生的两件或两件以上的事。通常是先叙一件，再叙另一件，常称为"花开两朵，各表一枝"，因此又叫作分叙。它的好处是条理清楚，便于了解事情的来龙去脉。

马尔克斯《百年孤独》的开头："许多年后，面对行刑队，奥雷良诺·布恩地亚上校将会想起，他父亲带他去见识冰块的那个遥远的下午。"运用倒叙手法，制造悬念，增强了小说的艺术效果，引人入胜。鲁迅的《祝福》，开头先写了祥林嫂的死，是倒叙。这样写，能够突出祥林嫂的悲剧，起到突出主题的作用，同时也能设置悬念，引起读者的好奇心，追究祥林嫂的死因。而祥林嫂来到鲁镇的事情，则是以顺序来写，对于她过去的一些事情，就用了插叙。多种叙述方式的结合，使文章情节结构严谨、条理清晰。

2. 叙述人称

小说叙述人称有第一人称、第二人称和第三人称。第一人称是有限视角，局限于叙述人的所见所闻，但能使小说显得真实和亲切，拉近与读者的距离，同时便于抒发感情。第二人称也是有限视角，能拉近叙述者与人物之间的距离，增强文章的抒情性和亲切感，便于情感交流。第三人称是全知视角，不受叙述者的见闻和感觉的约束，不受时间和空间的限制，相对自由。它可以深入人物内心，将人物的心理活动告诉读者；还可以展示不同人物在不同地点同时发生的事情，能比较直接、客观地展现丰富多彩的生活，比较灵活、自由。

一部作品中，人称也是根据行文的需要不断变化的。《祝福》中写"我"的所见，是第一人称，是"我"自己的经历，而关于祥林嫂的其他事情，"我"

没有亲见，就转由其他人来叙述。这样既符合生活的实际，又体现了行文的严谨。

另外，还有一些特殊的视角，如女性视角、动物视角、儿童视角等。

女性视角，以女性敏锐的观察力进入故事，情感更加细腻，引人入胜。或以母性情感笔触，表达对弱者的同情，怜悯的情怀；或以女性口吻表达对强权的反抗，对自由的渴望。

动物视角，即以动物的眼光看世界，给读者一种崭新的体验，使故事更有情趣，更客观、冷静、真实。动物展示出的心理活动，往往与人的心理活动交替进行，从而推动情节的发展。动物非人类，可见生活中的事物被漠视的程度之严重，引人深思，突出了作者要真正表达的主题思想。

儿童视角，即借助儿童的眼光或口吻来讲述故事。故事的呈现过程具有鲜明的儿童思维的特征，呈现天真有趣、温暖美好的一面，有利于形成活泼、诗性的表达风格。单纯的儿童视角更能触摸到生活的本质，更能反衬出成人世界的虚伪、冷漠与残酷。

作品中的视角不断转化，使小说叙述更加灵活，不板滞。《红楼梦》第三回《林黛玉进贾府》，贾母及贾府中重要人物如王熙凤、贾宝玉等人的外貌和性格是通过林黛玉的视角来叙述的，而有关林黛玉的形容和表现则是通过王熙凤、贾宝玉等人的视角来叙述的。这种视角转换比用单一视角叙述要生动得多，而且人物性格也被刻画得鲜明有力。

3. 叙述方式

小说的叙述方式也比较灵活，主要有对话、现实与回忆交织、时空集中等。

对话，即以人物之间的对话叙述经历，推动故事情节的发展，展现人物的内心等，这样写能够使叙述的情节更加集中。

现实与回忆交织，即把现实生活中的事情与过去的事情交织在一起，巧妙融合，推进故事的发展，将时间跨度大、内容复杂的故事情节进行艺术化处理，增强了小说的艺术性和可读性。现实与回忆互相映照，使小说情节更具张力，使主题表达更加厚重而深刻。

时空集中，把故事放在集中的地点来写，可以使文章情节更加紧凑。

二、情节作用

小说情节的作用可以从内容和结构两个方面来分析。

（一）从内容的角度分析

从内容的角度看，小说的情节可以介绍环境，塑造人物，揭示主题，而情节的巧妙安排还可以激发读者阅读的兴趣。

铁凝的短篇小说《哦，香雪》，开篇写火车对台儿沟这个小山村的影响，介绍了香雪的生活环境，偏僻、贫穷，火车的到来，打破了原有的宁静，也改变了人们的生活，一个更为广阔的天地顺着"两根纤细、闪亮的铁轨"伸过来了，给香雪和她的同伴们带来了新的希望，也唤醒了她们对山外文明的向往，以及摆脱山村封闭落后贫穷的迫切心情。

鲁迅的《药》中写茶馆里的茶客谈论夏瑜的情节，暗示了当时的社会环境。革命者的行为并不为人们所理解，他们的牺牲却成了这些人饭后的谈资，何其悲哀。《祝福》里鲁镇上的女人们一遍又一遍听祥林嫂讲述阿毛的故事，心里的同情是其本质上的善良，但是她们对祥林嫂的再嫁也是不屑的，这同样也暗示了当时人们的愚昧和麻木。封建礼教、封建迷信对她们的毒害太深了。读懂了这些，也可以更好地理解人物的特点和解读文章的主题。

《林教头风雪山神庙》中林冲买刀并在街上寻觅仇家的情节，既写出了林冲性格中急躁的一面，又写出了林冲对自己不公平遭遇的反抗。同时，这也是林冲改变以前那种逆来顺受的性格的转折点。被流放的林冲虽然心里恨，但总归还是希望日后能重新回去，仇人的追杀让他的想法产生了变化，也促成他彻底走上了反抗的道路。

（二）从结构的角度分析

一般开头情节，或是开门见山，点明题旨；或是引出下文，为后面情节作铺垫。设疑开头的情节，往往会造成悬念。小说的结尾情节，往往起到照应的作用，使文章结构严谨。而文章中的某个情节，或是照应前文，或是为后面的情节发展作铺垫或埋伏笔，使情节连贯，脉络清晰。

小说的结尾往往是最精彩的，或是点题，或是给人留下思考，起到照应全文的作用。有些小说的结尾出人意料，使平淡的故事陡然生出波澜，产生震撼人心的力量，并且与前面的伏笔照应，又让人觉得在情理之中。

莫泊桑的《项链》，虽结尾出人意料，但作者在文中埋下了充足的伏笔。第一处，主人公玛蒂尔德借项链时，朋友很随意地让她自己挑选，并且很痛快地借给了她；第二处，他们买项链的时候，珠宝店的老板说只卖出了盒子，显然项链与盒子并不是原配；第三处，她还项链时，朋友都没有打开盒子看看，对项链漫不经心，只是埋怨她还项链的时间有点晚了。

这些都说明那条项链原本就不是贵重的东西，有了这些前期的伏笔，后面的结局虽然出人意料，但也在情理之中。戛然而止的结局，让玛蒂尔德目瞪口呆，也体现出了作品的批判力量，莫泊桑借此讽刺那些爱慕虚荣的妇人，同时赐予她们爱慕虚荣所导致的恶果。高超的情节设计，使文章前后照应自然，既能抓住读者的心，又能凸显人物性格，还能巧妙地突出主题，体现作品的魅力。情节作用类题目，一般有"说明""分析"等创造条件的动词和"情节""方式""作用""效果""好处"等表示答题方向的词语。如："小说中历史与现实交织穿插，这种叙述方式有哪些好处？"（《赵一曼女士》）

答题时，首先找出题干中的关键词，明确所用的情节手法或技巧，然后结合文本情节分析其具体使用情况，明确指出运用的效果。情节作用类题目一般从结构、人物、环境、主题以及和读者的关系等角度来分析，作答时要有整体意识，找出相关情节在小说中的位置以及角度，随后结合文本内容进行具体分析。

如《越野滑雪》中海明威用"冰山"理论将文学作品同冰山类比，他说："冰山在海面移动很庄严宏伟，这是因为它只有八分之一露在水面上。"本小说正是只描写了这露出水面的八分之一。请据此简要说明本小说的情节安排及其效果。

本题考查"小说的情节安排及其效果"，并且明确指出了"冰山理论"手法，答题时就要针对"冰山理论"手法进行思考。小说用大量笔墨，细致描绘了尼克和乔治滑雪的情景，又写了二人在小客栈的逗留，文章并未写二人其他的生活情景，这只是小说"露出水面的八分之一"。而读者可以通过二人对滑雪的喜爱与渴盼，以及分别时一再相约的情景，想象二人滑雪之外的生活，这是文本隐藏的内容。文章结尾既有二人对滑雪的渴望，又有二人因为再难滑雪的怅然，给读者留下了丰富的想象空间：为何不能滑雪？二人是从事什么职业的？将来二人能不能滑雪？根据以上分析，可以归纳出答案：小说的情节是两人的越野滑雪及在小客栈的逗留，这只是小说"露出水面的八分之一"；通过小说已有的情节安排，可以推测出其背后隐藏着更为丰富的内容，尤其是两人在滑雪之外的生活；这种情节安排使小说大量留白，引人遐思。

再如《到梨花屯去》：两个乘客为什么沉默？小说为什么首尾均有这一细节？请结合全文分析。

题目已经明确"首尾""细节"，要考虑其在开头与结尾的作用。从情节的角度考虑，首尾两度写到沉默，使情节前后照应，结构严谨；从人物的角度考虑，两人听了赶车老人的话产生了触动，并陷入沉思；从对读者的作用角度考虑，开头提示"回过头来看一看"，结尾又说"不知为什么"，都指引读者去思考这个看似平淡的故事所包含着的深意；从对主题的角度考虑，首尾都写到沉默，强调了沉默中含有深意，是从赶车老人讲述填沟等往事，悟到了农民呼吁改革的时代主题。因此，答案可以归纳如下。第一问的答案：两个乘客的沉默，是由于赶车老人的话使他们产生触动，并陷入沉思。第二问的答案：首尾两度写到沉默，既是结构上的呼应，又强调了沉默之中含有深意；小说在开头提示"回过头来看一看"，结尾又说"不知为什么"，都指引读者去思考这个看似平淡的故事所包含着的深刻意味。

每篇小说的情节铺设都有讲究，小说情节的生动曲折、波澜起伏和扣人心弦，能引起读者的阅读兴趣。理清小说情节，明确情节的作用，才能更好地走进小说，读懂小说。

第二节　赏析小说中的人物形象

　　小说是通过刻画人物形象来揭示社会生活的本质，从而表现社会主题的。鉴赏小说，就要正确而全面地把握人物形象的特点所折射出来的社会属性的内涵，明确小说对现实生活中人们思想的引导作用，同时也要通过欣赏人物形象来领悟小说的艺术技巧和魅力。

一、通过动作描写来把握人物形象特点

　　老舍说过，描写人物最难的地方是使人物能立得起来……我们需随时用动作表现出他来。每一个动作中清楚地有力地表现出他一点来，他须越来越活泼，越实在……这样，人物的感诉力才能深厚广大。可见，成功的动作描写，能充分表现出人物的动态，使人物显露出独特的个性和内在的思想，进而使形象显得更加丰满、完整、立体化。

　　在《药》中，鲁迅通过一系列的动作描写，塑造了一个活生生的刽子手康大叔：

　　　　那人一只大手，向他摊着；一只手却撮着一个鲜红的馒头，那红的还是一点一点的往下滴……黑的人便抢过灯笼，一把扯下纸罩，裹了馒头，塞与老栓；一手抓过洋钱，捏一捏，转身去了。嘴里哼着说，"这老东西……"

　　华老栓去刑场买药，给他药的是刽子手康大叔。那只向老栓"摊"着的大手，给人以极强的压迫感，再加上手里"撮"着的那个鲜红的馒头，让老实而胆小的老栓不敢去接。于是，黑衣人不耐烦，嚷着，接着，更为霸道、蛮横，直接"抢灯笼""扯纸罩""裹馒头""塞与老栓"，这一"抢"一"扯"一

"裹"一"塞",就把康大叔的蛮横、阴险、狠毒形象地表现了出来。让人作呕的是他"抓过洋钱",还要"捏一捏",这"抓""捏"的动作,则写出了他的贪婪和卑鄙;"哼"是他对老栓的鄙视。在他的眼里,杀人算不了什么事,老栓的害怕是他嗤之以鼻。这一连串的动词从多个层面揭示了一个人的行为和内心,让读者看到了一个鲜活的形象,极具画面感和冲击力。

鲁迅是善于通过动作来刻画人物形象特点的。有时候,即使是一个简单的动作,也能深刻地揭示出一个人的本质来。在《孔已己》中,作者写孔已己"排出九文大钱",足可以写出当时他自得的样子。这个咸亨酒店里"站着喝酒而穿长衫的唯一的人",平日里"穿的虽然是长衫,可是又脏又破,似乎十多年没有补,也没有洗",可见他的穷苦,可他偏偏"对人说话,总是满口之乎者也,教人半懂不懂的",以至于酒店里的人都瞧不起他,经常拿他逗乐,开玩笑。但是,在孔已己的眼里,他是看不起这些"短衣帮"的,这个"排"字,是他在"短衣帮"面前显示阔气,炫耀自己有钱,也是炫耀"读书人"这一身份。正是这样的描写,让读者看到了一个深受封建科举制度毒害的落魄文人形象。

二、通过肖像描写来把握人物形象特点

肖像描写能以"形"传"神",刻画人物的性格特征,反映人物的内心世界。人物的容貌、神态、服饰以及表情、仪态、风度、习惯性特点等,是人物心理的外在表现形式,读者可以从肖像的特点窥视到人物的内心世界,领悟到作者的爱憎之情。

一提起《装在套子里的人》,眼前就会出现那个把自己包裹起来的怪异形象:"他的伞装在套子里,怀表装在灰色的鹿皮套子里,有时他掏出小折刀削铅笔,那把刀也装在一个小套子里。就是他的脸似乎也装在套子里,因为他总是把脸藏在竖起的衣领里。他戴墨镜,穿绒衣,耳朵里塞着棉花,每当他坐上出租马车,一定吩咐车夫支起车篷。""他不住地唉声叹气,老是发牢骚,苍白的小脸上架一副墨镜……那张小尖脸跟黄鼠狼的一样。"夸张的语言和漫画式的勾勒,用"形"显示"神",用可笑的外表反映其丑恶的思想,反映了人物的迂腐可笑。这些描绘和刻画入木三分,暴露和批判了别里科夫腐朽丑恶的灵魂。

沈从文的《边城》中，写了一个纯朴、可爱的少女翠翠：

> 翠翠在风日里长养着，故把皮肤变得黑黑的，触目为青山绿水，故眸子清明如水晶。自然既长养她且教育她，为人天真活泼，处处俨然如一只小兽物。人又那么乖，如山头黄麂一样，从不想到残忍事情，从不发愁，从不动气。平时在渡船上遇陌生人对她有所注意时，便把光光的眼睛瞅着那陌生人，做成随时皆可举步逃入深山的神气，但明白了面前的人无机心后，就又从从容容地在水边玩耍了。

"黑黑的皮肤"和她的生活环境有关，整天和爷爷一起在渡船上，风吹日晒的，那是一种健康的美。"一对眸子清明如水晶"，让人看到了她内心的纯净。"处处俨然如一只小兽物"，意在突出她的天真活泼；"如山头黄麂一样"，意在彰显翠翠的善良纯真。而对陌生人，她先是"把光光的眼睛瞅着"，待"明白了人无机心后"，就"又从从容容地在水边玩耍了"，谨慎、提防、纯真，都是少女的天性，她的世界是简单的，也是纯粹的。在她身上，折射着湘西淳朴的人性美、自然美，也凝聚着作者对乡村世界生命形式的温爱之情和其生存方式的深沉思考。

三、通过心理描写来把握人物形象特点

作品中的心理描写是为了展示人物的精神世界和性格特征，便于比较细腻地表现人物当时当地的思想活动，还可以有进展地概述人物在一段时间内的感情变化，是展现人物性格并完成人物形象塑造的有机组成部分。

铁凝的《哦，香雪》，在刻画香雪这个人物的时候，主要采用了心理描写的方法。

> 香雪的心再也不能平静了，她好像忽然明白了同学对她的再三盘问，明白了台儿沟是多么贫穷。她第一次意识到这是不光彩的，因为贫穷，同学才敢一遍又一遍地盘问她。她盯住同桌那只铅笔盒，猜测它来自遥远的大城市，猜测它的价钱肯定非同寻常。三十个鸡蛋换得来吗？还是四十个、五十个？这时她的心又忽地一沉：怎么想起这些了？娘攒下鸡

蛋,不是为了叫她乱打主意啊!可是,为什么那诱人的哒哒声老是在耳边响个没完?

贫穷与落后让香雪的心里极不平静,唤起了她对山外文明的向往。当她得到了那只铅笔盒后,面临着的是要一个人走回三十里外的家,这对一个平时说话不多、胆子又小的山村少女来说,需要极大的勇气。虽然"陌生的西山口""四周黑幽幽的大山",还有"叫人心惊肉跳的寂静"和"小树林发出的窸窸窣窣的声音"让她害怕,但是,此时的她,是终于得到梦寐以求的东西以后那兴奋满足的心情。她的眼前,"一轮满月升起来了,照亮了寂静的山谷、灰白的小路,照亮了秋日的败草、粗糙的树干,还有一丛丛荆棘、怪石,还有满山遍野那树的队伍,还有手中那只闪闪发光的小盒子"。"她站了起来,忽然感到心里很满意,风也柔和了许多。她发现月亮是这样明净。群山被月光笼罩着,像母亲庄严、神圣的胸脯;那秋风吹干的一树树核桃叶,卷起来像一树树金铃铛,她第一次听清它们在夜晚,在风的怂恿下'豁啷啷'地歌唱。她不再害怕了,在枕木上跨着大步,一直朝前走去。大山原来是这样的!月亮原来是这样的!核桃树原来是这样的!香雪走着,就像第一次认出养育她成人的山谷。"一个小小的可以自动合上的塑料铅笔盒,引发了她自我意识的觉醒。她对铅笔盒的渴望,表明了她对现代文明的追求,也是对美好生活的期待与憧憬。这份渴望与憧憬,表达了一种生命的理想,也流露出了一个少女单纯、质朴而美好的情怀。

四、通过语言描写来把握人物形象特点

小说中,人物的语言具有鲜明的个性色彩,其中包含着一个人的职业、年龄、爱憎等信息,具有强烈的情感色彩,能很好地表现一个人的性格特点。

《故乡》中,少年闰土"见人很怕羞","只是不怕我,没有旁人的时候,便和我说话",不到半日,已然熟识了的两个小伙伴开始聊得投机。他对我讲的捕鸟、捉獾猪、刺猬、猹的事情,虽然平淡,但每一个细节都写得极有画面感,让人觉得如在眼前。这些话,让读者看到了一个勇敢、聪明、能干、活泼、可爱的小小少年。

中年的闰土,则已经完全变了样子。他看见我,"脸上现出欢喜和凄凉

的神情；动着嘴唇，却没有作声"。然后，他的态度终于恭敬起来了，分明地叫道："老爷！……"这样的称呼，让"我似乎打了一个寒噤""我就知道，我们之间已经隔了一层可悲的厚障壁了。我也说不出话"。见到母亲和宏儿，闰土说："老太太。信是早收到了。我实在喜欢得不得了，知道老爷回来……"听到母亲还让他和以前一样叫"迅哥儿"，他赶忙说："阿呀，老太太真是……这成什么规矩。那时是孩子，不懂事……"然后又叫孩子上来"打拱"，又说："冬天没有什么东西了。这一点干青豆倒是自家晒在那里的，请老爷……"此时的闰土，已经饱受生活的苦难，憔悴不堪，他变得迟钝、麻木、自卑。前后语言的变化，可以让我们从中看到封建思想意识给他加在身上的精神枷锁，也让我们看到了他经济上、精神上所遭受的痛苦。

人物的语言，让我们看到了人物的生存境况和精神状况，看到了人物性格中深层次的东西。

五、通过侧面描写来把握人物形象特点

侧面描写，又叫间接描写，是指在文学创作中，作者通过对周围人物或环境的描绘来表现所要描写的对象，以使之鲜明突出，即间接地对描写对象进行刻画描绘，从而获得独特的艺术效果。

在《林黛玉进贾府》中，作者在贾宝玉出场前进行了足够的侧面描写。这在林黛玉的心里，也在读者的心里都形成了一种期待：贾宝玉到底是一个什么样的人呢？作者从多个方面对贾宝玉进行了侧面描写：一是王夫人在嘱咐林黛玉时，说贾宝玉是"孽根祸胎""混世魔王"，意思是说贾宝玉是给全家人带来灾害的祸根，还说"他嘴里一时甜言蜜语，一时有天无日，一时又疯疯傻傻"，意思是说贾宝玉喜怒无常；二是林黛玉原先在自己家时曾听母亲说，贾宝玉"顽劣异常，极恶读书，最喜在内帏厮混"。贾府内外这些人贬斥贾宝玉的话，充分表现了他的叛逆性格。人们把他说得这样坏，是因为他的所作所为不符合封建正统人物的要求，违背了封建正统的世俗常情。此外，作者还通过两首《西江月》来对贾宝玉进行侧面烘托：

无故寻愁觅恨，有时似傻如狂。纵然生得好皮囊，腹内原来草莽。潦倒不通世务，愚顽怕读文章。行为偏僻性乖张，那管世人诽谤！

富贵不知乐业，贫穷难耐凄凉。可怜辜负好韶光，于国于家无望。
天下无能第一，古今不肖无双。寄言纨袴与膏粱：莫效此儿形状！

这两首词看似是贬低，实质是赞扬，将赞扬寄寓于贬低之内。这样的铺垫，并没有影响贾宝玉在林黛玉心中的形象，因此二人虽是初见，却似久别重逢，也充分体现出了二人心心相通的情感。这样的侧面描写，在人物出场前，就已经让读者对他的性格有了大致的认识。

再如《陌上桑》中为表现采桑女罗敷的美貌，作者运用了排比、夸张等修辞手法对罗敷进行正面描写，接下来又运用了传神的侧面描写，使得罗敷的美貌得以充分表现：

行者见罗敷，下担捋髭须。少年见罗敷，脱帽著帩头。耕者忘其犁，
锄者忘其锄；来归相怨怒，但坐观罗敷。

这样的侧面描写，不仅富有浓郁的生活气息，更主要的是它生动而巧妙地烘托了罗敷的美貌，给人以无尽的想象天地。

侧面描写不仅能填补正面描写难以言说的空白，还能淋漓尽致地呈现描写对象难为人知之妙点、美点。阅读小说，不可忽视对形象的侧面描写，它可以帮助读者从不同的方面了解形象的特点和典型意义。

小说中，刻画人物形象的方法很多，这些都是认识和解读形象的切入口。形象的特点是多面的，要从作者描写的文字中触摸到人物的灵魂，要多角度地进行分析，关注到人物性格的多样性，把握其主要特征，也要把握其性格的发展变化，要看到作为一个独立的人的特点，也要看到他的社会性，认识到他的社会意义，这样，才能对一个人物作出全面、正确的分析。

第三节 小说中次要人物的作用

　　小说里的主要人物总是备受关注的，是情节和主题的主要承载点。但是，小说里也有一些次要人物，出场的机会不多，有些甚至几句话简单带过，或许连名字都没有，阅读时常常引不起足够的关注。但是，这些看似不起眼的小人物，在作品中或许也起着至关重要的作用。

一、侧面烘托主要人物

　　《林教头风雪山神庙》中的李小二是一个很不起眼的角色，因为作者对他着墨不多，所以很容易被忽视掉。但是，细细分析，这个小人物在人物形象的刻画方面却有着重要的作用。

　　李小二的出场，缘于和林冲的偶遇，看似是偶然的，但应是作者巧妙的安排。关于二人的相识，只有简单的几句话，林冲对李小二曾经有过很大的帮助，但他并没有施恩图报，甚至还自认是"罪囚"，"恐怕玷辱"李小二夫妻两个，"因见他两口儿恭勤孝顺，常把些银两与他做本钱"，让我们看到了他的善良本性。林冲正是从李小二那里得到奸人的消息，于是买了尖刀，"前街后巷，一地里去寻"，这表现出他性格刚烈的一面，让我们看到他内心深处潜伏着的反抗精神。他同社会下层人物的联系，表现了他扶弱救困的侠义气概和正直忠厚的性格。李小二的出现，使林冲的形象更加丰满高大，让我们看到了这位正义勇敢、嫉恶如仇，但又善良隐忍的大英雄的另一面，那就是他的侠骨柔肠、坦荡磊落以及悲天悯人的可贵品质。林冲的形象，有了李小二的陪衬，而更加高大和饱满。

　　李小二也是作为陆谦的对立面而预设的人物。他受人滴水之恩以涌泉相报，林冲来到沧州时，他主动招呼并接到家里嘘寒问暖。以后还"不时送汤送水来营里与林冲吃"，连林冲的棉衣裙袄也是他浑家整治缝补的。奸人密谋，他无意中听到,却又担心林冲性急,做出不利的事情,这些都看出他时时处处为林冲着想,是一个真心为林冲好的人。

而陆谦则是一个见利忘义的小人。他本是林冲的同乡兼好友,当初落难东京,是林冲念同乡之情,帮他在高府中谋得了差事,他却因贪图富贵站在高俅这一边,多次设计陷害林冲。他假装邀请林冲去酒店里喝酒,那边却让人去林家声称林冲得了急病,把林娘子引向高衙内的隐藏处;他谎诈高太尉想看林冲刚买的宝刀,让林冲怀抱钢刀误入白虎堂;他用十两黄金买通押送林冲的两个公人,要在野猪林结果林冲;他在林冲看管的草料场里,雪夜放起了冲天大火,要置林冲于死地,最后在草料场反被林冲杀死。

陆谦与李小二形成鲜明的对比,正是这样的对比才让林冲更清晰地看到人心的善良和险恶。正是这个陆谦让林冲明白自己怎样安分守己、忍辱负重都不能保全性命,于是才选择了一条义无反顾的反抗道路。

二、暗示社会环境

《祝福》中的次要人物比较多,他们共同暗示了当时的社会环境。

文中的鲁四老爷,一出场就给人压抑的感觉。他那并没有半点温情的寒暄以及他大骂新党的言语,还有他的书房里那些老旧的摆设,都在显示着这是一个顽固、保守的人,是守旧势力的代表和自觉的维护者,是封建思想的坚决捍卫者。从他的身上,我们看到了当时社会的基本特征。祥林嫂出现在他的家里,注定就是悲剧。对祥林嫂的到来,他是讨厌的,开始只是讨厌她是个寡妇,还能容忍。后来祥林嫂再嫁回来,便不能容忍,祝福时不让她沾手,在她死后还骂她是个"谬种"。可以说,鲁四老爷是造成祥林嫂悲剧的一个重要人物。

柳妈是一个和祥林嫂一样处于社会底层、受压迫的劳动妇女。她深受封建迷信思想和封建礼教的毒害,从表面上看,她同情祥林嫂的遭遇,但是,也恰恰是她,给祥林嫂带来了无尽的痛苦。她相信"贞节",认为女人就该从一而终;她相信"鬼神",讲阴司故事给祥林嫂听,主观愿望还是想为祥林嫂寻求"赎罪"的办法,却给祥林嫂造成了难以负担的精神重压,把她推向更恐怖的深渊之中。

还有那些连名字都没有的鲁镇上的女人们,在面对祥林嫂亡夫丧子的悲痛时,不是同情与怜悯,更多是满足自己的好奇心。"这故事倒颇有效……女人们却不独宽恕了她似的，脸上立刻改换了鄙薄的神气，还要陪出许多眼泪来。有些老女人没有在街头听到她的话，便特意寻来，要听她这一段悲惨的故事。直到她说到呜咽……满足的去了，一面还纷纷的评论着。"当她们听腻了时，"便是最慈悲的念佛的老太太们，眼里也再不见有一点泪的痕迹。后来全镇的人们几乎都能背诵她的话，一听到就烦厌得头痛"。

女人们无法意识到大家都一样，都是社会的弱势群体，都处在社会的最底层，都看不到自己原来与祥林嫂一样被封建势力压迫着、迫害着，却像个"看客"一般"把玩"着祥林嫂的不幸，同时也在"啃噬"着自己的麻木，实在是可恨、可悲、可怜。

鲁四老爷、柳妈、鲁镇上的女人们，还有那个对祥林嫂的死漠然的短工，他们是一股强大的社会力量，共同把祥林嫂一步一步地推向了死地。在这样一个封建礼教和封建迷信统治着的社会里，祥林嫂是必死无疑的。

三、推动情节发展

"人物是情节的制造者"，作品中的次要人物，起着串联内容、推动情节发展的作用，让小说的情节更具波澜，更加引人入胜，让读者获得更多的审美感受。

《祝福》中，作者写了一系列的小人物。这些小人物，在人物形象的刻画以及主题的揭示等方面，特别是在推动情节的发展上，同样起着非同寻常的作用。

"我"是一个有着进步思想的小资产阶级知识分子，有反封建的思想倾向，憎恶鲁四老爷，同情祥林嫂，但又软弱无能，无力给祥林嫂以帮助。"我"回到鲁镇，见到了已经成了一个"活死人"的祥林嫂，面对她"一个人死了之后，究竟有没有魂灵的"的发问，竟然无法作出回答，只能似是而非地应付，随后匆匆地逃走。于是，傍晚便听到了祥林嫂的死讯。祥林嫂的故事，都是"我"的所见所闻。于是，"我"又回想起了祥林嫂的故事。在小说中，"我"起着线索作用，是祥林嫂悲剧的见证人。

小说中的柳妈，也起着推动情节发展的作用。是柳妈的话让祥林嫂背上了沉重的精神包袱，也是柳妈告诉她关于阴间的事情，又替她出了捐门槛赎罪的主意，随后就有了祥林嫂支取了工钱，去土地庙里捐了门槛，回来时，"神气很舒畅，眼光也分外有神"。可是，她没有想到的是，她的"耻辱"不是那么容易就洗刷得清的。四婶的一句"你放着罢，祥林嫂！"把她再一次打入了深渊。

《林教头风雪山神庙》中的李小二在推动情节的发展方面，也是一个不可或缺的人物。

林冲路遇李小二是情节发展的开始。回顾李小二与林冲相识的过程，点明了李小二在东京时受到林冲帮助，并且被林冲的正义感和侠义精神感动，为下文中的李小二偷听差拨讲话，埋下伏笔。由李小二之口，引出陆谦等人的密谋，说明高俅仍不放过林冲，对林冲步步紧逼。小说在此营造出山雨欲来风满楼之势。林冲本是个安分守己、随遇而安的人，来到牢城营，似乎已经适应了这里的生活，见到李小二后，还会经常接济他们夫妇两个，完全是一种正常过生活的样子。但是听到李小二告诉他的消息后，他心里的怒火燃烧了起来，于是买了刀，满大街寻找仇人。这样的安排，让原本平静下来的情节一下子又紧张起来，让读者的心又吊到了嗓子眼。这种过山车式的安排，让读者的心波澜起伏，表现出了情节发展的冲击力。

四、揭示主题

小说中的次要人物和主题息息相关。貌似平淡轻松的描写，实则包含着厚重的力气，既添加了小说的艺术感染力，又起到了深化主题、画龙点睛的作用。

《祝福》中柳妈、短工、女人们，让我们看到了在封建礼教和封建迷信的毒害下人的愚昧和麻木，这同祥林嫂的悲剧一样，是整个社会的悲剧。作者将矛头直指封建专制和封建文化，揭露了其"吃人"的本质。而"我"则表现出了小资产阶级知识分子的软弱。祥林嫂无意中扮演了一个灵魂审问者的角色，令"我"招供出了灵魂深处的软弱与浅薄，这更反衬出祥林嫂的不幸和社会的无情。

鲁迅的另一篇小说《药》，写到了茶馆里的茶客"驼背五少爷""花白胡子""二十多岁的人"等人，他们把革命者的牺牲当成了茶余饭后的谈资，并且对革命者极尽嘲弄，这正是作者要揭露的当时国民的病态。《药》描写了群众的愚昧和革命者的悲哀；更直接地说，革命者为了愚昧的群众奋斗而牺牲了，愚昧的群众并不知道这牺牲为的是谁，却还要因了愚昧的见解，以为这牺牲可以享用，增加某一私人的福利。《药》，正是为当时的旧民主主义革命开的一剂良药。

　　小人物，大作用。小说中的小人物同样被赋予了深层的意义，它往往是解读小说的切入点，轻视不得。红花是美的，但是每一片叶子也有自己的荣光。

第四节　细节描写在人物形象刻画中的作用

　　小说的核心任务就是塑造典型人物形象来揭示社会生活的本质，从而表现作品的主题。而人物形象的塑造，离不开细节描写。成功的细节描写往往用极精彩的笔墨将人物的性格特点表现出来，是最生动、最有表现力的手法，于细微处表达真实的情感，可以使笔下的人物"立起来""活起来"。

　　评价小说中的人物形象，就要认真分析作者对人物的描写——动作描写、语言描写、肖像描写、心理描写等方面的细节描写，从而概括人物的性格特征，进而发掘出各色人物细微、丰富、复杂的精神世界。

一、动作细节

　　人物富有特征性的动作细节，可以细腻而真实地表现人物的性格、品质、身份、地位、处境、状态。细微的动作描写，可以显示出人物的心理，表现人物的个性特征，体现一个人的精神状态。

　　孙犁的《荷花淀》中有这样一段描写：

　　　　女人的手指震动了一下，像是叫苇眉子划破了手。她把一个手指放在嘴里吮了一下。

　　听到丈夫"明天我就到大部队上去了"，女人的心情是复杂的。这个"划破了手"的动作，很是细腻地写出了女人心里的震惊。水生"是村里的游击组长，是干部，自然要站在头里"。水生到部队上去，女人应该是有心理准备的，但是没有想到会走得这么匆忙。但是，她又不想让丈夫看出自己心里的震动，免得让丈夫觉得自己会拖他的后腿，于是，"她把一个手指放在嘴里吮了一下"。一个看似无意的动作，其实是她想掩饰自己内心的震惊，也是控制自己的情绪。这样的动作细节，是人物心理的外在表现形式，自然而不露痕迹，又写出人物心理的丰富变化，把人物内心深处难以直接用语言表达清楚的微妙感情变化生动地表现了出来。

鲁迅的《药》中有这样一段文字：

> 华大妈在枕头底下掏了半天，掏出一包洋钱，交给老栓，老栓接了，抖抖的装入衣袋，又在外面按了两下；便点上灯笼，吹熄灯盏，走向里屋子去了。

华老栓要去买药，华大妈给他找钱，一个"掏"字，说明钱藏得很隐蔽。他们开的是小茶馆，挣钱不易，所以藏得就格外小心，以至于华大妈要掏上半天。而老栓"接"了，"抖抖"地"装"入衣袋，还不放心地"按"两下，也是十分地在意，总是要装好，心里才会踏实。这一连串动作的细节描写，生动地写出了处于社会底层的普通民众生活的艰辛，也从一个侧面写出了夫妇二人老实本分的性格特点。

语言不一定要多，关键要生动细致，看似简单的几句话，却能把一个人的形象刻画得栩栩如生、如在眼前。

二、语言细节

"言为心声"，人物的语言是人物情感的直接表现，充分体现其性格特征。细腻而又具有个性特色的语言描写，即便是只言片语，也能很好地展露一个人的内心及其精神实质。

鲁迅在《祝福》里写到的鲁四老爷，出场不多，说话不多，话语甚至是没头没脑的半截句子，但正是这些独具特色的语言，把一个守旧、顽固、自私、冷漠而又无情的封建卫道士的形象深刻地展示了出来，让我们看到了他丑恶而虚伪的嘴脸。

家里要换女工，四叔讨厌祥林嫂是一个寡妇，虽然"皱了皱眉"，但还是留下了她。有人寻来，四叔一知道，就皱一皱眉，道："这不好。恐怕她是逃出来的。"话里除了厌恶，更多的是担心坏了自家的名声。

婆家来了人，要带祥林嫂回去，四叔说："既是她的婆婆要她回去，那有什么话可说呢。"看起来很大度，其实是赶紧把祥林嫂推出去，自己落得个干净。

卫老婆子和祥林嫂的婆家人合伙抢走了人,四叔知道后,只说了一句:"可恶!然而……"区区四个字,即道出了其冷酷、自私和以封建卫道士自居的性格内涵。这"可恶"是因为没有经过他允许就把人抢走了,而且还有做中人的卫老婆子,有损自己的家门体面及尊严。"然而……",其中没有说出来的是祥林嫂本来是人家的人,自己偷跑出来是不对的,婆家将她弄回合乎礼法。但不管怎么说,这样的做法,是他不能容忍的。所以,当卫老婆子再来时,四叔就只有简短的两个字"可恶!",骂她既当"介绍人"又当劫持者的鄙污,憎她介绍"逃妇"来又合伙劫去,败坏了自己的门风。当卫老婆子一阵花言巧语辩解后又说要"荐一个好的来折罪"时,四叔说:"然而……"虽然厌恶,但家里缺人,还得有人来介绍,鲁四老爷心里已然是无可奈何的态度,只要再荐一个好的,也无所谓了。这几个"可恶""然而",能集中体现鲁四老爷面对事件冲突时的心理活动,揭示其性格本质。

第二次来到鲁镇的祥林嫂,已经是一个改过嫁的女人,这与封建礼法是不相容的。鉴于向来雇用女工之难,四叔虽然照例皱过眉,但也就并不大反对,只是暗暗地告诫四婶说,"这种人虽然似乎很可怜,但是败坏风俗的,用她帮忙还可以,祭祀时候可用不着她沾手,一切饭菜,只好自己做,否则,不干不净,祖宗是不吃的。"这里是转述的四叔的话,这些话是冰冷的,是对一个人赤裸裸的宣判。但是,因为家里需要,还是留下了,又一次显露出了他的自私、虚伪的本性。

听到祥林嫂死了,他且走而且高声地说:"不早不迟,偏偏要在这时候——这就可见是一个谬种!"祥林嫂偏偏死在祝福的时候,他心中很是愤恨,他的迷信、忌讳甚至尖刻的性格再次表现出来。祥林嫂的死没有引起他的半点同情,话里的恶毒和冷酷让人不寒而栗。

三、肖像细节

肖像细节描写,是描写一个人与众不同的、最显眼的地方。它能让读者产生深刻的印象,达到过目不忘的效果。诚如一棵树上没有两片完全相同的树叶一样,肖像细节,就是要写这个人与别人所不同之处,而且要写得具体细致、形象生动,这样才能产生较好的效果。

来看《林黛玉进贾府》中对王熙凤的描写：

> 这个人打扮与众姑娘不同，彩绣辉煌，恍若神妃仙子：头上戴着金丝八宝攒珠髻，绾着朝阳五凤挂珠钗；项上带着赤金盘螭璎珞圈；裙边系着豆绿宫绦，双衡比目玫瑰佩；身上穿着缕金百蝶穿花大红洋缎窄裉袄，外罩五彩刻丝石青银鼠褂；下着翡翠撒花洋绉裙。一双丹凤三角眼，两弯柳叶吊梢眉，身量苗条，体格风骚，粉面含春威不露，丹唇未启笑先闻。

王熙凤的出场与众不同，不仅是她先声夺人的气势，还有她的满身锦绣，珠光宝气，是一个典型的精干泼辣的封建贵族家庭少妇形象。作者对她的穿着装饰，从头写到脚，极力铺陈，显示她的华贵、得势，也暗示她的贪婪、俗气。作者又写她的容貌，可谓细致入微，出神入化，特别是她的"三角眼""吊稍眉"，让人从她美丽的容貌下透视到内心隐藏着的刁钻和狡黠。这样的描写，既突出了她在贾府中的地位，又刻画了一个笑里藏刀、极有计谋的凤姐形象，正如兴儿形容她是"嘴甜心苦，两面三刀，上头一脸笑，脚下使绊子，明是一盆火，暗是一把刀"。

再如《祝福》中对祥林嫂临死前的那段描写：

> 五年前的花白的头发，即今已经全白，全不像四十上下的人；脸上瘦削不堪，黄中带黑，而且消尽了先前悲哀的神色，仿佛是木刻似的；只有那眼珠间或一轮，还可以表示她是一个活物。她一手提着竹篮，内中一个破碗，空的；一手拄着一支比她更长的竹竿，下端开了裂：她分明已经纯乎是一个乞丐了。

这样的情形让人吃惊，让人想起她刚来鲁镇时候的样子："头上扎着白头绳，乌裙，蓝夹袄，月白背心，年纪大约二十六七，脸色青黄，但两颊却还是红的。""模样还周正，手脚都壮大，又只是顺着眼，不开一句口，很像一个安分耐劳的人。"就算是经历了被卖、改嫁、夫死、子亡的变故后，她又一次回到了鲁镇，这时的她"仍然头上扎着白头绳，乌裙，蓝夹袄，月白背心，脸色青黄，只是两颊上已经消失了血色，顺着眼，眼角上带些泪痕，眼光也没有先前那样精神了"。作者特别写她的眼睛，"顺着眼"，显示她的温顺、善良，她本想凭自己的双手和艰辛的劳动，让自己有一条活路；捐了门槛，就可以赎了所谓的罪过。可是，封建礼教、迷信让她彻底失去了活下去的希望，她最后的一丝希望也化作了泡影。这时的她已经是一个活死人的样子了。作者就这样一步步地刻画出了一个深受封建礼教、封建迷信迫害的下层劳动妇女的形象。

这样的细节，可以直达人的灵魂深处，让人从外表下看到实质。

四、心理细节

人物内心世界的细微活动，才是人真实的声音。心理细节描写，就是要写出人物心灵深处最富有特征、最细腻微小的活动情形，让读者更加细致地看到人物的内心世界，这样的描写比一般的心理描写要生动得多，传神得多。

林黛玉知文识礼，也是个敏感的人，来到贾府，实质上是寄人篱下，这一点，她自己心里清楚得很，"因此步步留心，时时在意，不肯轻易多说一句话，多行一步路，惟恐被人耻笑了他去"，这谨小慎微之中有满怀凄凉的自卑，也有极其敏感的自尊。

在邢夫人处，邢夫人"苦留"她吃晚饭，她婉言谢绝了："舅母爱惜赐饭，原不应辞，只是还要过去拜见二舅舅，恐领了赐去不恭……"一席话既表明了她对邢夫人的尊敬与感激，又表明了自己顾全大局的礼节，说明她待人接物是处处留心的。

去拜见二舅舅贾政，至东厢房"老嬷嬷让黛玉炕上坐……黛玉度其位次，便不上炕，只向东边椅子上坐了"。黛玉知道外祖母家与别家不同，不仅表现在富贵气象上，更表现在府中的长幼有序、尊卑有别、贵贱有异上，所以她"不上炕，只向东边椅子上坐了"。可见就连坐在何处她都小心翼翼，绝不肯草率从事。待到拜见王夫人，黛玉发现"王夫人却坐在西边下首"，她"见黛玉来了，便往东让。黛玉心中料定这是贾政之位。因见挨炕一溜三张椅子……黛玉便向椅上坐了。"按理说，黛玉远来是客，便是坐了东边上首贾政的座位亦不为越，但黛玉仍没有坐，而是坐在炕下的椅子上，因为她不想贻人口实，惹出是非。"料定"便极其细腻表现了她"处处留心，时时在意"的心理。

吃完晚饭，贾母问黛玉读过什么书。黛玉回答只刚念了《四书》，又问：

"姊妹们读什么书？"贾母道："读的是什么书，不过是认得两个字，不是睁眼的瞎子罢了！"这里没有写黛玉的反应，但是后面宝玉问："妹妹可曾读书？"黛玉却说："不曾读，只上了一年学，些须认得几个字。"这就不难看出黛玉的心里是有过一番波动的。贾母的话固然有一些谦虚的成分，但也可以看出，她并不十分喜欢女孩子读书，自己这样回答，难免有张狂之嫌。黛玉敏锐地捕捉到了这一点，因此，宝玉再问起来的时候就赶紧改口了。黛玉这种"步步留心，时时在意"的谨慎态度，是她寄人篱下心理的反映，也是她性格中主要的一面。

作家李准说过："没有细节就不可能有艺术作品，真实的细节描写是塑造人物，达到典型化的重要手段。"细节描写，可以塑造活生生的、有血有肉有个性的人物形象，使人物形象更加鲜明、生动、形象，做到写人如见其人，使作品更具有感染力。

第五节　小说中环境描写的作用

小说中环境描写是指对人物所处的具体的社会环境和自然环境的描写。社会环境描写是指对人物活动、事件发生、情节展开的社会背景、历史条件、地方风土人情、时代风貌、社会关系、政治经济状况的描写。自然环境描写是指对自然界的景物，如季节变化、风霜雨雪、山川湖海、森林原野等的描写。自然环境描写也称为景物描写。

一、社会环境描写的作用

人物不是孤立地出现的，他生活在一定的社会环境里，和其他的人、事相互关联，相互影响，所以社会环境在不同的角度塑造着人物的性格，决定着人物的命运，也由此体现小说的主题。高尔基说："不可忘记：除风景画外，还有风俗画。"因此，要进行社会环境描写，就要努力画好"风俗画"。

小说中社会环境的描写，能够交代故事发生的地点或背景，增加故事的真实性，能够暗示人物的命运，揭示小说的主题。

鲁迅在《祝福》一开头，就给我们描绘了一幅独特的"风俗画"：旧历年底鲁镇送灶的爆竹声，"年年如此，家家如此，今年自然也如此"的"祝福"，还有那个一见面是寒暄，寒暄之后说我"胖了"，说我"胖了"之后即大骂其新党的鲁四老爷，以及鲁四老爷那个让人感到压抑的书房——壁上挂着的朱拓的大"寿"字，陈抟老祖写的，一边的对联已经脱落，松松地卷了放在长桌上，另一边的还在，道是"事理通达心气和平"……一堆似乎未必完全的《康熙字典》，一部《近思录集注》和一部《四书衬》。

在这段文字里，作者明确了故事发生的时间是"旧历的年底"，地点是"鲁镇"。一直都没有改变的热热闹闹的"祝福"，显示了鲁镇并没有受到外在的影响，还在延续着旧有的社会习俗。首先出场的鲁四老爷一见到"我"便

"寒暄","寒暄"之后说"我"胖了,然后就"大骂其新党"。"新党"是清末对主张或倾向维新的人的称呼。辛亥革命前后,人们也用它称呼革命党人和拥护革命的人。这就告诉了读者故事发生的背景。鲁四老爷的"寒暄"冷冰冰的,只是一种虚伪的客套,让人体会不到本家人的热情。他大骂"新党",则说明他对革命的痛恨。他的书房里的摆设,让人感到压抑,显示出他的迂腐、保守和顽固。这样一个封建思想的卫道士,旧有的社会秩序的维护者,一出场就让人感受到了鲁镇的阴森恐怖。

这幅"画"铺展开来,又出现了迷信的柳妈,还有鲁镇上那些连名字都没有的女人们,在封建礼教和封建迷信的毒害下,这些原本也处于社会底层的受压迫者自觉或不自觉地充当了帮凶,她们把祥林嫂的悲惨遭遇当成了茶余饭后的谈资,用来标榜自己的恻隐之心。后来"大家也都听得纯熟了,便是最慈悲的念佛的老太太们,眼里也再不见有一点泪的痕迹"。"后来全镇的人们几乎都能背诵她的话,一听到就烦厌得头痛",便对祥林嫂冷嘲热讽。祥林嫂出现在这样的鲁镇,在这样的社会中,她的寡妇身份和再嫁的经历注定不会被社会所容,即便以后捐了门槛,也难以救赎过去的罪过。层层网联的关系,形成了一道无影无形但隐隐发威的合力,将她一步一步推向死亡。那个落后、保守而又冷酷的社会让鲁镇上的人变得愚昧、麻木,而愚昧、麻木的鲁镇人又反过来直接或是间接地影响和塑造着那个社会的落后、保守和冷酷。

小说中的人物生活在社会环境中,也是作为社会环境的因素而存在。在情节发展的过程中,人物形象的特点逐步地展示出来,小说的主题也层层地凸显出来。分析小说的社会环境要与故事的背景和情感基调联系起来,要和人物个性、命运联系起来,要与主题联系起来。这样,才能看到更为广阔的社会背景,看到人物和故事所承载的丰富而深厚的文化内涵。

二、自然环境描写的作用

一篇小说,除了要展示五光十色的社会环境,还要描写千姿百态的自然环境。景语也是情语。小说中的环境描写是小说重要的组成部分,它在推动情节发展、烘托氛围、表现人物形象的特点、突出主题等方面都有着重要的作用。弄清小说中自然环境描写的作用,对准确理解作品的思想内容,提高鉴赏能力,陶冶情操,有着极其重要的意义。

（一）渲染故事气氛

作家往往用生动的自然环境描写，来渲染故事的气氛，从而增强故事的真实性，感染读者。

在《故乡》的开篇，鲁迅这样写道：

> 时候既然是深冬，渐近故乡时，天气又阴晦了，冷风吹进船舱中，呜呜地响，从篷隙向外一望，苍黄的天底下，远近横着几个萧索的荒村，没有一些活气。我的心禁不住悲凉起来了。

这样的环境描写，一下子就将小说悲凉的气氛烘托了出来。"我""冒着严寒，回到相隔二千余里，别了二十余年的故乡去"，按理说，内心应该是高兴的，或者还有些激动，但作者却是这样的一种凄凉心境。鲁迅于 1919 年 12 月回故乡绍兴接母亲到北京，目睹农村的破败和农民的凄苦，十分悲愤，1921 年 1 月便以这次回家的经历为题材，写了这篇小说。作者依据"我"的所见、所闻、所忆、所感，着重描写了闰土和杨二嫂的人物形象，从而反映了辛亥革命前后农村破产、农民生活痛苦的现实。同时，作者深刻指出，由于受封建社会传统观念的影响，劳苦大众在精神上所受的束缚，导致了纯真人性的扭曲，造成了人与人之间的冷漠、隔膜。这表达了作者对现实的强烈不满和改造旧社会、创造新生活的强烈愿望。开篇的环境描写，为全文笼罩了一层浓郁的悲剧色彩。

再如鲁迅在《药》中描写夏四奶奶给夏瑜上坟：

> 微风早经停息了；枯草支支直立，有如铜丝。一丝发抖的声音，在空气中愈颤愈细，细到没有，周围便都是死一般静。两人站在枯草丛里，仰面看那乌鸦；那乌鸦也在笔直的树枝间，缩着头，铁铸一般站着。

时令虽已是清明，但天气仍"分外寒冷"，"杨柳才吐出半粒米大的新芽"，"歪歪斜斜"的路旁是"层层迭迭"的丛冢；这里没有生机，只有"支支直立"的枯草发出"一丝发抖的声音"；这里没有啼鸣的黄莺，只有预兆不祥的乌鸦，而且"缩着头，铁铸一般站着"。作者通过景物描写展现了一幅凄凉的画面，渲染出了坟场阴冷、悲凉、死寂的氛围，烘托了人物内心的悲痛。都是丧子，一个是愚昧、麻木，把革命者的鲜血当成治病的良药；一个是可悲、可怜，对为革命而死的儿子不理解，甚至感到羞愧。这是两个家庭的悲剧，也是革命的悲剧，何尝不是当时国家的悲剧！

（二）推动情节发展

环境描写在小说中起着推动情节发展的作用。人生活在环境中，人的行动、思想都和环境紧紧关联着，环境的特点影响着人的情感和思想的变化，从而也会导致人的行动的发展。

《林教头风雪山神庙》中，一场风雪的到来，改变了林冲隐忍的性格，让他最终走上了反抗的道路。

"正是严冬天气，彤云密布，朔风渐起，却早纷纷扬扬卷下一天大雪来。"林冲怀着复杂的心情来到草料场，此时天空起了变化，风雪初起。满天低压的乌云，凛冽呼啸的寒风，纷纷扬扬的漫天大雪，营造出天地茫茫的环境气氛，烘托着林冲前途未卜的心情。"雪地里踏着碎琼乱玉，迤逦背着北风而行。那雪正下得紧。"在林冲觉得身上寒冷去沽酒御寒的路上，作者再次写了风雪，雪势正大。"看那雪到晚越下得紧了。"林冲喝了一顿闷酒仍旧迎着北风回来，雪更大了。

对风雪的描写，着墨不多。但是风雪的变化也层层推动着情节的发展。正因为雪大风紧，林冲才要喝酒御寒，才会在沽酒途中见到山神庙；正因为雪大风紧，草屋才会被摇撼、压倒，林冲才被迫到山神庙安身；正因为雪大风紧，林冲才来到了山神庙，才用巨石顶住大门……才暗中听到仇人陆谦等人的谈话，才奋起杀敌，才在性格上完成了质的转变。风雪的描写，为情节发展提供了合理的条件，推动了情节发展。这场越来越大的风雪，给人的心里一种压抑和紧迫的感觉，实际上也体现了步步紧逼的危险。

（三）烘托人物形象

小说中的环境本是为人物活动提供场所和背景的，因此自然环境的描写也和人物的性格关联着。作者在作品中往往会通过不同的环境来表现人物丰富的情感、复杂的性格，让人物形象更加生动、自然。

孙犁的《荷花淀》开头有一段环境描写：

月亮升起来，院子里凉爽得很，干净得很，白天破好的苇眉子潮润润的，正好编席。女人坐在小院当中，手指上缠绞着柔滑修长的苇眉子。苇眉子又薄又细，在她怀里跳跃着。

……

这女人编着席。不久，在她的身子下面就编成了一大片。她像坐在一片洁白的雪地上，也像坐在一片洁白的云彩上。她有时望望淀里，淀里也是一片银白世界。水面笼起一层薄薄透明的雾，风吹过来，带着新鲜的荷叶荷花香。

对小院子及白洋淀夜景的描写，渲染了如诗如画的意境，营造了清新宁静的氛围，女人编席的情景，绘出了荷花淀浓郁的生活气息。这一片银白的世界将水生嫂美丽的外表、美好的性格、纯洁的心灵烘托出来，也展现了荷花淀人民勤劳、朴实、善良的精神风貌。如此多娇的山河、如此美丽富饶的家园岂容敌人的铁蹄践踏。环境描写也为后文写荷花淀的儿女为了保卫家乡拿起武器和敌人进行殊死的斗争作了铺垫。

沈从文的《边城》中有这样一段描写：

天已快夜，别的雀子似乎都休息了，只有杜鹃叫个不息。石头泥土为白日晒了一整天，草木为白日晒了一整天，到时节各放散出一种热气。空气中有泥土气味，有草木气味，还有各种甲虫类气味。翠翠看着天上的红云，听着渡口飘来外乡生意人的杂乱声音，心中有些儿薄薄的凄凉。

一个安静而又祥和的夜晚，杜鹃的叫声，草木、泥土和各种甲虫类气味，生意人的杂乱声音，这些平常的情景却让翠翠的心里感到"薄薄的凄凉"。情窦初开的翠翠渴望爱情而没有着落，内心孤单又失落。这些环境描写更增添了翠翠内心的纷乱和孤独之感。

（四）暗示社会环境

小说中的自然环境，大多带有作家的感情色彩：景物本身都带着时代和心理的烙印，因此，往往会对社会环境作出一定的暗示。

《林教头风雪山神庙》中那场越下越"紧"的雪，不仅是为了写天气的恶劣，还是为了让读者透过一步步加大、加紧的风雪，感受到危险在一步步来临，一张无形的大网正在慢慢收紧，林冲的处境越来越危险，形势越来越严峻。高俅、陆谦、管营、差拨，这些恶势力的代表，正是那个黑暗社会的缩影，正是他们把林冲逼上了造反的道路。

《林黛玉进贾府》中关于环境的描写，也是显示出了当时的社会环境。"吃穿用度，已是不凡"的三等仆妇，"街市繁华，人烟阜盛"，街北蹲着的"两个大石狮子"，还有"三间兽头大门"，以及门口列坐着的十来个华冠丽服之人，都在显示贾府显赫高贵的社会地位和豪门贵族的气派。这样的环境，让林黛玉"步步留心，时时在意，不肯轻易多说一句话，多行一步路"。

再有《荷花淀》中对荷花淀正午风光的那段描写：

> 她们奔着那不知道有几亩大小的荷花淀去，那一望无边际的密密层层的大荷叶迎着阳光舒展开，就像铜墙铁壁一样。粉色荷花箭高高地挺出来，是监视白洋淀的哨兵吧！

密密层层的荷叶，在作者的笔下成了"铜墙铁壁"；原本美丽的"粉色荷花箭"高高地挺出来，成了"监视白洋淀的哨兵"。这样形象而奇特的比喻，暗示着一场激烈的战斗就要展开。"粉色的荷花箭"，这一充满寓意的比喻，暗示着昔日粉妆的女人们也成了保卫家乡的战士。

（五）深化作品主题

环境描写不只是写客观的景物，这些景物中还有着丰富的情感寄托，作者往往借助具有象征意义的物象或是独具特色的景物来暗示主题。

茹志鹃的《百合花》在最后有几句简短的环境描写：

> 前面的枪声，已响得稀落了。感觉上似乎天快亮了，其实还只是半夜。外边月亮很明，也比平日悬得高。

战斗是发生在中秋节这天的。"我"对家乡中秋节的回忆也被炮火打断了，"我"的心里充满了对小通讯员安全的担心。"前面的枪声，已响得稀落了"，意味着战斗快要结束了，心里的担心也要放下了。"感觉上似乎天快亮了，其实还只是半夜。""天快亮了"虽只是我的错觉，但又是我的希望，希望战争早点结束。可是时间还是半夜，事情不会像我想的那样简单，黑暗还要继续，危险还在身边。"外边月亮很明，也比平日悬得高。"在这样一个美丽的中秋之夜，通讯员为了掩护担架队员献出了年轻的生命。作者把一个生命的结束，放置在了一个绚烂的场景中，突出了生命的纯洁和高贵，深化了"战争中纯洁的感情"这一主题。

鲁迅《祝福》的最后一段，通过"我"的感受描写了一个祝福景象：

> 我给那些因为在近旁而极响的爆竹声惊醒，看见豆一般大的黄色的灯火光，接着又听得毕毕剥剥的鞭炮，是四叔家正在"祝福"了；知道已是五更将近时候。我在蒙胧中，又隐约听到远处的爆竹声联绵不断，似乎合成一天音响的浓云，夹着团团飞舞的雪花，拥抱了全市镇。我在这繁响的拥抱中，也懒散而且舒适，从白天以至初夜的疑虑，全给祝福的空气一扫而空了，只觉得天地圣众歆享了牲醴和香烟，都醉醺醺的在空中蹒跚，豫备给鲁镇的人们以无限的幸福。

祥林嫂的死，让"我"更清晰地看到了"祝福"背后的罪恶。"祝福"的热闹景象让"我""惊醒"。"豆一般大的黄色的灯火光"照亮不了眼前的黑暗，也照亮不了前路。而那些原本要给人"无限的幸福"的"天地圣众""醉醺醺的在空中蹒跚"。这一切，都和祥林嫂的死形成了鲜明的对比。一边是鲁四老爷之流兴高采烈地为自己来年好运祝福，另一边是被压迫者在寒冬腊月、大雪纷飞的祝福声中惨死在雪地里。祥林嫂的悲剧，正是旧中国下层劳动妇女的悲剧，而这悲剧正是封建礼教、封建迷信造成的。这样的描写，加强了对旧社会杀人本质的揭露，深化了小说的主题。

茅盾在《关于艺术的技巧》中提到，作品的环境描写，不论是社会环境还是自然环境，都不是可有可无的装饰品，而是密切地联系着人物的思想和行动。小说中关于环境描写的句子，其作用往往是多方面的，要根据具体的情节来进行综合分析。

第三章

戏剧教学与实践

　　戏剧，是一种综合的舞台艺术。它借助文学、音乐、舞蹈、美术等艺术手段塑造舞台艺术形象，揭示社会矛盾，反映社会生活。戏剧按表现形式，可以分为话剧、歌剧、舞剧、哑剧等；按剧情繁简和结构，可以分为独幕剧、多幕剧；按题材所反映的时代，可以分为历史剧、现代剧；按矛盾冲突的性质，可以分为悲剧、喜剧、正剧等。戏剧的要素包括戏剧冲突、戏剧语言、幕和场等。鉴赏戏剧的过程，就是对这些要素进行分析，欣赏戏剧组织冲突、构思情节、塑造人物的艺术手法，体会戏剧语言的动作性和个性化，理解作品的风格特征，欣赏作者的独特艺术创造，理解作品中蕴含的对社会现实的认识和对人生的深切关怀，从中汲取思想、感情和艺术的营养，丰富、深化对历史、社会和人生的认识，提高文学修养，激发同情他人、追求正义、坚守良知的情怀。

第一节　矛盾冲突——戏剧的灵魂

戏剧作品由于其表现形式和小说、散文的差别较大，给鉴赏带来了一些困难。要正确地鉴赏戏剧，就要了解戏剧的基本组成和表现形式。其中，矛盾冲突是戏剧中重要的表现手段，在推动情节发展、刻画人物形象和揭示主题方面，都有着重要的作用。

戏剧冲突是表现人与人之间矛盾关系和人的内心矛盾的特殊艺术形式，是构成戏剧情境的基础，是展现人物性格、反映生活本质、揭示作品主题的重要手段。戏剧冲突是戏剧艺术的核心和灵魂，没有冲突就没有戏剧。黑格尔曾指出，戏剧是表现分裂、冲突、和解的一个流动过程，动作也罢，性格也罢，要成功地表现出来，必须经历一条无法避免的途径：纠纷和冲突。

一、戏剧冲突在作品中的表现形式

戏剧是冲突的艺术，戏剧冲突在作品中的表现方式是多种多样的。

（一）某一人物与其他人物之间的冲突

例如《雷雨》中周朴园和鲁侍萍之间的冲突，鲁大海和周萍之间的冲突，《哈姆莱特》中哈姆莱特与克劳狄斯、王后的冲突等。

（二）人物自身的内心冲突

例如《雷雨》中鲁侍萍在犹豫要不要和周朴园相认，要不要和周萍相认，自己内心有激烈的矛盾冲突。

（三）人同自然环境或社会环境之间的冲突

有些剧本在表现主人公同社会环境的冲突时，往往把环境"人化"，即把它戏剧化为主人公与其他人物之间的冲突。如《雷雨》中侍萍与旧社会的冲突，她无力冲破封建势力对她的迫害，只能以死抗争；繁漪和旧有的社会秩序的冲突，繁漪是一个接受了一定新思想的女人，渴望有自己自由的生活和爱情，但这些都为当时的封建思想所不容。

人物之间的冲突与内心冲突这两种方式，有时各自单独展开，有时则交错在一起，相互作用，互为因果。而人与环境的冲突，则体现在生活的每一个层面上，决定一个人性格和命运的最终走向，比如侍萍的隐忍和她最后的抗争，就是对当时旧社会的控诉。

二、戏剧冲突的特点

生活矛盾是戏剧冲突的基础，戏剧冲突是生活矛盾的艺术反映。生活中只有具备社会性、戏剧性、舞台性的矛盾纠葛才可搬上戏剧舞台。高尔基曾提出，戏剧作家除要具有文学家的天才之外，还要具有造成冲突的巨大本领。

戏剧冲突主要有以下特点。

（一）尖锐激烈

在戏剧中，一些平淡的矛盾往往被组成有声有色的冲突。由于矛盾的双方都有足够的冲击力，因此冲突在最后爆发时格外强烈。如《雷雨》中，人物之间的矛盾冲突复杂而尖锐，周朴园和鲁侍萍、周朴园和繁漪、周朴园和鲁大海、繁漪与周萍、周萍与四凤等人之间的矛盾在最后一刻全都爆发出来。

（二）高度集中

戏剧的冲突是在既定的时间和空间里表现生活矛盾。戏剧冲突不同于一般的生活冲突。为了适合舞台演出，不可能让时间、空间无限制地拉长、扩大，只能在有限的时间和空间里表现现实生活，这样就需要把生活中的事件作艺术化的处理。如《雷雨》，作者把一个封建大家庭三十多年间的事情和众多人物之间的矛盾冲突集中在一个午后，在周家的客厅里上演，既能展示出冲突的激烈，又能体现出冲突的高度集中，戏剧化地表现了人物，突出了主题。

（三）进展紧张

戏剧冲突必须是扣人心弦、波澜起伏的，使观众一直处于紧张和期待之中。有人说，戏剧冲突是高度浓缩了的生活矛盾，这样，冲突的推进就像是快进了的生活，原本很长时间里发生的事情会出现在一个很短的时间内，因此，冲突就会异常激烈和紧张，从而能够吸引观众的注意力，极大地表现出戏剧魅力。《雷雨》中，鲁侍萍的出现让故事充满了危机，而她与周朴园无意中的见面，也让观众捏了一把汗，他们二人蕴含丰富潜台词的对话，更是让观众提心吊胆，几十年的恩怨，就这样在看似巧合的时机里碰了面，怎不扣人心弦。

（四）曲折多变

戏剧冲突往往是曲折复杂、变化多姿的。如同其他的文学作品，戏剧的冲突自然不能是平平的，随着矛盾产生、发展、解决的过程，冲突往往会出现一些意料之外的发展，这符合人物性格的多样性，也符合事物发展的不确定性，而这些曲折发展的过程，很好地表现了情节的复杂，也能调动观众欣赏的热情。如《雷雨》中，繁漪本是为了让鲁侍萍带女儿四凤回去，没有想到的是鲁侍萍竟然是周朴园三十年前的旧情人，还为他生了两个儿子，于是情人、夫妻、父子、母子、兄弟、兄妹之间的矛盾层层上演，许多事情的发展超出了观众最初的想象，情节的曲折多变成了戏剧独特的艺术特色。

三、戏剧冲突的作用

在戏剧理论中，很多人都强调冲突在戏剧作品中的作用。伏尔泰认为，每一场戏必须表现一场争斗；黑格尔把"各种目的和性格的冲突"看作戏剧的"中心问题"；法国戏剧理论家布伦退尔在《戏剧的规律》中，把冲突作为戏剧艺术的本质特征。戏剧通过角色之间的对话和动作，来展开激烈的冲突和交锋，使戏剧情节得以进展，人物性格得以展现，在富于戏剧性的矛盾冲突和曲折起伏的情节中，塑造出具有鲜明性格的人物形象，从而揭示出深刻的社会主题。

（一）推动情节发展

矛盾冲突是形成情节的基础，也是推动情节发展的动力。《雷雨》中，因为繁漪和周萍的矛盾冲突，才让她叫来了鲁侍萍，让她带四凤回家，然后鲁侍萍才会出现在周家，才又一次见到了周朴园，才翻起了三十年前的旧事，二人的矛盾冲突又引出了新的冲突，引出了更多的人，鲁大海、周萍、四凤一个个上场，大的冲突里套着小的冲突，人性的善和恶不断地进行着交锋，阶级的对立不停地上演，情节就在矛盾冲突的紧张与和缓之中或快或慢地推进，一步步进入了高潮，最终酿成了一个家庭的悲剧结局。

（二）刻画人物形象

戏剧冲突是构成戏剧情境的基础，同时也可以带出人物的性格。要分析剧中人物形象的性格特点，就要理清剧中的矛盾冲突，而要理清冲突，先要明确剧中人物的关系。《雷雨》中的主要人物周朴园，三十年前是周家的大少爷。他爱上了女佣梅妈的女儿侍萍，并与她有了两个儿子。后来为了娶一位门当户对的小姐，他逼得侍萍抱着刚出生不久的小儿子投河自尽。在侥幸被人救起后，侍萍带着小儿子流落他乡，靠做佣人为生，而大儿子周萍被周家留下。侍萍后又嫁给鲁贵并与之生女四凤，她带来的儿子起名叫鲁大海。周朴园娶繁漪，并与之生子周冲。后繁漪与周萍有了私情，而四凤也爱上了周萍。其中人物多，夫妻、情人、父子、母子、兄弟、兄妹、主仆关系错综复杂。这些关系层次交叉，互相牵连，产生了一系列的矛盾冲突和阶级对立，而人物的形象特点也就随着冲突的不断展开一步步地展示出来。

周朴园，周公馆的主人，出身于封建家庭，曾到德国留学，是一个当时所谓的"有教养"的人。三十年前，他引诱了侍女侍萍，生了两个儿子，后来，为了娶大户人家的小姐，把刚生下孩子三天的侍萍赶出了家门，逼得侍萍抱着孩子投河自杀。这是他们之间的第一次冲突，对侍萍的始乱终弃已经暴露了他的冷酷和虚伪。三十年后，当二人又一次相见时，周朴园先是表现出对旧人的怀念，而知道旧人就站在面前时，他表现得十分警觉。矛盾冲突一下子又尖锐起来，其伪善的面目展露无遗，同时也揭露了其自私阴险、金钱至上的嘴脸。当鲁大海代表矿上的工人来谈判时，他竟然要开除鲁大海。当鲁大海揭露他肮脏的发家史时，周萍冲上去打了鲁大海。剧烈的冲突暴露了资本家与工人阶级的对立以及他们收买工人败类的丑恶面目。在家庭中，周朴园则是一个封建专制家长的形象，这充分表现在他和繁漪的矛盾冲突上。繁漪是一个"受过一点新式教育的旧式女人"，渴望自由的爱情，而这些是周朴园所不容许的，他把繁漪禁锢在家里，不管她是不是真的有病，逼她喝药，也进一步表现出他的蛮横、自私与冷酷。当然，我们也能从他和侍萍的对话中看出他对当年侍萍的自杀有一点点愧悔之意，但也只是刹那间一闪而过。当感觉到自己可能面临的"危险"时，他立刻就恢复了本来面目。应该说，在矛盾冲突展开的过程中，他的性格特点也是不断发展变化的，也让我们充分地看到了他人性中的不同方面，看到了他的"恶"。可以说，周朴园是一个"恶"到连自己都不觉得"恶"的人。

鲁侍萍，本来叫梅侍萍，三十年前爱上了周家大少爷周朴园，并生了两个儿子。被周家赶出家门后，她抱着出生刚三天的小儿子跳了河。矛盾冲突的剧烈演变，导致她以死抗争，除了走投无路的绝望外，也表现出她对不公平命运的强烈反抗精神。幸运的是，她被人所救，虽然饱受了生活的苦难，但总归是有了自己正常的生活。三十年的悲惨遭遇、痛苦已经使她尝尽了人间的酸辛，也把她磨炼得坚强勇敢。她沉默的人生具有最大的包容性：她自始至终地关爱他人，以最大限度忍耐别人给她造成的伤害，不断退让地守着生命的底线。让她没有想到的是，岁月弄人，三十年后，她又一次遇上了当初抛弃她的人，而且她的女儿走进了周家，走上了一条和她一样的路。面对周朴园的假仁假义，她有着清醒的头脑而且始终保持着自己的刚毅、顽强。她一步一步揭开了周朴园伪善的面具。面对周朴园的威胁和利诱，她给予了有力的回击。但是，她终究是一个处于社会底层、受尽折磨和压迫的劳动妇女。三十年后，侍萍再一次出现在周家，面对冷酷的现实，她只能把自己的厄运归之于"命"。可以说，侍萍的人生经历最沉重地敲击着《雷雨》的悲剧丧钟，是一曲用心良苦的命运挽歌。

《雷雨》中众多的人物，都在矛盾冲突的过程中一个个登场，而且随着冲突的进一步发展，展示出了自己的本性，上演了一出复杂的情感大戏。

（三）揭示社会主题

《雷雨》以 1925 年前后的中国社会为背景，描写了一个带有浓厚封建色彩的资产阶级家庭的悲剧。剧中以两个家庭、八个人物、三十年的恩怨为主线，将所有的矛盾都集中在雷雨之夜爆发，在叙述家庭矛盾纠葛，怒斥封建家庭腐朽顽固的同时，反映了更为深层的社会及时代问题。这一悲剧深刻反映了社会的阶级剥削、阶级压迫，以及由此产生的阶级对立，暴露了半殖民地半封建社会的罪恶。在复杂的矛盾冲突中，以周朴园为代表的资本家与以鲁侍萍、鲁大海为代表的下层劳动人民、工人阶级的冲突是最本质的冲突。这个矛盾的存在和发展，决定了其他矛盾的存在和发展。

戏剧冲突是戏剧创作中的主要构成部分，是鉴赏戏剧文学的首要参考指标。剧中人物的性格与剧本的主题思想可以通过戏剧冲突表现出来，因此，在鉴赏戏剧作品时，要理清其中的矛盾冲突，从而在冲突的发展中看清人物，明确主题。

第二节　赏析戏剧语言

戏剧语言包括两部分：一是人物台词，二是舞台说明。

一、人物台词

人物台词包括对白、独白、旁白等，是剧本中人物所说的话语，是剧作者用以展示剧情、刻画人物、体现主题的主要手段，也是构成剧本的基本部分。

对白，是剧本中角色相互间的对话，也是戏剧台词的主要形式。独白，是角色在舞台上独自说出的台词。它从古典悲剧发展而来，在文艺复兴时期的戏剧中使用十分广泛，是把人物的内心感情和思想直接倾诉给观众的一种艺术手段，往往用于人物内心活动最剧烈、最复杂的场面。旁白，是角色在舞台上直接说给观众听，而假设不为同台其他人物听见的台词，主要是对对方的评价和本人内心活动的披露。由于戏剧不像小说等文学样式那样由作者出面向读者叙述，只能依靠人物自身的语言与动作来表达一切，因此台词是戏剧舞台上唯一可以运用的语言手段，台词的写作与安排成为剧作技巧的重要组成部分。

一般来说，戏剧中的人物台词具有以下特点。

（一）高度个性化

个性化语言是指人物的语言要符合人物的身份、性格，是刻画人物达到合理性、真实性的重要手段，同时，还要体现人物性格的发展变化，表达人物的思想情感。

如《雷雨》中的几句台词：

> 鲁侍萍：可是她不是小姐，她也不贤惠，并且听说是不大规矩的。
>
> 鲁侍萍：这个梅姑娘倒是有一天晚上跳的河，可是不是一个，她手里抱着一个刚生下三天的男孩。听人说她生前是不规矩的。

鲁侍萍：她是个下等人，不很守本分的。听说她那时跟周公馆的少爷有点不清白，生了两个儿子。生了第二个，才过三天，忽然周少爷不要她了。大孩子就放在周公馆，刚生的孩子她抱在怀里，在年三十夜里投河死的。

鲁侍萍：她不是小姐，她是无锡周公馆梅妈的女儿，她叫侍萍。

鲁侍萍：她的命很苦。离开了周家，周家少爷就娶了一位有钱有门第的小姐。她一个单身人，无亲无故，带着一个孩子在外乡，什么事都做：讨饭，缝衣服，当老妈子，在学校里伺候人。

鲁侍萍：你自然想不到，侍萍的相貌有一天也会老得连你都不认识了。

在周家的客厅里，鲁侍萍偶遇周朴园，内心极其复杂。三十年来的恩怨情仇，又从记忆的深处一一浮现出来。当周朴园拐弯抹角地打听当年侍萍的消息时，侍萍在看似平静的话里，半遮半掩又毫不留情地揭开了旧年的伤疤，把周朴园虚伪而又残忍的本相一一地呈现出来。

这些台词里，表面的平静下，蕴含着极大的愤怒和悲伤。那些自讽的话，表面上是否定自己，实际上是揭周朴园的隐私，揭穿周朴园的谎言，也是在诉说自己的苦难。三十多年的遭遇，已经让侍萍彻底看透了周朴园的嘴脸，但是，受善良的本性驱使，她并没有想到要讨还什么，只是要领回自己的女儿，过一份安静的日子。

当周朴园的丑恶嘴脸进一步地表现出来时，她的悲愤、痛苦在短时间内爆发了，体现了她的自尊和反抗精神。

鲁侍萍：（苦笑）哼，你以为我是故意来敲诈你，才来的吗？

鲁侍萍：我这些年的苦不是你拿钱算得清的。

当看到周萍和鲁大海发生冲突时，她极度地愤怒、失望，差点儿失言，在开口的瞬间又强行忍住。

鲁侍萍：哦，这真是一群强盗！（走至周萍跟前，抽咽）你是萍，——凭，——凭什么打我的儿子？

这真是欲言又止，悲苦万分，亲生儿子却不能相认，淋漓尽致地表现出了鲁侍萍内心的痛苦与克制，让人物具有了更打动人心的力量。

在中国古代戏曲中，台词则是韵文体的唱词和散文体的念白综合运用，这些语言同样具有鲜明的个性特色。

如《窦娥冤》中窦娥的唱词和念白：

> 【叨叨令】可怜我孤身只影无亲眷，则落的吞声忍气空嗟怨。〔刽子云〕难道你爷娘家也没的？〔正旦云〕只有个爹爹，十三年前上朝取应去了，至今杳无音信。〔唱〕早已是十年多不睹爹爹面。〔刽子云〕你适才要我往后街里去，是甚么主意？〔正旦唱〕怕则怕前街里被我婆婆见。〔刽子云〕你的性命也顾不得，怕他见怎的？〔正旦云〕俺婆婆若见我披枷带锁赴法场餐刀去呵，〔唱〕枉将他气杀也么哥，枉将他气杀也么哥。告哥哥，临危好与人行方便。

无故受了冤屈，在去刑场的途中，窦娥向刽子手提出一个小小的请求，要求从后街走，原因是怕婆婆看见了伤心、难过。几句唱词和对白，表现了她的善良、细心和孝顺，也是对造成冤案的贪官的强烈讽刺。像这样一个在临死时都记挂着婆婆的孝顺媳妇，怎么可能犯下害死人的大罪呢？

而【端正好】【滚绣球】两支曲子，则借窦娥之口，揭露了黑暗的社会现实，进而对天地鬼神提出了控诉，表现了窦娥的反抗精神。作为主宰万物、维持现实世界秩序的天地，本应该使社会清明，公正无私，却是非不分，曲直不明。窦娥的唱词，把自己受冤屈的原因直接归结到了天的身上，矛头直指封建统治者所赖以维系的精神支柱，既是对整个封建专制制度的彻底否定，又是对传统的封建专制思想的否定。

（二）富于动作性

动作性主要是指台词要能揭示人物的内心动作，推动剧情的进展。剧本中每个角色的台词都应当产生于人物的性格冲突之中，成为人物对冲突的态度与反应的一种表露，从而把人物关系、戏剧情节不断推向前进。

如《雷雨》中的台词：

> 鲁侍萍：——老爷没有事了？
>
> 周朴园：（指窗）窗户谁叫打开的？
>
> 周朴园：（看她关好窗门，忽然觉得她很奇怪）你站一站。（侍萍停）你——贵姓？

鲁侍萍欲言又止，表现出内心的矛盾心理。三十年后，没有想到又回到当初的伤心地，见到了当初爱的人，千头万绪，千言万语，郁郁心中。既想离开这个让人伤心的地方，又想与曾经的恋人说话的矛盾心理，让她不自觉地表现在自己的语言和动作中。而周朴园也对侍萍的行为举止有所关注，勾起了周朴园对"梅姑娘"的回忆，推动了情节的发展，引起了后边的一系列对话。

再如：

> 周朴园：你告诉她在我那顶老的箱子里，纺绸的衬衣，没有领子的。
>
> 鲁侍萍：老爷那种绸衬衣不是一共有五件？您要哪一件？

话中暗含玄机，自然只有个中人才会懂。这样的细节岂是一般人能知道的，这不由得让周朴园心中疑惑更重。如果侍萍只是随意应付过去，就不会有后边的对话，也不会有后边的故事发生。这几句台词是促使周朴园和鲁侍萍相认的重要情节，也是整个故事发展的关键点。语言的动作性，就是体现在这些话语间的关联性上，看似问东说西，其实东西之间有着一根串在一起的红线，那就是故事间的承接性。

戏剧语言不只是表达思想的静止而又刻板的念白，而且是能鲜明地表达人物外部动作和内心动作的语言。黑格尔曾经说过，能把个人的性格、思想和目的最清楚地表现出来的是动作，人的最深刻方面只有通过动作才能见诸现实。

（三）含有丰富的潜台词

潜台词即是言中有言，意中有意，弦外有音，指语言的表层意思之内还含有别的不愿说或不便说的意思。潜台词不仅充分体现了语言的魅力，还可以让读者窥见人物丰富的内心世界。

如《雷雨》中周朴园与侍萍相见时，当他还不知道站在面前的就是侍萍时，周朴园表现出一种眷念、忏悔之情，而认出侍萍后，露出了伪君子的真相。

周朴园：（忽然严厉地）你来干什么？

周朴园：谁指使你来的？

周朴园：（冷冷地）三十年的工夫你还是找到这儿来了。

周朴园：那么我们可以明明白白地谈一谈。

"你来干什么？"有两层意思：其一，你大可不必到这儿来；其二，有一种威胁之意，你想来敲诈我吗？"谁指使你来的？"的潜台词是：不是你，那一定是鲁贵指使你来敲诈我的。他非常害怕他和侍萍的事暴露在鲁贵这个下人面前，这对他的名誉、社会地位都是一个严重的威胁。"三十年的工夫你还是找到这儿来了"的潜台词是：早就知道你只要活着就会找上门来，果然没有出乎我的意料，那么你究竟想要怎么样？"那么我们可以明明白白地谈一谈"，内含的意思是：既然你还承认我对你的一片情意，既然不想提过去的事情，那你有什么要求，你想要多少钱，不需要遮掩，可以明明白白地提出来。这些话是那么冷酷无情，先前表现出的温情一下子就消失得无影无踪。话中丰富的内涵，让我们更清晰地看到了周朴园的虚伪和冷酷，对于表现周朴园的性格起到了很重要的作用。

台词中还有一种是独白，就是指戏剧中角色独自抒发个人感情和愿望的话。独白能够揭示人物隐秘的内心世界，充分地展示人物的思想、性格，使读者更深刻地理解人物的思想感情和精神面貌。

《哈姆莱特》中有一段著名的独白：

生存还是毁灭，这是一个值得考虑的问题。默然忍受命运的暴虐的毒箭，或是挺身反抗人世的无涯的苦难，通过斗争把它们扫清，这两种行为，哪一种更高贵？死了；睡着了；什么都完了；要是在这一种睡眠之中，我们心头的创痛，以及其他无数血肉之躯所不能避免的打击，都可以从此消失，那正是我们求之不得的结局。死了；睡着了；睡着了也许还会做梦；嗯，阻碍就在这儿：因为当我们摆脱了这一具朽腐的皮囊以后，在那死的睡眠里，究竟将要做些什么梦，那不能不使我们踌躇顾虑。人们甘心久困于患难之中，也就是为了这个缘故；谁愿意忍受人世的鞭挞和讥嘲、压迫者的凌辱、傲慢者的冷眼、被轻蔑的爱情的惨痛、法律的迁延、官吏的横暴和费尽辛勤所换来的小人的鄙视，要是他只要用一柄小小的刀子，就可以清算他自己的一生？谁愿意负着这样的重担，在烦劳的生命的压迫下呻吟流汗，倘不是因为惧怕不可知的死后，惧怕那从来不曾有一个旅人回来过的神秘之国，是它迷惑了我们的意志，使我们宁愿忍受目前的磨折，不敢向我们所不知道的痛苦飞去？这样，重重的顾虑使我们全变成了懦夫，决心的赤热的光彩，被审慎的思维盖上了一层灰色，伟大的事业在这一种考虑之下，也会逆流而退，失去了行动的意义。且慢！美丽的奥菲利娅！——女神，在你的祈祷之中，不要忘记替我忏悔我的罪孽。

这段内心独白深刻地表现了哈姆莱特在进行个人复仇和探索社会变革过程中的心路历程，也展现出了这位青年王子崇高的精神境界。通过这段独白，我们看到了他对人生的思索，他的烦恼和失望、苦闷和彷徨以及他对周围现实的深刻揭露和批判。他有着十分强烈的自我意识，无时无刻不在痛苦而清醒地观察现实，反思自我。同时，"重重的顾虑使我们全变成了懦夫，决心的赤热的光彩，被审慎的思维盖上了一层灰色，伟大的事业在这一种考虑之下，也会逆流而退，失去了行动的意义"等自白语句，也揭示出他性格上的弱点，在一定程度上证明了他是个具有延宕、迟疑、多虑性格的"忧郁"王子。哈姆莱特不是一个理想的说教者，不是一个时代精神的传声筒，他是反映时代共性的典型的"这一个"，他有着丰富而复杂、矛盾而统一的性格内涵。

二、舞台说明

戏剧语言的另一部分是舞台说明。

舞台说明是一种辅助性的语言，是剧本里一些说明性的文字，包括人物、时间、地点、布景的说明，动作、表情、声调的说明，幕起、幕落的说明以及人物的上下场说明等。这些说明对刻画人物性格和推动、展开戏剧情节发展有一定的作用。这部分语言要求简练、扼要、明确。一般出现在每一幕（场）的开端、结尾和对话中间，用括号括起来。对舞台说明的正确理解，可以明确故事发生的时间、地点和背景，很好地了解人物的基本情况，从而为快速走进剧情、认识人物、理解主旨打下基础。

舞台说明一般有以下几个方面的作用。

（一）介绍人物

人物出场前，往往会有简短的介绍，包括年龄、身份以及和其他人物的关系等。如《雷雨》中对鲁贵的介绍：

> 约莫四十多岁的样子，神气萎缩，肿眼皮，嘴角松弛地垂下来。他的身体较胖。和许多大公馆的仆人一样，他很懂礼节。他有点驼背，似乎永远欠着身子向主人答应着"是"。他常常贪婪地窥视着。

这段人物说明勾画出鲁贵卑躬屈膝的外貌，又暗示出他鄙陋猥琐的性格特征。人物出场，他的一言一行无不显示出一副市侩嘴脸。可以说，这段说明性的文字，就是对剧中人物的画像，也是其性格特点的主要方面。

再如鲁侍萍出场时的一段介绍：

> 她的眼有些呆滞，时而呆呆地望着前面，但是在那修长的睫毛，和她圆大的眸子间，还寻得出她少年时静慧的神韵。她的衣服朴素而有身份，旧蓝布裤褂，很洁净地穿在身上。远远地看着，依然像大家户里落魄的妇人。她的高贵的气质和她的丈夫的鄙俗，奸小，恰成一个强烈的对比。
>
> 她的头还包着一条白布手巾，怕是坐火车围着避土的，她说话总爱微微地笑，尤其因为刚刚见着两年未见的亲女儿，神色还是快慰地闪着快乐的光彩。她的声音很低，很沉稳，语音像一个南方人曾经和北方人相处很久，夹杂着许多模糊、轻快的南方音，但是她的字句说得很清楚。她的牙齿非常整齐，笑的时候在嘴角旁露出一对深深的笑涡，叫我们想起来四凤笑时口旁一对浅浅的涡影。

"修长的睫毛""圆大的眸子"，依然能看出侍萍当年容颜的美丽。"衣服朴素而有身份，旧蓝布裤褂，很洁净地穿在身上。远远地看着，依然像大家户里落魄的妇人"暗示她的身份和曾经的经历。"说话总爱微微地笑""声音很低，很沉稳"，显示出她性格的温和。而有些"呆滞"的眼可以看出她经历过一些人所不知的苦难。这些介绍，既对人物的身份和经历有所暗示，也能在一定程度上显示出人物的性格特点。

（二）介绍故事发生的时间、地点及背景等

如《雷雨》第二幕开始前的一段舞台说明文字：

> 午饭后，天气更阴沉，更郁热，低沉潮湿的空气，使人异常烦躁……

这段话介绍了当时的时间及背景，给人一种压抑的感觉，一场雷雨就要到来，也暗示着家庭的一场雷雨也要到来。

（三）介绍人物的表情、心理、动作、上下场等

如《雷雨》中的片断：

> 周朴园：（点着一支吕宋烟，看见桌上的雨衣，向侍萍）这是太太找出来的雨衣吗？
> 鲁侍萍：（看着他）大概是的。

括号中的文字介绍了人物的动作，也表现出情节的发展。

> 鲁侍萍：哦。（很自然地走到窗前，关上窗户，慢慢地走向中门）

括号中的文字表明侍萍对这里很熟悉，暗示她的身份，也写出了她内心的极度痛苦与矛盾。

> 周朴园：（深思）无锡？嗯，无锡，（忽而）你在无锡是什么时候？
> 周朴园：（深思）三十年前，是的，很远啦，我想想，我大概是二十多岁的时候。那时候我还在无锡呢。
> 周朴园：嗯，（沉吟）无锡是个好地方。
> 周朴园：（汗涔涔地）哦。
> 周朴园：（喘出一口气，沉思地）侍萍，侍萍，对了。

括号里的文字很是细腻地写出了周朴园的心理变化过程，由开始时看到鲁侍萍一些反常的举动和言语时的一点点怀疑，到后来真相慢慢呈现时的胆战心惊，突出了他内心的恐惧，鲜明地刻画出了人物的性格特点。

> 周朴园：（走至中门）来人！（仆人由中门进）谁在吵？
> 仆人：是，老爷。（由中门下）

这里的说明性文字介绍了人物的上下场。

舞台说明就像是一根根无形的丝线，串联起了情节，让读者能很好地了解剧中人物及情节，也能让演员很好地理解人物的动作、表情及演出时的背景设置等，它是戏剧语言中不可或缺的一部分。

戏剧是一门语言艺术，赏析戏剧语言，就要明白戏剧语言的形式和特点，要从个性化的语言中理解形象的特点，从具有动作性的语言中读懂情节的发展和人物的内心，要能读得出潜台词丰富的内涵，也要读得懂舞台说明的内容。当然，赏析戏剧语言也是一种再创造的过程，要融入读者的思考和对人生世事的见解，这样，就能更加深入而且宽泛地理解故事，认清人物，体会到作品深刻的社会主题。

第三节　赏析戏剧中的人物形象

同其他文学作品一样，戏剧也是通过塑造人物形象来反映社会生活，揭示社会主题。作者通过形形色色的人物，来展示生活中的矛盾，因此，对人物形象的理解是解读戏剧作品的主要途径。

一、在矛盾冲突中把握人物形象

矛盾冲突是戏剧的要素，而矛盾是由人物构成的，因此，只有在矛盾冲突中理解人物，才能全面地认识一个人，真正看透人物的本质。同时，人物形象特点也不是固定不变的，而是在矛盾冲突发展的过程中不断发展变化的。同一个人物在不同的时期、不同的情形下会有不同的表现，这些也是人物多样性的具体表现。

比如《雷雨》中的周朴园，就是一个具有复杂人格的人物。当初，他是一个封建家庭的纨绔子弟，爱上了家里的侍女侍萍，并和她生了两个儿子。不能说周朴园对侍萍一点感情也没有，只是当感情与利益相矛盾时，他选择了利益，抛弃了侍萍，娶了大户人家的小姐，并且把刚生了孩子的侍萍赶出了家门，逼得侍萍走投无路，跳了江。从这里，可以看出他的自私和冷酷。而在之后的三十年里，他也会因为良心的谴责而生出一些愧悔之心，再加上家庭生活的不睦，又让他时不时地想起以前的日子，侍萍的影子并没有从他的心里完全地抹去，甚至会让他有一些难以忘怀的感觉，因此他在家里保留了侍萍住过的屋子的原样，甚至保留了一些过去的生活习惯，应该说，他的心里还有那么一点未泯的良心存在，但这些也只是停留在不影响到他的名声和利益的前提下。从表面上看，他似乎难忘旧情，但他的骨子里却是无比虚伪。当侍萍真正出现在他的面前时，他一下子就警觉起来，一个劲地盘问她的目的，随后又是威胁，又是利诱，完成了一场拙劣的表演，也让读者更清晰地看到了他的真实面貌，他只是对"死"了的侍萍才有一点忏悔之心，而对活着的侍萍则充满了警惕，虚情假意。他与侍萍的冲突，纠缠着情感，一层一层揭下了他的画皮，让读者看到的是一个家庭生活层面始乱终弃的虚伪人物。而在与鲁大海的冲突中，我们看到的周朴园是一位狠毒凶残的资本家。作者通过鲁大海之口揭露了他血淋淋的发迹史，他故意让江堤出险，淹死小工，赚取昧心钱的卑劣行径，表现出了他的贪婪、凶残，而他对工人罢工的镇压，更加突出了他的反动和阴险。他与鲁大海的冲突，实质上是资本家与工人阶级的冲突，暴露出的是资本家追逐利益、压制工人运动的本性。

周朴园是剧中各种悲剧的根源，他的性格特点随着冲突的发展一步步地展露出来，并且在不同的层面展示出了他的多重性格。文学作品的伟大之处就在于塑造典型的形象，多层次、深刻地反映现实生活，给读者以启发，让读者更加全面地认识社会，认识人物。

同样，剧中的侍萍，其性格也随着剧情的发展，在矛盾冲突中变化着。三十年前，她痴情于周朴园，善良，软弱，被逼无奈时只有以死抗争。三十年的苦难，让她变得坚强起来。当她又一次面对周朴园时，早已经不是当年那个任人凌辱的下人了，虽然看到周公馆里的陈设，听到周朴园述说后曾经有一丝丝的幻想，但是她很快认清了周朴园的真正面目，她撕毁了支票，怒斥周朴园。当看到鲁大海被打后，她悲愤地喊出："这真是一群强盗。"一系列的冲突，展现出了她性格的发展，从最初的软弱，到后来的抗争与觉醒。这个有血有肉，被侮辱、摧残后又坚强起来的女性形象，正是那个时代劳动妇女的缩影。

二、品人物语言，把握形象特点

戏剧主要是通过人物语言来表现人物的性格特点。而人物语言的个性化及动作化，在塑造人物方面，起到了至关重要的作用。

人物语言的个性化，就是剧中人物说的话要符合人物的身份、性格，有各自鲜明的特点，听其声则知其人，都是活生生的"这一个"。

《窦娥冤》中的窦娥善良、安分，身世凄苦，"三岁上亡了母亲，七岁上离了父亲"，后父亲将她嫁与蔡婆家作童养媳，"至十七岁与夫成亲，不幸丈夫亡化"。她却以为这些都是命中注定，"莫不是前世里烧香不到头，今也波生招祸尤，劝今人早将来世修"（第一折）。对于闯入蔡家的张驴儿父子，也并没有正面反抗，只是担心"我这寡妇人家，凡事要避些嫌疑"，"非亲非故的，一家儿同住，岂不惹外人谈议"（第二折）。当她被诬告时，她坚决不从，最初还对官府抱有幻想，以为"大人你明如镜，清似水，照妾身肝胆虚实"（第二折）。她在经受严刑拷打后，仍然不肯屈服，最后只是为了不让婆婆受苦，才蒙冤认罪。在去刑场的路上，她央求刽子手"往后街里去"，也是"怕则怕前街里被我婆婆见"，"俺婆婆若见我披枷带锁赴法场餐刀去呵，枉将他气杀也么哥"。而她的刚强坚贞、宁折不屈的反抗精神则在开场上集中表现了出来，对于黑暗的社会现实，她许下了三桩誓愿：

> 不是我窦娥罚下这等无头愿，委实的冤情不浅；若没些儿灵圣与世人传，也不见得湛湛青天。我不要半星热血红尘洒，都只在八尺旗枪素练悬。等他四下里皆瞧见，这就是咱苌弘化碧，望帝啼鹃。

> 你道是暑气暄，不是那下雪天；岂不闻飞霜六月因邹衍？若果有一腔怨气喷如火，定要感的六出冰花滚似绵，免着我尸骸现；要什么素车白马，断送出古陌荒阡？

> 你道是天公不可期，人心不可怜，不知皇天也肯从人愿。做甚么三年不见甘霖降？也只为东海曾经孝妇冤。如今轮到你山阳县。这都是官吏每无心正法，使百姓有口难言。

这些铮铮誓言，是向封建秩序发出的直接挑战。一个原本柔弱的女子，成了一个具有强烈的抗争精神的不凡女性，是中国文学作品中光彩照人的形象。戏剧语言的个性化，可以让剧中人物直接表露自己的思想，体现自己的价值追求，从而更加突出地揭示人物的性格特征，并引导主题的深层次展示。

戏剧语言的动作化，是指人物的语言能表现出自身的心理活动、思想情感，能够和形体动作等一起，关联情节并推动情节的发展。这些语言具有连贯性，因果相关，是流动的情感，也是流动的情节，可以让人从语言中揣摩到故事的脉络以及发展的方向，能够对无法展示出来的情节起到内容上的联系，从而形成完整的情节结构，同时也能表现出人物的性格特点。《哈姆莱特》第三幕第一场国王听取罗森格尔兹等人的汇报，几人的话里对一些没有呈现出来的内容作了介绍，让人从不同的方面了解了他们对哈姆莱特的试探，而国王看破哈姆莱特不像是真疯，而是"有些什么心事"，"为了防止万一"，"当机立断，决定了一个办法"，又为后面的情节作了铺垫。这些动作化的语言，很好地刻画出了这些阴谋家的形象特点。

三、揣摩舞台说明，把握形象特点

舞台说明在塑造人物形象方面，主要起到补充作用。它通过对人物动作、表情、心理等的说明，和台词一起，更好地呈现人物的性格。

《雷雨》中，周朴园见到侍萍后对话中的"沉思""沉吟"，表现出他在听到侍萍说"从小在无锡长大"时，内心里对往事的回忆，但又极力遮掩着，不轻易露出来。而听侍萍一点点地说起往事，特别是说到姓梅的姑娘跳河，还"抱着一个刚生下三天的男孩"时，他"苦痛"，进而"汗涔涔的"，写出了其心里的痛苦。而侍萍说那个姓梅的姑娘还活着时，他"惊愕""忽然立起"，表现出了他内心里的惊疑、害怕。然后，脸一变，"忽然严厉地"质问侍萍"你来干什么？"，更是"冷冷地"对她。这一系列的说明，仿佛是一场精彩的表演，把周朴园内心的变化真实地呈现出来，让人看到了一个假情假义、虚伪而又狠毒的形象。同样，在周朴园与侍萍的对白中，也有一系列的说明文字，则是让人看到了一个善良、隐忍，对命运的不公极力抗争，对丑恶的灵魂极力揭露的女性形象。她"接过支票""慢慢地撕碎支票"，就是对黑暗现实的有力抗争与彻底决裂。

当然，剧中人物的性格并不是一成不变的，要在情节的发展中从不同的角度来认识人物，也就是动态地看待，而不是静止地看待。《雷雨》中的侍萍，三十年前，善良、隐忍、卑微，但是三十年后，生活的磨难让她看透了人世间的丑恶，她不再抱有什么幻想，而是进行了坚决的抗争。

剧中的人物性格是复杂的、多侧面的，不能仅仅贴几个简单的标签。《雷雨》中的周朴园是一个恶人，他身上有浓厚的封建遗习，又具有资本家原始积累时期的血腥，同时还受到资产阶级人性思想的影响。他冷酷、残忍、虚伪，但是对侍萍也不能说一点情分也没有，只是这种情分是建立在对自己的地位没有影响的前提下，而一旦意识到了危险，他就会立即翻脸。而这些，正是人物的性格的真实再现，避免了无谓的拔高或是贬低。

在赏析作品中的人物形象时，我们应该结合具体的生活情境，联系人物生活的时代、家庭背景、社会习俗、人际交往等外部条件，来分析人物性格形成和变化的原因，弄清人物性格的发展逻辑，从人性的角度，解读其行为，了解其思想，这样才能更加全面地认识形象，才能更加准确地解读作品的思想内涵。

第四节　戏剧作品中的悲剧美

《窦娥冤》是中国传统戏曲为世界贡献的一部伟大的悲剧。恶人横行，官府黑暗，善良被欺，作者站在人民的立场上，塑造了窦娥这样一位光彩照人的女性形象，对遭受压迫的人民群众给予同情，对他们的抗争给予关切，在展示美好被毁灭的过程中，让人感受到震撼心灵的悲剧美。

一、形象美

《窦娥冤》的悲剧美，表现在形象美。

在作者的笔下，窦娥具有中国女性传统的美德，她勤劳、善良、知礼，是集众美于一身的普通女性的代表。虽然作者没有具体描写她的外貌，但是读者依然从她的言谈举止中感受到那种纯朴、原始的美，这种美是她内心的善良，她对婆婆的孝敬之心，以及她内心对黑暗势力的反抗精神。

王国维认为，《窦娥冤》即列之于世界大悲剧中，亦无愧色，主要看重的便是作品塑造的窦娥这一形象，即"其赴汤蹈火者，仍出其主人翁之意志"。窦娥是个不幸的人，她三岁死了娘，七岁做童养媳，十七岁成亲，两年后丈夫又死了，只有一个爹爹，却是十几年一点音信也没有，后遇恶人诬告，枉丢了性命。

如果没有恶人的出现，她可能会如同其他的女性一样，坚守节操，安分守己，孝敬婆婆，可是，祸从天降，把她送上了断头台。她原本还对官府抱有幻想，以为"大人你明如镜，清似水，照妾身肝胆虚实"。在楚州府衙门的"无情棍棒"之下，她身受"千般拷打，万种凌逼；一杖下，一道血，一层皮"，昏死多次，依然不肯屈招。最后为了婆婆免受酷刑，她屈招认罪；为了不让婆婆看见伤心，她央求刽子手不走前街走后街，其心地的纯良可见一斑。可是，就是这样一个善良的女子被送上了断头台，怎不让人痛心，也难怪她"将天地也生埋怨"。在这里，我们看到的是一个原本普通软弱的女性由不自觉的反抗发展到了不妥协的斗争，而且，她抗争的矛头直接指向了神圣的天地鬼神。她的抗争是强烈的，她的揭露是深刻的：

> 有日月朝暮悬，有鬼神掌着生死权。天地也！只合把清浊分辨，可
> 怎生糊突了盗跖，颜渊？为善的受贫穷更命短，造恶的享富贵又寿延。
> 天地也！做得个怕硬欺软，却原来也这般顺水推船！地也，你不分好歹
> 何为地！天也，你错勘贤愚枉做天！哎，只落得两泪涟涟。

她咒骂不公平的天地，更是在咒骂不公平的社会和社会上的那些贪官污
吏、恶霸。可以说，在窦娥的身上寄托着被压迫者的觉醒和愤怒，这也是那个
社会里处于社会底层的人民群众的呼声。

鲁迅说："悲剧是将人生有价值的东西毁灭给人看。"窦娥是剧中塑造的一
个成功的悲剧形象。她是善良的，也是战斗的、反抗的。她的善良，用于对待
自己的亲人；她的反抗，用于对付作恶的坏人、压迫者。她的遭遇让人同情，
她性格中刚强坚贞、宁折不屈的反抗精神，让人赞叹。她的悲剧是社会的悲
剧，是那个黑暗的社会里所有处于社会底层的普通百姓的悲剧，因此，具有广
泛的社会意义，对人们的思想解放具有一定的启蒙意义，对于唤醒被压迫者的
斗争意识具有强烈的鼓舞力量。

二、理想美

《窦娥冤》的悲剧美，也表现在理想美。

窦娥临死前，许下了三桩誓愿：

> 〔正旦云〕要一领净席，等我窦娥站立；又要丈二白练，挂在旗枪
> 上。若是我窦娥委实冤枉，刀过处头落，一腔热血休半点儿沾在地下，
> 都飞在白练上者。
>
> 〔正旦再跪科，云〕大人，如今是三伏天道，若窦娥委实冤枉，身
> 死之后，天降三尺瑞雪，遮掩了窦娥尸首。
>
> 〔正旦再跪科，云〕大人，我窦娥死的委实冤枉，从今以后，着这
> 楚州亢旱三年。

这样荒诞的事情，怎么会实现？剧中窦娥的唱词又言之凿凿，让人信而不疑。

【耍孩儿】不是我窦娥罚下这等无头愿，委实的冤情不浅；若没些儿灵圣与世人传，也不见得湛湛青天。我不要半星热血红尘洒，都只在八尺旗枪素练悬。等他四下里皆瞧见，这就是咱苌弘化碧，望帝啼鹃。

【二煞】你道是暑气暄，不是那下雪天；岂不闻飞霜六月因邹衍？若果有一腔怨气喷如火，定要感的六出冰花滚似绵，免着我尸骸现；要什么素车白马，断送出古陌荒阡？

【一煞】你道是天公不可期，人心不可怜，不知皇天也肯从人愿。做甚么三年不见甘霖降？也只为东海曾经孝妇冤。如今轮到你山阳县。这都是官吏每无心正法，使百姓有口难言。

这三桩誓愿，在窦娥死后都一一应验。这样的事情在现实生活中是不可能出现的，而在剧中出现则体现了作者的理想，也体现了人民群众的理想，带有强烈的审美价值，不仅带给读者以新奇、紧张、满足的感觉，更重要的是写出了窦娥彻底的反抗精神，给深受压迫的普通群众带来了精神上的满足，体现了悲剧主人公的社会意义。

当然，三桩誓愿的实现，虽然让人们有一种心理上的安慰，但是也更显示出悲剧的实际内核，让人更加深切地感受到冤情之深。血溅白练、六月飞雪、亢旱三年，这些看似不可能的事情，都一一地出现在人们面前，虽是天生异象，昭示冤情，但窦娥的生命终究无法挽回，即使后来昭雪了冤情，惩治了恶人，她也仍然是个屈死的孤魂。大旱三年，最终受苦的还是那些普通的百姓。看似喜剧的结尾，却让人难以高兴起来，但是既然有了反抗，就给人以信心和希望，这也表现出了人民群众战斗的信心和取得胜利的信心。

美的毁灭让人痛心，但是又能唤醒人们心底深处追求美的愿望。死亡也是另一种重生，它给人的震撼是深远的，给人的启迪是深刻的。窦娥是"被毁灭的"那一个，她的形象也深深地留在人们的心中，成为一种力量、一种信心。这应该就是悲剧的美的普遍意义。

第四章

诗歌阅读与鉴赏

　　诗者，吟咏性情也。诗歌饱含着作者的思想感情与丰富的想象，蕴蓄着诗人的智慧和风骨，语言凝练且形象性强，具有鲜明的节奏，和谐的音韵，富于音乐美。优美的古诗词是中华传统文化的瑰宝，蕴含着中华儿女代代相传的文化基因。阅读古诗词作品，可以体味古人丰富的情感、深邃的思想、多样的人生，加深对社会的思考，激发对中华传统文化的热爱之情。

　　语文教学要研习文化经典，培养民族审美趣味，增进对中华传统文化的理解，提升对中华民族文化的认同感、自豪感，增强文化自信，更好地继承和弘扬中华优秀传统文化。因此，担负着审美鉴赏与创造、文化传承与理解、思维发展与提升多项素养任务的古代诗歌更多地走进了高中语文教材。这不仅能激发学生对中国优秀传统文化的学习兴趣，更有助于全面提高他们的文化品位与审美水平。

　　古代诗歌的学习是学生的一个难点。究其原因，一是古代诗歌本身大量的文言词语晦涩难懂，再加上诗歌语言的凝练，少了足够的语境，如果没有深厚的文言文知识功底，很难达到准确的理解。二是学生对诗人的经历和思想缺少充分的了解，做不到知人论世，单凭字面的意思，很容易出现偏差。三是学生平时关于诗歌方面的知识积累不够，对诗歌创作中一些惯常用到的手法和表达特点认识不足，拿现代汉语的一些方法来理解，自然也会造成一些误解或是曲解。

　　高考试题中对古代诗词的考查，体现了对学生知识和能力的全面覆盖。因此，了解诗歌的创作特点，真正懂得"诗家语"，是读懂诗歌的关键，而只有读得懂，才能真正理解诗句的意思以及诗人的思想感情，更好地鉴赏诗歌的艺术特色，从而达到对诗歌的正确分析。

第一节 读懂诗家语

古代诗词因为年代久远，加之用古文写成，里面还有大量的典故和一些生僻的词语，造成了理解上的困难。然而，文化是一脉相承的，只要掌握了古人写诗用语的一些特点，就能够比较顺利地解读古代诗词，从而真正领略它的美。宋代文学家、政治家王安石曾提出"诗家语"的说法，可见，诗歌的语言与其他文学作品的语言是不同的，因此，对"诗家语"的正确解读，可以帮助读者更好地理解古诗词。

一、读懂诗词中意象的内涵

古人写诗，讲究含蓄、凝练，或借景抒情，或托物言志，这就要用到意象。所谓意象，就是渗透了诗人情感而有所变形的具体的物象。所写之"景"、所咏之"物"，即为客观之"象"；借景所抒之"情"，咏物所言之"志"，即为主观之"意"。要想读懂诗歌，就要从解读诗歌的意象入手。

意象往往有丰富的内涵，也寄寓着诗人的情感。如杜甫《登高》一诗的首联"风急天高猿啸哀，渚清沙白鸟飞回"，连用了"风""天""猿""渚""沙""鸟"等意象，再加上体现这些意象特点的词语"急""高""啸哀""清""白""飞回"，既写出了眼前景致的特点，也写出诗人内心的苍凉。诗人写这首诗时，生活困苦，病魔缠身，登高望远，萧瑟的秋江景色，引发了他身世飘零的感慨，融入了他老病孤愁的悲哀。

在文化的流传过程中，一些意象在被名家使用后，又被其他诗人反复使用，逐渐形成了自己特有的内涵。一提到某个意象，就让人想到某种情感。另外，特定的意象，还往往象征特定的形象。诗人往往在用这样一些特定意象表达情感的同时，塑造特定的形象。比如，"竹子"，纤细柔美，秀逸有神韵，象征青春永驻，年轻；竹子空心，象征谦虚，能自持；竹的特质弯而不折，折而不断，象征柔中有刚的做人原则；竹子有节，凌云挺拔，象征高风亮节，唐张九龄咏竹，称"高节人相重，虚心世所知"（《和黄门卢侍郎咏竹》），就是此意。再如"梅"，与冰雪为伍，傲霜而开，寄寓了诗人不怕打击挫折、敢为天下先的品质；梅花纯净洁白，又喻诗人高洁的品质。陆游《咏梅》中的那树梅花，虽然开在郊野的驿外断桥边，备受冷落，无人赏识，却有不同凡俗的气质。它无意于炫耀自己的花容月貌，也不肯媚俗与招蜂引蝶，即使"零落成泥碾作尘"，"香"也"如故"。这是何等高洁的精神，诗人以梅自喻，做出生命的表白，显示出身处逆境而矢志不渝的崇高品格。

古诗词中，这样的意象很多：高山、奔流、雄关、沧海、大江、长风等意象，一般与自己的豪情壮志相关；沙漠、古道、落日、寒风、冷雨、梧桐、杜鹃鸟（子规鸟）、芭蕉等，多抒发凄凉悲伤的思绪和孤独惆怅的感情；冰雪、松、菊、梅、竹等，多用来表达心志的忠贞、品格的高尚；杨柳、兰舟、长亭、关山（月）、鹧鸪鸟等，多用于抒写离别之苦；春日、清风、明月、泉溪、花草等，多借此抒发闲情雅致。阅读诗歌，要能快速调动平时的积累，把意象的基本意义还原到诗句中，从而理解到"景语"背后的"情语"。当然，有一些意象，可以通过它本身的特点，联想到它的象征意义，如"梅""竹""松""菊"等；有一些意象，可用谐音法，如"柳"因与"留"谐音，故常取其"不愿朋友离去，依依惜别之情"，"莲"因与"恋"谐音，故取其作为爱情的象征等。

意象，是解读古诗词的一把钥匙。由于古诗词的意象多，因此我们平时要善于积累，才能分清不同的内涵，理解诗句的真正意蕴。

二、领会诗词中借代的内涵

古诗词中出于表意的需要或是出于格式的要求，经常会用到借代的修辞手法。借代是不直接说出或写出事物的本句，而是借用和它密切相关的事物名称来代替的修辞手法。恰当地运用借代手法，既可以突出事物的本质特征，增强语言的形象性，又可以避免用词的重复，使文章语言富于变化和有幽默感。

借代在古诗词中的运用十分广泛。在解读时，正确地理解借代的内涵，可以帮助我们很好地理解诗句的意义，体味到诗人的思想情感。

借代的类型比较多，常见的有如下几种。

（一）以特征、标志代本体

"明月不谙离别苦，斜光到晓穿朱户"（晏殊《蝶恋花》）中，"朱户"即朱门，代指富贵人家。杜甫"朱门酒肉臭，路有冻死骨"中的"朱门"也代指富贵人家，而且句中融入了诗人强烈的憎恶之情，突出了当时鲜明的阶级对立和尖锐的矛盾冲突。"雕栏玉砌应犹在，只是朱颜改"（李煜《虞美人》），句中的"雕栏玉砌"，指雕花的栏杆和玉石台阶，这里代指故国的宫殿。借代手法的使用，似乎能体会到词人不忍说出也不忍看到故国的一砖一木，表达了心中无限的亡国之愁。而"钟鼓馔玉不足贵，但愿长醉不复醒"中的"钟鼓"，指鸣钟鼓，"馔玉"指食精美的食物，总体代指富贵利禄，也具有极强烈的讽刺意义，在诗人的心中，追求的是人格的自由和精神的独立，怎会让"富贵利禄"束缚了自己。"倩何人唤取，红巾翠袖，揾英雄泪"（辛弃疾《水龙吟·登建康赏心亭》）中，"红巾翠袖"指女子装饰，代指美人。

（二）以颜色代本体

"泪眼问花花不语，乱红飞过秋千去"（欧阳修《蝶恋花》）中，花是红的，用"红"代指花，再加上泪眼蒙眬，眼前呈现的只是那些恼人的色彩。"又恐春风归去绿成阴，玉钿何处寻？"（姜夔《鬲溪梅令》）用"绿"代指树叶，叶"绿"让人欣喜，但春去又让人惋惜，以"绿"写叶，也是写春。"老夫聊发少年狂，左牵黄，右擎苍"（苏轼《江城子·密州出猎》）中，"黄"代指黄狗，"苍"代指苍鹰，富有特色的借代，让人仿佛看到了出猎时的壮观场面和英雄豪气。

（三）以部分代整体

"孤帆远影碧空尽，唯见长江天际流"（李白《黄鹤楼送孟浩然之广陵》）中，"帆"是船的一部分，这里代指船。船已经扬帆而去，诗人还在江边目送，能看到的只有远去的白帆，渐渐消失的模糊帆影，牵拽着对朋友的一片深情。"羽扇纶巾，谈笑间，樯橹灰飞烟灭"（苏轼《念奴娇·赤壁怀古》）中，"樯"指挂帆的桅杆，"橹"指一种摇船的桨。"樯橹"代指曹操的水军战船。"樯橹灰飞烟灭"，抓住了火攻水战的特点，精确地概括了整个战争的胜利场景。

（四）以具体代抽象

"故人具鸡黍……把酒话桑麻"（孟浩然《过故人庄》）中，"鸡黍"是鸡肉和黄米饭，代指丰盛的饭菜，"桑麻"是桑树和麻树，代指农家生活。"鸡黍""桑麻"，都是乡村里最具有代表性的东西，让人从字面上就能联想到那充满烟火味的农家日子，朴素而又充实。"烽火连三月，家书抵万金"（杜甫《春望》）中，"烽火"代指战争。古代在边境建造烽火台，通常在台上放置干柴，遇有敌情时则燃火以报警，通过山峰之间的烽火迅速传达讯息。连绵的战火已经延续到了现在，家书难得，怎不让人百感交集，其中含有多少辛酸、多少期盼。

（五）以工具代本体

"无丝竹之乱耳，无案牍之劳形"（刘禹锡《陋室铭》）中，"丝"指弦乐器，"竹"指管乐器，"丝"和"竹"这里代指音乐。"丝竹"之音悦耳，但陋室清静更为可贵，淡然之心，本是高洁之心。"牙璋辞凤阙，铁骑绕龙城"（《杨炯《从军行》）中，"牙璋"指古代出兵用的兵符，由两块合成，分别掌握在朝廷和主帅手中，相嵌合处成牙状，这里借指将帅。《周礼·春官·典瑞》中说："牙璋以起军旅，以治兵守。""牙璋琢以为牙。牙齿，兵象，故以牙璋发兵"，"牙璋"出，而指兵者行，给人一种排山倒海的力量。

古诗词中的借代比较多，"桑梓"代指家乡，"鸿雁""鱼雁"代指书信，"社稷"代指国家，"巾帼"代指妇女，"汗青"代指史册，"三尺"代指法律等。平时多注意积累，遇见时就能快速领会其意义。

三、理解诗歌的语言特点

明人苏伯蘅说："言之精者之谓文，诗又文之精者也。"诗的艺术语言，具有含蓄性、跳跃性、凝练性。有人说："它常常是不合法的，它常常是不合理的，它常常是无言的。即无法，无理，无言。"但是，这些看似和现在的语法相悖的地方，却是古诗词中一些特有的现象，是古代汉语的重要语法特征之一。因此，有人说，读诗，要像读文言文一样理解词语的意思。这固然有些呆板，但也是有一定道理的。

（一）词语的活用

词语的活用，是指临时改变某些词的基本语法功能去充当其他词类的特殊现象，主要是指名词、动词、形容词的语法功能改变的情况。

"谈笑间，樯橹灰飞烟灭"（苏轼《念奴娇·赤壁怀古》）中，"灰""烟"是名词作状语，表示比喻，意思是"像灰一样""像烟一样"，写出了火烧曹军战船的场面。

"小楼昨夜又东风，故国不堪回首月明中"（李煜《虞美人》），句中"东风"，原为名词，由于前有副词"又"的修饰、限制，因此活用为动词"刮起东风"。"东风"又起，难以吹散心中无限亡国的痛楚。

"剑外忽传收蓟北，初闻啼泪满衣裳"（杜甫《闻官军收河南河北》）中的"满"与"衣裳"构成了动宾关系，便由形容词活用为动词"洒满、沾满"。胜利消息传来，诗人喜不自胜，以至于泪湿衣襟。

"落红不是无情物，化作春泥更护花"（龚自珍《己亥杂诗》），句中"红"字，做了"落"的宾语，活用为名词"红花"。"花"虽落，却是满腔热忱，实现了生命的另一层意义。

"中军置酒饮归客，胡琴琵琶与羌笛"（岑参《白雪歌送武判官归京》）中，"饮"原意是"喝"，但这里"饮"的宾语是人而非物（酒），是让人喝酒的意思，构成了使动用法。何等豪爽，又何等慷慨悲壮。

这样的用法在古诗词中很普遍。对诗中词语的理解，是解读语句意思的根本。词性的改变，赋予了词语新的意义，也为整个诗句增添了更为丰富的内涵，营造了更为广阔而美好的意境。

（二）还原语序

古诗词中的句子，有时为了押韵或是平仄的需要，经常会出现一些颠倒语序的情况，阅读时，要把它恢复成和现代汉语一样的顺序才好理解，但是如果仅仅是简单生硬的还原，也会失去诗句原有的节奏美和意境美。因此，阅读理解时，还是要还原并理解其意思，然后在原有的语境中体味诗意的美好。

杜甫作诗在用词造句上格外精细，常常给人带来无穷的想象。他的《小寒食舟中作》有"春水船如天上坐，老年花似雾中看"的句子，完全不和现代汉语的语序一致，如果调整过来，应该是这样理解：春来水涨，江流浩漫，所以在舟中漂荡起伏，犹如坐在天上云间；诗人身体衰迈，老眼昏蒙，看岸边的花草犹如隔着一层薄雾，如天上坐船，似雾中看花。再如《日暮》诗中"石泉流暗壁，草露滴秋根"一句，原句顺序应为"暗泉流石壁，秋露滴草根"，但是细细读来，改后的句子没有原句有韵味。词序的错位，不仅使声调更为铿锵和谐，而且突出了"石泉"与"草露"，使"滴秋根""流暗壁"所表现的诗意更加奇逸、浓郁，从凄寂幽邃的夜景中，隐隐地流露一种迟暮之感。

还有些句子，整个都是倒装，如"来相召，香车宝马，谢了他，酒朋诗侣"（李清照《永遇乐·落日熔金》）正序应为"酒朋诗侣，香车宝马，来相召，（我）谢（绝）了他"。诗人漂泊异乡，元宵佳节，虽春意宜人，仍有"物是人非""好景不常"之感。虽然有"酒朋诗侣"用"香车宝马"来邀请，也只好婉言辞谢了。看似凌乱的语序，既暗合诗人心情，又突出了"谢"意，亡国破家，哪有心情赏灯玩月，自是一"谢"了之。

（三）补出省略成分

诗词的语言精炼，有时有些内容无法一一在句子中表达出来，就会有一些省略，这就像绘画中的留白一样，给人无限想象的空间。读诗时，就要结合联想，把一些省略了的内容给补出来，才能够更好地领略到诗句的美，更加全面地理解诗句的内容。

杜甫《喜观即到复题短篇二首》中有"江阁嫌津柳，风帆数驿亭"的句子，读来总觉有好多没有写出的内容，细细品味，显然是诗人江阁久凭，嫌津柳之碍目，归客风帆渐近，数驿亭以慰心。虚实结合，突出了渴盼团聚的焦急心情。

再如苏轼的《新城道中》"岭上晴云披絮帽，树头初日挂铜钲"一句，不是只有两个意思，而是有四个意思，云不是披的主语，日也不是挂的主语，岭上积聚了晴云好像披上了絮帽，树头初升的太阳好像挂上了铜钲。诗人选择了山头、白云、树梢、初升的太阳等四种自然景物来加以描绘，并以"披絮帽"（戴棉絮制成的帽子）与"挂铜钲"（挂铜盘）分别比喻"岭上晴云"与"树头初日"，补上了省略的成分，才能准确地理解诗句的意思。

四、读懂诗歌的标题

有些诗歌的标题，直白地说出了诗歌的主要内容，如杜甫的《春夜喜雨》，季节、时间、事件，还有自己的心情，都在标题中。再如柳中庸的《征人怨》，有了"征人"对事件的指引和"怨"对情感的提示，理解就容易得多。

有些诗歌的题目点明了描写的对象，我们可以通过把握描写对象的特征，来理解诗人的思想情感。如李白的《听蜀僧濬弹琴》，"听"点明了事件，诗的后六句都是写作者听到的内容，"蜀僧"点明了弹琴者的身份。

有些诗歌的题目点明了所写的事件或背景。如《次北固山下》，"次"就暗示了游子漂泊在外。陶渊明的《移居》，可以看出写的是作者搬到新家之后的事情，那么理解时就可以考虑到家的环境和与邻里之间的关系，再加上对诗歌语句的理解，就不难体会到诗人在田园生活中所感受到的乐趣。

有些诗歌的题目点明了诗歌的题材。如李白的《送孟浩然之广陵》，王维的《送元二使安西》等，题目中本身就有"送"，很容易就可以看出这是送别诗，这样就可以从送别诗的角度来理解并分析诗歌的情感和运用到的表现手法等。而苏轼的《念奴娇·赤壁怀古》，辛弃疾的《南乡子·登京口北固亭怀古》则点明这是怀古诗，那就从怀古诗的角度来理解。其他还有边塞诗、山水田园诗、羁旅行役诗等，都可以从题目上找到理解的线索。

读懂"诗家语"，可以为读懂古诗词提供很多的便利条件。当然，要正确解读古诗词，深刻了解诗词的思想情感，除了这些明显的特点外，还需要掌握更多的知识：既要从整体把握，又要从局部入手；既要抓住主题，又要关注形式；既要掌握诗内，又要了解诗外。这样才能得心应手，达到最佳效果，才能真正走进古诗词的内在去，读得懂这些千古奇文，欣赏到它们的美。

五、赏析范例

情真意切，诗意盎然
——白居易《问刘十九》赏析

唐代诗人白居易有一首绝妙的五言绝句《问刘十九》：

> 绿蚁新醅酒，
> 红泥小火炉。

晚来天欲雪，

能饮一杯无？

全诗描写诗人在一个风雪飘飞的傍晚邀请朋友前来喝酒，共叙衷肠的情景，没有深远寄托，没有华丽辞藻，字里行间却洋溢着热烈欢快的色调和温馨炽热的情谊，让人感受到温暖如春的诗情。

寥寥二十字，温暖的诗情从何而来呢？

首先是意象的巧妙安排和精心选择。全诗表情达意主要靠三个意象——新酒、火炉、暮雪的组合来完成。"绿蚁新醅酒"，开门见山点出新酒，由于酒是新近酿好的，未经过滤，酒面泛起酒渣泡沫，颜色微绿，细小如蚁，故称"绿蚁"。诗歌首句描绘家酒的新熟淡绿和浑浊粗糙，极易引发人们的联想。次句"红泥小火炉"，粗拙小巧的火炉朴素温馨，炉火正烧得通红，诗人围炉而坐，熊熊火光照亮了暮色降临的屋子，照亮了浮动着绿色泡沫的家酒，也照亮了诗人怦然而动的心！"红泥小火炉"，对饮酒环境起到了渲染色彩、烘托气氛的作用，酒已经很诱人了，而炉火又增添了温暖的情调。诗歌第一、二两句选用"家酒"和"小火炉"两个极具生发性和暗示性的意象，容易唤起人们对质朴地道的农村生活的情境联想：逢年过节，一家人总是围着火炉，坐成一个圈，火炉上架着一口小铁锅，锅里盛满了好吃的荤菜。炉下火光熊熊，炉上热气腾腾。火铺上放着几个小酒杯和一壶温过几回的米酒，年长的就喝酒，年少的就大块吃肉。一家人吃吃喝喝，谈天说地，气氛好不热闹。

"晚来天欲雪，能饮一杯无？"在这样一个风寒雪飞的冬天里，在这样一个暮色苍茫的空闲时刻，邀请老朋友前来饮酒叙旧，更可见出诗人那种浓浓的情意。"雪"这一意象的安排勾勒出朋友相聚畅饮的阔大背景，寒风瑟瑟，大雪飘飘，让人感到肌肤的凄寒，越是如此，就越能反衬出火炉的炽热和友情的珍贵。"家酒""小火炉"和"暮雪"三个意象分割开来，孤立地看，索然寡味，神韵了无，但是当这三个意象被白居易纳入这首充满诗意情境的整体组织结构中时，我们就会感受到一种不属于单个意象而取决于整体组织的气韵、境界和情味。寒冬腊月，暮色苍茫，风雪大作，家酒新熟，炉火已生，只待朋友早点到来，三个意象连缀起来，构成一幅有声有色、有形有态、有情有意的图画，其间流溢出友情的融融暖意和人性的阵阵芳香。千百年前的那个冬天，那个夜晚，那个小火炉旁，诞生了一个多么美好的友谊神话啊。

其次是色彩的合理搭配。诗画相通贵在情意相契，诗人虽然不能像雕塑家、画家那样直观地再现色彩，但是可以通过富有创意的语言运用，唤起读者相应的联想和情绪体验。这首小诗在色彩的配置上是很有特色的，清新朴实，温热明丽，给读者一种身临其境、悦目怡神之感。诗歌首句"绿蚁"二字，绘酒色，摹酒状，酒色流香，令人啧啧称美，酒态活现让人心向目往。次句中的"红"字犹如冬天里的一把火，温暖了人们的身子，也温热了人们的心窝。"火"字让人想到炭火熊熊、光影跃动的情境，更能给寒冬里的人们增加无限的热量。"红""绿"相映，色味兼香，气氛热烈，情调欢快。第三句中不用摹色词语，但"晚""雪"二字告诉我们黑色的夜幕已经降落，而纷纷扬扬的白雪即将到来。在冬雪黑夜的无边背景下，小屋内的"绿"酒"红""炉"和谐配置，异常醒目，也格外温暖。

最后是结尾问句的运用。"能饮一杯无"，轻言细语，问寒问暖，贴近心窝，溢满真情。用这样的口语入诗收尾，既增加了全诗的韵味，使之具有空灵摇曳之美，余音袅袅之妙；又创设情境，给读者留下无尽的想象空间。我们会问：是特意准备新熟家酿招待朋友，还是偶尔想借此驱赶孤居的冷寂凄凉？是风雪之夜想起朋友的冷暖，还是平日里朋友之间常来常往？……我们也会看到：在温暖、明亮的室内，诗人围炉而坐，持书而待；外面天幕低垂，层云堆积，一时朔风大起，残叶飘落，飘飘洒洒的雪花紧随而至……忽然，一袭青衫从远而近，长剑斜倚，漫吟而至。于是两位好友举杯共饮，畅叙旧情，顿时，酒香笑语充满小屋……白居易就是这样高明，在似与不似之间让读者沉吟玩味，想入非非，这或许就是"空白"的艺术魅力吧。

第二节 品味诗歌细微处的神韵

巴尔扎克说："唯有细节将组成作品的价值。"诗词虽不像小说、散文那样有大量的描写性语言，但是凝练的语言中一样有独到的细节，这些生动细致的描绘，具体渗透在对人物、景物或场面的描写之中，对刻画形象、表现主旨、渲染气氛等都具有突出的作用，堪称神来之笔，有效地提高了诗词的感染力，丰富了诗词的情感内涵，体现了诗词的美。

一、细节绘神

古诗词中的细节描写，能够细致入微地表现人物心理，将人物内心深处的情感体现在一个微小的动作上，耐人寻味，能很好地表现人物的性格特点，让人物形象栩栩如生。

李清照的《点绛唇》，细微的动作中，透露出少女丰富的心理活动，人物形象生动，如在读者面前。

> 蹴罢秋千，
> 起来慵整纤纤手。
> 露浓花瘦，
> 薄汗轻衣透。
> 见客入来，
> 袜划金钗溜。
> 和羞走，
> 倚门回首，
> 却把青梅嗅。

詹安泰在《读词偶记》中说："女儿情态，曲曲绘出。"少女荡完秋千，却又懒得稍微活动一下，娇憨之态可掬。花园里突然闯进来的陌生人让她有些慌乱，来不及整理衣装，急忙回避。"和羞走"，却又"倚门回首"，"把青梅嗅"。"倚门"则有所期待，加以"回首"一笔，少女窥人之态动感十足。词中用了"倚""回""嗅"三个动作，从细微处入手，以动作细节写心理，描绘出女子既爱恋又羞涩，既欣喜又紧张，既兴奋又恐惧，怕见又想见，想见又不敢见的微妙心理活动。一个天真纯洁、感情丰富而又有几分矜持的少女形象宛然就在眼前。

诗人笔下的景物也同样细腻而传神，看似平淡的细节，恰是妙笔生花的佳句。

宋代刘攽有《新晴》：

> 青苔满地初晴后，
> 绿树无人昼梦余。
> 唯有南风旧相识，
> 偷开门户又翻书。

诗人午梦醒来，但见绿树青苔，心中自是宁静恬适。却又见南风偷偷地推开门，闯了进来，还装作爱读书的样子，正不停地翻着书。南风常有，当是旧相识，原也没有什么，令人忍俊不禁的是其翻书的样子。诗人总是在不经意间，点画之内就塑造出如此鲜活而又富有生活气息的形象，点缀在平淡的日子里，如同一缕微风，清爽而又怡人。后来，诗人在《致斋太常寺以杖画地成》中又用这一意境，写了："杖藤为笔沙为纸，闲理庭前试草书。无奈春风犹掣肘，等闲撩乱入衣裾。"同样让人赞叹。

二、平中见奇

古诗词中的细节描写，常常是生活中一个看似平常的情景，却能够起到画龙点睛的作用，赋予平淡的叙事或写景以独特的魅力，让整首诗平中见奇，似山中行走，峰回路转，步步美景。

《填词杂说》中说："填词结句，或以动荡见奇，或以迷离称隽，著一实语，败矣。……秦少游'放花无语对斜晖，此恨谁知'，深得此法。"秦少游写《画堂春》，笔力奇崛：

> 落红铺径水平池，
> 弄晴小雨霏霏。
> 杏园憔悴杜鹃啼，
> 无奈春归。
> 柳外画楼独上，
> 凭栏手捻花枝。
> 放花无语对斜晖，
> 此恨谁知。

上片极力铺陈春归之景：落红铺径，水满池塘，小雨霏霏，杏园花残，杜鹃啼叫，可谓清秀柔美，只是因春残而蒙上了一层哀婉情绪，这应该是惜春怜春之人眼里真实的景，也是心里相同的情，倒也寻常。然而，到了下片，诗人的视线落在赏花人的身上，只是简单的"捻""放"的动作，却透露出情思无限，让整首词于细腻中显真情，平静中见曲折。"烟柳画楼"虽美，怎奈"独上"；"凭栏捻花"情雅，却是无从寄托。"捻"的动作轻柔，可见爱惜之心，本是爱花，花却让人伤心。"放花"几多无奈，心事难觅知音，默默"无语"，苦楚暗尝，让人心生凄凉。倚栏远眺，"斜辉更落西山影"，更添愁绪绵绵，难以与人言说。作者用捻花、放花两个细节表现了词中人物由爱春、伤春到无奈春归的感情变化。词人对此情此景写得如此自然，如此无意，如此不自觉，却又委婉含蓄，哀怨动人，全词蕴藉含蓄，寄情悠远。真是意蕴言中，韵流弦外，具有言有尽而意无穷的余味。

张籍的《秋思》历来让人称道，其中细节描写更是让人称奇：

> 洛阳城里见秋风，
> 欲作家书意万重。
> 复恐匆匆说不尽，
> 行人临发又开封。

王安石评论张籍诗歌的风格是："看似寻常最奇崛，成如容易却艰辛。"客居洛阳城，又见秋风，平平叙事，不事渲染。"见秋风"而起乡思，也是常人之情，然而句末"意万重"三字忽又来一个逆折，千言万语一时难以说起，其中有多少"行人泪"谁又能说得清、道得明；羁旅之苦似渐紧的秋风，凉透身心。然而，诗人并没有接下去再说写些什么，也没有渲染自己内心的凄苦，只剪取家书就要发出时的一个细节——"复恐匆匆说不尽，行人临发又开封"，让全诗顿生波澜。时间匆匆，虽"意万重"，却无从下笔，这里想说的话实在太多，但又难以在短短的家书里说得完。说些什么，不说什么，其中的挣扎，让人心里酸楚。想说的话，似乎在行人临走时终于言尽，但当人要走时又忽然感到刚才由于匆忙，生怕信里漏写了什么重要的内容，于是又匆匆拆开信封。"复恐"二字，刻画心理入微。这"临发又开封"的行动，与其说是为了添写几句匆匆未说尽的内容，不如说是为了验证一下自己的疑惑和担心。这个细节耐人咀嚼，包含着对生活素材的提炼和典型化，极其真实而又细腻地写出了游子心中深厚且丰富的情意和难以尽言的矛盾。全诗明白如话，本色、自然，又于平淡中突起，回环曲折，一件原本平常的小事写得七转八回，个中凄清心境让读者感同身受。

三、言微旨远

真实生动的细节描写，往往让古诗词显得凝练、集中，而又韵味无穷，小中见大，言微旨远。小细节包含着丰富的思想情感。

《约客》是南宋诗人赵师秀的一首七言绝句：

> 黄梅时节家家雨，
> 青草池塘处处蛙。
> 有约不来过夜半，
> 闲敲棋子落灯花。

江南梅雨时节，夏夜情形可谓热闹："家家雨"，可见细雨连绵一片；"处处蛙"，又是蛙声阵阵。正如"鸟鸣山更幽"一样，蛙声同样反衬出乡村的寂静。在这样一个静寂的晚上，诗人有约而待，心里充满希望，本也是一份闲适恬静，是一个平常而又安宁的日子的缩影。然而，夜已半而客不至，孤独一人，无人对弈，无聊之际，"闲敲棋子"，震落灯花。诗人并没有直写内心情绪，而是写了小小的的动作，似乎不经意，却很有画面感，也很有动作感，让人似乎看到了微微抬起的手，听到了轻轻的子落棋盘的"哒哒"声。动作是心理的外在表现形式：待客已久，心里难免会有些烦躁，而下意识的"敲"打正是诗人孤寂中的烦闷。而"闲"字的背后，隐含着诗人的失意，无事可做，心内怅然，再加上蛙声如鼓，也扰乱了诗人的心境。"灯花落"，可以看出灯点了很久，诗人心内无绪，自然也懒得去挑，一敲而落也就在情理之中，但是长长的灯花，也从一个侧面写了诗人的无聊。敲棋这一细节，写得深蕴含蓄，语近情遥，让人所产生的思绪，尽在不言中。

欧阳修的《蝶恋花》，同样在细节的描写中，体现出了主人公复杂的情感：

> 庭院深深深几许，
> 杨柳堆烟，
> 帘幕无重数。
> 玉勒雕鞍游冶处，
> 楼高不见章台路。
> 雨横风狂三月暮，
> 门掩黄昏，
> 无计留春住。
> 泪眼问花花不语，
> 乱红飞过秋千去。

深深庭院，重重帘幕，堆堆柳烟，女子独处高楼，宛然禁锢其中，凝神远望，难以看到丈夫游冶之处，遇人不淑，情郁于中，让人叹惋。中国当代词学家唐圭璋说："此首写闺情，层深而浑成。首三句，但写一华丽之庭院，而人之矜贵可知。'玉勒'两句，写行人游冶不归，一则深院凝愁，一则章台驰骋，两句射照，哀乐毕见。"雨横风狂，催送残春，门掩黄昏，难留春住，而人也似这易逝的春天，时光无情，芳华空度。于是"泪眼问花"，而"花"又"不语"，只纷乱"飞过秋千去"。景语本是情语，此处更难分哪是景哪是情。

这一细节，真切地表现了生活在幽居状态下的贵族少妇难以明言的内心隐痛。"泪眼问花"，也是问自己，"花不语"，也非"落花"无情，实是自己也无法给自己一个宽心的理由，总是"人愈伤心，花愈恼人"。清人毛先舒评曰："词家意欲层深，语欲浑成。作词者大抵意层深者，语便刻画；语浑成者，意便肤浅，两难兼也。或欲举其似，偶拈永叔词云：'泪眼问花花不语，乱红飞过秋千去。'此可谓层深而浑成。"意思是说语言浑成与情意层深往往是难以兼具的，但欧词这两句却把它统一起来。近代知名学者、诗人俞陛云说："此词帘深楼迥，及'乱红飞过'等句，殆有寄托，不仅送春也。"此中"寄托"之丰富，除了"送春"，更有内涵之深远，都在细节描写之中。

四、渲染气氛

诗词中景物描写的内容较多，往往是抒情或是说理的铺垫。诗词中写景的句子同样也有精细、恰当的细节描写，而对景物细节的描写，多是从静态、动态、动静相配等方面入手，通过捕获特写镜头展现出来。如同小说、散文中的景物描写，诗词中的细节描写也有渲染气氛的作用。

《社日》是诗人王驾的一首七绝。此诗写了鹅湖山下的一个村庄社日里的欢乐景象，描绘出一幅富庶、兴旺的江南农村风俗画。全诗虽没有一字正面描写社日的情景，却表达出了社日的热闹欢快，角度巧妙，匠心独运。短短的几句诗，通过细节的渲染，很好地烘托了诗人内心的喜悦之情。

鹅湖山下稻粱肥，

豚栅鸡栖半掩扉。

桑柘影斜春社散，

家家扶得醉人归。

社日，是古代祭祀土神的日子。古代百姓不但通过作社活动表达他们对减少自然灾害、获得丰收的良好祝愿，同时也借社日开展娱乐活动。作者没有正面描写社日场面，而是从村居风光入笔，写出了家家猪满圈、鸡栖埘的富足情形，这些极具生活气息和暗示作用的生活细节，反映的内容极为丰富。"桑柘影斜"，春社已散，人声渐少，到处都可以看到喝得醉醺醺的村民，被家人邻里搀扶着回家。"醉人"这个细节可以使人联想到村民观社时的兴高采烈和畅怀大饮，而这种欣喜之情又是与丰收分不开的。一个"扶"字，一字千文，把村民畅饮后的醉态、丰收的喜悦、节日的盛况、庄稼人纯朴的形象和浓郁的生活气息，都一一表现出来，很有感染力。通过这些细节的渲染，社日里的热闹和欢乐场面虽然没有明写，却如在眼前，也流露出作者的喜悦、赞赏之情。

再如杜甫《江畔独步寻花》：

> 黄四娘家花满蹊，
> 千朵万朵压枝低。
> 留连戏蝶时时舞，
> 自在娇莺恰恰啼。

花枝上彩蝶蹁跹，因恋花而"留连"不去，花可爱，蝶的舞姿亦可爱。"时时"，则不是偶尔一见，有这二字，就把春意闹的情趣渲染出来。正在赏心悦目之际，恰巧传来一串黄莺动听的歌声，将沉醉花丛的诗人唤醒。"时时舞"与"恰恰啼"分别从时态和音韵上写出了蝶的舞姿可爱和莺的歌声动人，舞和歌的细节不仅渲染出春意闹的情趣，同时也传递出诗人心中的愉悦与快意。诗人细致的观察和细腻的感触相结合，写出了看花人为美景陶醉、惊喜不已的感受，无此二处细节也就无此诗的情趣。

白居易《邯郸冬至夜思家》中，也有一处细节传神：

> 邯郸驿里逢冬至，
> 抱膝灯前影伴身。
> 想得家中夜深坐，
> 还应说着远行人。

时已冬至，却是在"邯郸驿里"，无法与家人团聚，漂泊之情可见。诗人截取了"抱膝灯前影伴身"的生活细节，活画出远行游子客舍枯坐的神态。以游子在静夜中，只能抱膝枯坐在孤灯前，唯有影子相伴这一特写镜头，来渲染悲凉气氛，反映游子思家之情。"抱膝"二字，让人心酸，而"灯前"影，似乎有了人的感情，一个"伴"字增添许多暖意。这让人想起李白的"举杯邀明月，对影成三人"，同是孤独，只是李白把气氛弄得更热闹了一些。

　　古人创作注重细节，善于抓住平淡的生活场景或是普通的景物中最传神的一点，在素朴的语言中表现最鲜活的形象或是表达最丰富的情感，刻画人物心理细致入微，塑造人物形象栩栩如生，抒发感情真切动人，将灵动而富有情趣的画面定格成永恒，给读者带来美的享受。因此，鉴赏古诗词就不能忽视细节，不要在不经意中漏掉了最美的东西。

第三节　自主构建：古代诗词群文学习的有效途径

新编高中语文教材关于任务群的设计，为群文学习提供了很好的基础。按照一定的角度整合起来的一组诗歌，可以成为一个学习单元。这样，既能体现学习的整体性，让学生更好地领略某类诗歌的特点，又能体现学习的系统性，从不同角度强化学生对诗歌的认识和理解，丰富学生鉴赏诗歌的理论、方法，提高学生的审美水平。

不同于单首诗歌教学，群文教学整合进来的内容多，因此学生在阅读理解时会有很多的困难。以往的做法是教师对文本进行详细解读，从词句到手法、情感，字斟句酌，条分缕析，细则细矣，但是老师的阅读取代了学生的阅读，学生没有了独立思考的空间，一堂课下来，老师讲得天花乱坠，学生听得一头雾水，学生的自学能力得不到培养，核心素养得不到提高，老师累得够呛，学生迷糊得发呆，老师和学生都是出力不讨好。

基于群文学习状态下的古代诗词，很重要的一点就是学生对文本的阅读理解。读懂了文本，才能深入地解读和分析诗词的情感及手法，更全面地鉴赏诗词的美。因此，要让学生真正地走进学习中来，自主构建就是极为有效的途径，可以全面提升学生的综合语文素养。

一、价值定位：明确自主构建的意义

诗歌的群文教学有效地增加了学生的诗歌阅读量。诗歌的美感和历史文化底蕴带给学生相应的阅读期待。学生的品味过程是思维发散和获得感性经验的过程。多读、多品定能在一定程度上提升学生的诗歌阅读素养。

自主构建，是自主学习的开始阶段，是自主学习的必经过程，体现的是学生学习的主动性，是一种新型的学习方式。自学能力是一个人最优秀的品质，只有让学生真正地自主学习，才会有真正的学习发生，才可能让学生真正学有所得。学习的最终目的是学会学习，丰富知识，成长自己。叶圣陶先生说："教是为了达到不需要教。"无论怎么教，核心都是为了调动学生学习的主观能动性，让学生真正地学会学习，学到知识，提高能力。学生学习不在于老师讲多少，而在于自己主动学了多少，发现了多少问题，解决了多少问题。这个过程就是学习的关键环节。一个人只有积极地去探究，才能发现问题的根源，掌握解决问题的能力。这个过程中的发现包括发现知识和发现问题，这些都是一个人成长过程中的成果呈现方式。学习过程中的自主构建，就是要学生能在自主的学习中，去探究那些未知的东西，这正是学生核心素养的具体体现。

二、目标引领：自主构建的灯塔

目标，是学习的指引，也是学习最终达成的成果。目标的制定要根据诗歌的内容、学生的学习情况等作出科学的分析，不是随便给出一个方向即可。自主构建的目标在于学生能通过自主学习，达成对诗歌的初步认识，包括作者、写作背景、意象内涵、诗句理解，还有对全诗的整体感知。这些看似外围的东西，正是深入学习的基础。

如新编高中语文教材必修上册中收录了三首唐代诗歌，分别是李白的《梦游天姥吟留别》、杜甫的《登高》、白居易的《琵琶行》，整合在一起学习，可以设定这样的目标：

目标一，自主阅读这三首诗，借助课下注释和工具书，初步读懂诗句的意思。

目标二，借助媒体，了解诗人的基本经历和创作背景。

目标三，初步体会作者在诗中表达的情感。

第一个目标，是扫清阅读的障碍。读古诗词如同读文言文，有些词句晦涩难懂，再加上古人喜欢用典，读起来会更加困难。借助文本中的注释和工具书，能够解决这些问题。第二个目标是做到"知人论世"。诗由心生，诗人写作的背景是理解诗句的关键，虽然同是唐代，但是各人身世遭遇不一样，表达的情感自然也就不同。第三个目标指向诗词学习的内涵，是最终要达成的目标。自主构建的课时可以根据整合内容的多少设置，每个课时都有具体的内容和相对递进的目标，逐步引导学生的学习走向丰富和深入。

学习目标的确定，可以让学生清晰地知道学习的起点和归宿。教材的内容有限，学生应该尽可能地拓展开去，才不至于囿于一个狭隘的小圈子里面。但是，这也并不就是说要无限制地扩展，冲淡了学习的主题，忽略了原本的学习主体。在学生学习的过程中，老师要做适当的引导，可以帮助一些对学习特别有兴趣的学生成立课外学习小组，从而深入地进行探讨。

三、方法定位：提高自学效率的关键

（一）借助网络资源，了解诗人生平和写作背景

现在新媒体更多地融入课堂学习中，给学生自主搜索资料提供了保障。借助网络和其他文本资料，学生可以便捷地掌握更多和学习相关的信息，多角度地了解诗人以及其创作情况。当然，为了方便学生学习、提高效率、避免学生漫无目的地搜寻，老师可以给学生提供一些资料，并对学生进行一些适当指导。但是，整个学习的过程体现的是学习的自主性，是一个由表及里的探究过程。

关于《登高》的写作背景，书中只有一句简单的注解："这首诗是唐代宗大历二年（767 年）杜甫流寓夔州（今重庆奉节）时的作品。"这些对于了解这首诗的内涵还远远不够。学生上网查找，可以找到更详细的内容：

> 此诗作于唐代宗大历二年（767 年）秋天，杜甫时在夔州。这是五十六岁的老诗人在极端困窘的情况下写成的。当时安史之乱已经结束四年了，但地方军阀又乘时而起，相互争夺地盘。杜甫本入严武幕府，依托严武。不久严武病逝，杜甫失去依靠，只好离开经营了五六年的成都草堂，买舟南下。本想直达夔门，却因病魔缠身，在云安待了几个月后才到夔州。如不是当地都督的照顾，他也不可能在此一住就是三个年头。而就在这三年里，他的生活依然很困苦，身体也非常不好。一天他独自登上夔州白帝城外的高台，登高临眺，百感交集。望中所见，激起意中所触；萧瑟的秋江景色，引发了他身世飘零的感慨，渗入了他老病孤愁的悲哀。于是，就有了这首被誉为七律之冠的《登高》。

这些内容，更为详细地介绍了杜甫当时的情况，了解了这些，就可以更好

地理解诗人笔下的景和情的关联了。

（二）圈点批注

圈点的内容一是课后的注释，特别是文中的重点词语和典故，还有对语句的解读。如《梦游天姥吟留别》中的神话传说，《琵琶行》中关于音乐描写语句的注解等。圈点的内容二是文中的意象和直接表明作者情感的一些词语，如《登高》中的"风""天""渚""沙""猿""鸟""悲""苦恨"等。批注是自主阅读中对诗句的一些初步理解，可以概括内容，也可以抒写感想，发表见解，有助于学生深入思考。这样的认识或许不够全面、深刻，但随着学习的深入，可以逐步进行补充和修改，最终得到完善。

（三）问题驱动

问题从学生与文本的相遇中来，从基于自主的学习开始，和独立的思考相关联。当然，问题也可以是老师预设的问题，这样可以对学生形成有效的引导。预设的问题可以宽泛一些，给学生更多切入的契机和空间。老师要避免预设的问题太多，太具体，干扰了学生的阅读，限制了学生的思维。自主构建是一个相对开放的过程。在这个过程中，要让学生尽可能多地拥有自己独立的学习考量，满足学习的好奇心和探究的乐趣。

基于语文学科的性质特点，自主构建的任务大致可以分为"读文本""知作者""识文意""懂诗情"等。设置的问题应该是适合学生整体感知并且逐步深入的。比如：

《琵琶行》中，诗人是在什么情形下听到琵琶女的弹奏的？当时他的心情是怎样的？听了弹奏后有什么变化？

结合自己读到的，概括一下琵琶女的经历，还有诗人的经历，他们有怎样的共同点？

你最喜欢《琵琶行》中的哪些句子？说出自己的理由。

《登高》中，诗人写了哪些意象？这些意象有什么特点？诗人此时的心情是什么样的？

《梦游天姥吟留别》中，李白梦中的仙境是什么样子的？用自己的话说出来。

李白是一个豪放的诗人，对功名利禄看得很淡，为什么诗中最后他会说出那么激愤的话来？

这些问题重在引导学生对诗歌有初步的认识，并为后面的深入探究打下基础。

（四）成果展示

学生自主构建完成，就已经对诗歌有了一些认识。这些认识是建立在理性分析的基础之上，是较为深刻的认识。每个人掌握的材料不同，平时的基础也有差别，构建的收获自然也有不同。给学生一个展示成果的机会，对学生来说，既是对前段学习的肯定，也是一种交流的方式。展示的方式可以多种多样：可以朗读，读出自己对诗歌的理解和情感；可以口头陈述，说出对诗人的解读，从更多层面上来了解写作的背景；可以板书，写出对欣赏的句子的分析和对情感的理解；可以用思维导图的形式，一一列出诗词中的知识点和能力点，以便对全诗有更全面、直观的认识。在展示的过程中，学生可以学习别人的长处，丰富自己的认识。

（五）自主学习评价

评价是最好的激励方式。评价应突出发展、变化的过程，关注学生的主观能动性，激发积极主动的态度。

评价的主体要体现多元特点，老师的评价是一方面，另一方面更重要的是学生自己的评价。学生是学习的主体，也是评价的主体。学生要对自己的学习过程有清晰的认识，养成合理的计划、组织和管理能力，并逐渐内化为主动的学习习惯，从而发挥出学习的自觉性和主体性，这正是学习素养养成的重要方面。

评价的内容要体现开放性特点，不只关注到学习的成果，更要关注到学习的过程，关注如何确立目标并在目标的引领下选择学习内容以及采取合适的学习策略，如何组织材料进行有意义且高效的学习，还有如何来督促自己合理地调控整个学习过程来达到既定的目标。

多元的设计，可以激励学生积极主动参与，可以提高学习效率。在合理的评价激励下，学生不断向着认识自我、建立自信心的方向发展，并逐步让评价成为课程、学习的一个有机环节。这促进了学生形成自我教育、自我进步的能力，从而让学生获得更全面的发展。

诗歌群文学习的构建过程，以学生自主体验和感知为主，要大胆放手让学生进行自主阅读，让学生在阅读中体验，少一些套路，少一些设计，多一些真诚，多一些思维，能激发学生真实的学习兴趣，能让学生表达自己真实的想法，这样的诗歌学习才是真实的学习。这是实现学习目标的有力支撑，也是培养学生核心素养的关键。

第四节　特殊题材的诗歌赏析

　　古代诗歌的内容丰富，除了经常见到的送别诗、边塞诗、山水田园诗、羁旅行役诗、思乡怀人诗、咏物诗、咏史怀古诗等，还有一些题材的诗歌也经常出现在高考的命题中，比如戏谑诗、题画诗等。

　　对这些诗歌的鉴赏，除了可以运用鉴赏其他诗歌同样的方法外，还要了解这类诗歌的一些独有的特点，才能更好地抓住关键，准确理解。

一、戏谑诗鉴赏

　　在古代诗词中，有一种类型叫戏谑诗。诗人在看似调侃的语言中表达了特殊而又深刻的情感。这类诗歌在表现手法和情感方面都有其独到之处，近年来频频现身于高考试题中，不能不引起我们的关注。

　　"戏谑"一词，出自《诗经·卫风·淇奥》："宽兮绰兮，猗重较兮；善戏谑兮，不为虐兮。"意思是用诙谐有趣的话开玩笑。"戏谑"融入诗中，其特点是追求调笑，制造幽默，或揭露，或批判，或讽喻，或嘲谑，或玩笑，通常是意在言外、言犹未尽，读起来令人忍俊不禁，又引人深思，有时候能让人笑中有泪，情不能自已。

　　"戏"字并不都是讥笑的含义，也可以解作"开玩笑"。古人写诗题名包含"戏赠"，也不都是嘲弄，有许多都表示善意的玩笑语，而玩笑语之中，往往是至交之间的真情实话，让人读来倍觉亲切可爱。李白的《戏赠杜甫》：

> 饭颗山前逢杜甫，
> 顶戴笠子日卓午。
> 借问别来太瘦生，
> 总为从前作诗苦。

　　此诗幽默诙谐，谑而不虐，体现了李白对杜甫的关心，让人在会心一笑之余，能想见他们之间那份深厚的情谊。

　　杜甫对待创作有着极为认真和严谨的写作态度，自谓平生特别喜欢、刻意追求最能表情达意的诗句。他说："为人性僻耽佳句，语不惊人死不休。"他对于一首诗的要求非常严格，要"毫发无遗憾"（《敬赠郑谏议十韵》）。李白的诗歌创作看起来似乎更随意一些，信手写来，直抒自己内心的喜怒，但是他的每一个句子，也都是高度凝练，从心窝里喷薄而出。对诗歌艺术的狂热喜好和高深造诣，促使他们成为志同道合的知交。杜甫一生忧国忧民，他的理想就是"致君尧舜上，再使风俗淳"（《奉赠韦左丞丈二十二韵》），他"穷年忧黎元"（《自京赴奉先县咏怀五百字》），他"济时肯杀身"（《敬寄族弟唐十八使君》）。李白则努力追求"奋其智能，愿为辅弼，使寰区大定，海县清一"的功业，一生矢志不渝地实现"谈笑安黎元""终与安社稷"的理想。相同的政治理想，形成了他们永不衰退的政治热情、坚忍不拔的顽强性格和胸怀开阔的乐观精神，也使他们的友情更加深厚。杜甫仕途坎坷，一生漂泊，穷困潦倒。李白见杜甫时，发现他形容消瘦，于是诗中便有一些取笑的意味，意思是写诗当不了饭吃，不要为了写诗太苦了自己，太瘦了不好，要注意自己的健康，痛切关怀之情溢于言表。李白把人生的诗情揉得恰到好处，以戏谑的口气写出了肺腑之言。

　　戏谑诗，在玩笑的背后，也会融进作者自己的身世和遭遇，抒发作者内心的苦闷情绪。诗人大多仕途坎坷，一生功名难就，空有满腔才华，却没有用武之地，于是，借助于诗歌来表达自己对人生世事的审视，婉转地发泄一下自己内心的不满。如白居易的《编集拙诗成一十五卷因题卷末戏赠元九李二十》：

一篇长恨有风情，
十首秦吟近正声。
每被老元偷格律，
苦教短李伏歌行。
世间富贵应无分，
身后文章合有名。

> 莫怪气粗言语大，
> 新排十五卷诗成。

　　元九，是元稹；李二十，是李绅。这两人都是诗人白居易的好友。诗的第三、四两句下面，诗人曾分别自注："元九向江陵日，尝以拙诗一轴赠行，自是格变。"和"李二十尝自负歌行，近见余乐府五十首，默然心伏。"元、李二人在文学上都有很深的造诣，也是新乐府运动的倡导者和参与者。元稹常常私下对白居易的诗歌进行模仿，被称为"偷格律"；李绅"为人短小精悍，于诗最有名，时号短李"（《新唐书·李绅传》）。从题目上看，这首诗既是诗人为自己的诗集题记，也是赠给朋友，"戏赠"，即兼有与友人戏谑的意思。诗人因在朝中直言不阿，作讽喻诗针砭时弊，触怒了权贵，多次遭贬，虽在政治宦途上遭挫，但多年来所创作的几百首诗文却足以自矜。"自负语实是苦心语"（《唐宋诗醇》），"世间富贵应无分，身后文章合有名"，辛酸和自嘲，都是一番苦笑而已，个中滋味，谁人又能说得清。

　　也有一些戏谑诗，充满了辛辣的嘲讽。作者针对社会上的一些不公平现象，进行批评，表现出对社会、政治和人民的强烈正义感和责任感。如刘禹锡的《元和十年自朗州至京戏赠看花诸君子》：

> 紫陌红尘拂面来，
> 无人不道看花回。
> 玄都观里桃千树，
> 尽是刘郎去后栽。

　　这首诗前两句写看花的盛况，人来人往，好不热闹。后两句写玄都观里的千树桃花，都是自己离开长安以后才有的。如果只是这样浅浅地读，看不出有什么深意，但是联系一下诗人的经历，意蕴就出来了。诗人因参加王叔文政治革新失败，被贬离长安为连州刺史，半途又被贬为朗州司马。十年后，朝廷有人想起用他，于是召他回京。这首诗，就是他从朗州回到长安时所写的。诗人以"千树桃花"比喻投机取巧而在政治上愈来愈得意的新贵，而看花的人，则是那些趋炎附势、攀高结贵之徒。他们为了富贵利禄，奔走权门，就如同在紫陌红尘之中，赶着热闹去看桃花一样。而这些人，也不过是在自己被排挤在外后才有机会被提拔起来的罢了。诗人的轻蔑和讽刺是有力量的，是辛辣的。此诗出来后，自然惹怒了当权者，诗人又一次被贬。诗人的经历值得同情，但我们也从中看到了诗人不慕权贵、不与世俗同流合污的铮铮铁骨。白居易在与被贬的刘禹锡会面时，曾即席赋诗《醉赠刘二十八使君》相赠：

> 为我引杯添酒饮，
> 与君把箸击盘歌。
> 诗称国手徒为尔，
> 命压人头不奈何。
> 举眼风光长寂寞，
> 满朝官职独蹉跎。
> 亦知合被才名折，
> 二十三年折太多。

这首诗既赞美了刘禹锡的才华，又为他的坎坷遭遇鸣不平，也批判了不珍视甚至戕害人才的统治阶层。

鉴赏这类诗歌，要做到知人论世，了解诗人的身世、经历和思想，要联系诗人所处的时代特征去考察作品的内容。清代史学家、思想家章学诚在《文史通义·文德》中提出，不了解古人生活的时代，不可妄论古人的文辞，知其世，而不知古人的身处，也不可以遽论其文。另外，要站在诗人的角度，设身处地体味戏谑的句子背后那些无法明说的酸涩，切不可仅仅读取表面意义，而忽视了深层意义。

二、题画诗鉴赏

诗与画都是艺术的呈现形式。在画的空白处，诗人往往会题诗上去，或抒发感情，或谈论艺术的见地，或咏叹画面的意境，可以与画面内容相辅相成，起到画龙点睛的作用。清代方薰在《山静居画论》中提出，高情逸思，画之不足，题以发之。诗画加上精美的书法，相互映衬、丰富多彩，增强了作品的形式美感，使画的意境更加深远，内涵更加丰富。这些诗，有些是画家本人题的，也有些是赏画人题的，有同时代人题的，也有后人题的。诗与画有机地融为一体，成了不可或缺的一部分。

题画诗以其生动多样的笔法和丰富的内容在诗坛上占据了一席之地，近年来也不断地走进高考试题中，成为中学生不能不认真面对的一种诗体。

要准确地鉴赏题画诗，就要了解题画诗的基本特点和基本内容，从而走进题画诗，真正把握诗的思想情感和艺术手法，获得审美感受。

（一）题画诗的内容

1. 描述画意，赞美画技

题画诗本就是由画而生，对画面内容的描述，自然是此类诗中常有的，但是诗人也不只是单纯地直写，而是借此来拓展画的意境，给人以更多想象和联想，从而收到更好的审美效果。同时，也会把对诗人画技的赞扬巧妙地融于其中，表达自己的喜爱之情。

如唐代顾况《稽山道芬上人画山水歌》：

> 墨汁平铺洞庭水，
> 笔头点出苍梧云。
> 且看八月十五夜，
> 月下看山尽如画。

前两句中"洞庭水""苍梧云"是对画中景物的直接描绘，后两句以月下之朦胧山色来比喻画中之山境，既赞画之美，又升华意境，引人遐想。

再如黄庭坚的《题郑防画夹五首》（其一）：

> 惠崇烟雨归雁，
> 坐我潇湘洞庭。
> 欲唤扁舟归去，
> 故人言是丹青。

每句六字，既点出画的作者，又写出画中的景象——烟雨、归雁，其优美的意境引人入迷，让人生出幻觉，以为好像坐在潇湘、洞庭的烟波之上，目送行行归雁，情难自已，便很想唤一叶扁舟，回归故乡。本是画境，在诗人的眼里却成为实境，直到听得友人说是"丹青"才恍然醒悟。虽有夸张，但也饶有情趣。

2. 寄托怀抱，抒发情感

诗画相通，重要的是诗人和画家的心意相通，或者说画中景切合了诗人心中情，诗人借画意来表达心意，抒发自己的心志。

如明代徐渭画水墨葡萄并自题：

> 半生落魄已成翁，
> 独立书斋啸晚风。
> 笔底明珠无处卖，
> 闲抛闲掷野藤中。

诗中蕴含的不平之气溢于言表，作者把"葡萄"比作明珠，也是以"明珠"自喻，"明珠"无人买，何尝不是自己无人识，其中怀才不遇的郁闷情绪宣泄而出。看看自己，半生落魄，而今已经年老，却落得如此一种境遇，实在让人叹惋。但是，我们也看到了诗人身上具有的那种不与世俗同流合污的清高，这也是诗人身上的勇气和贵气。诗人在作画，更是在画人生。

（二）题画诗的特点

1. 化静为动，生动形象

画用色彩线条塑造形象，诗用语言文字塑造形象。画相对写实，诗相对空灵；画相对静止，诗相对流动。诗人驰骋想象，由画里想到画外，很好地补充出了画面无法表现出来的内容，弥补了画的局限性，扩展了画面的内容。题画诗可以融化画意，强化画中的意境和情趣。

宋代诗人蔡肇《题李世南画扇》：

> 野水潺潺平落涧，
> 秋风瑟瑟细吹林。

逢人抱瓮知村近，

隔坞闻钟觉寺深。

通过对环境的描写，诗人勾勒了一幅乡村野外恬静、安详的画面。该诗不仅写出了静态的画，还发挥想象，探索画家心理，给画赋予动态、声响，揭示画外的景与趣。从诗中，我们可以大致领略到画面的内容：山间小溪，林中黄叶，抱瓮汲水之人，远处山后的寺庙。画面内容丰富，意境深远，引人生出无限的想象。但是，画面毕竟是静止的，少了许多的灵动。诗的出现，可以很好地填补这些方面的空白。"潺潺"是水流动的声音，水泻山涧，源远流长；"瑟瑟"是风吹的声音，风吹树林，黄叶飘飞；而山中古寺，又似乎让人听到钟声传来。这一系列充满动感的情景，让画面一下子鲜活起来，真正体现出"诗是有声画"的特点，而且，这些声响反衬了环境的幽静，更能体现诗歌丰厚的内涵。

宋代黄庭坚《题竹石牧牛》中有："野次小峥嵘，幽篁相倚绿。阿童三尺箠，御此老觳觫。"郊野、石块、竹林，构成一幅由远及近富有层次的画面。"峥嵘"写出了郊野的"形"，"绿"写出了郊野的"色"，"倚""御"更是写出了画面景物的动作，赋予画面以动感，把画中景物写得活灵活现，从而展现出了一幅生动的画面，使人仿佛身临其境。

诗的内容很好地传达出了画面无法传达出的东西，对画中的情景和意境作了补充，丰富了画的内容，也更好地诠释了诗人的情感。

2. 化无为有，虚实结合

绘画因受技法的影响，有些内容难以表达。唐代诗人徐凝说："画人心到啼猿破，欲作三声出树难。"画者难以画出"三声"连续的猿啼，甚至一声都难，画面让人看到的只能是做鸣叫样子的猿，声音是呈现不出来的。虽然观者可以凭借想象，将一些画面还原出来，但毕竟只是一种虚拟的感觉。而诗歌在这方面就可以表现得更加具体和灵动，可以凭借文字把画面难以表达的内容形象地表现出来。李白写"两岸猿声啼不住，轻舟已过万重山"，"猿声"已经不是一声，也不是两声，而是"啼不住"，是一连片，让我们可以想见在飞驰而下的小舟上，在一片此起彼伏的叫声中，小船已掠过了崇山峻岭，很好地烘托了诗人急切盼归的心情。白居易《琵琶行》中对琵琶声音的描写更是妙绝，可听、可感、可见、可触，令人眼花缭乱，耳不暇接。而这些，是画很难表现出来的，题画诗可以突破空间和时间上的限制，强化画面表现的能动性，给人更加全面完美的感受。像《题李世南画扇》，诗人看到画中有人抱瓮汲水，于是就想到附近应该有村庄。村庄在画外，是虚的，但是由人而及，就在情理之中。

3. 借题发挥，借画咏志

借题发挥是题画诗的一个鲜明特点。画中内容触动了诗人的内心，让他不禁将画中内容和自己的人生际遇相关联。诗人借画咏志，由画中内容引发自己的思考，或表达对人生世事的看法，或宣泄心中的不满，使画作的内容更加丰满，充满哲理。

如明人刘羽《白鹭图》：

> 芳草垂杨荫碧流，
> 雪衣公子立芳洲。
> 一生清意无人识，
> 独向斜阳叹白头。

画中白鹭，素衣而立，卓拔挺然于芳草、垂杨、碧流的背景之上，给人一种与世不群的孤傲之感，可惜它的高洁无人能赏，只能在斜阳中叹息。诗人借画生意，由白鹭联想到人，白鹭之境遇即人之境遇，白鹭之品性即人之品性，画境即人之心境。诗人之诗将画的内涵引向精神的更高层次，从而引导读者由画面而去透视人的内心，触摸人的灵魂。画中的白鹭就是诗人的化身，孤傲、寂寞，虽有高洁的志向却不被人理解，其愁苦之情，溢于画中言以表之。

再如元代诗人王冕的《墨梅》：

> 我家洗砚池边树，
> 朵朵花开淡墨痕。
> 不要人夸好颜色，
> 只留清气满乾坤。

　　诗人画梅而自题，诗画相映，很好地表达了自己的心志。画中之梅一枝横出，枝干秀挺，花朵疏朗。以淡墨点染花瓣，再以浓墨勾点萼蕊，墨色清润。虽有高情逸趣，却很难让人悟得透其中情由。平常所见之梅，或红、或白、或紫、或黄，墨色实属罕见。画中诗句，一是说梅生在洗砚池边，久而久之，花色同于墨色；二是表明梅的外表虽不娇艳，但仍然神清骨秀、高洁端庄，有超逸的内在气质，更可贵的是它不求以鲜艳的色彩去吸引人，讨好人，只愿散发一股清香，让它留在天地之间。作者在这里以梅自况，将个人的经历和人生志向融于其中，借梅生发出鄙薄流俗、独善其身、不求功勋的品格。

　　借题发挥，也是一种曲笔用法。画家笔下的情景，也是人格的象征或是志趣的指向。阅读时，要能做到由此及彼，由画表及诗意即人的内心，方能真正品得透其中三昧。

　　赏析题画诗，既要了解内容，又要了解其特点，既要读得出画中之景，又要悟得透画外之意，不能仅仅把诗看作一般的写景诗或是咏物诗，一定要体味诗人借诗歌表达的思想情感，看到诗中寄寓的"志"。

第五章

大单元背景下的教学设计

新编高中语文教材以语文学科核心素养为纲，以学生的语文实践为主线，设计语文学习任务群。学习任务群以自主、合作、探究性学习为主要学习方式，凸显学生学习语文的根本途径。

基于这样的安排，语文学习设计有利于大单元学习方式，让学生对学习内容有整体认识，从而可以避免支离破碎的单点式学习。语文学习任务群以任务为导向，以学习项目为载体，整合学习情境、学习内容、学习方法和学习资源，引导学生在运用语言的过程中提升语文素养。

大单元学习，充分利用课程资源，可以有效地将相关联的内容整合在一起，使课程内容结构化、情境化，体现学习的系统性和完整性，在解决实际问题的过程中体验过程方法，生成价值意义，有利于学生进行系统学习，去除碎片化，也有利于学生创新能力和探究能力的提升，使课程内容促进学科核心素养的落实。

当然，学习过程的设计，也要依据具体的内容而定，有些内容可以整合在一起学习，有些内容更适合单篇学习，至于选择什么样的学习方式，要视具体情况而定，唯科学而不唯模式。

第一节　核心素养下的戏剧大单元学习活动设计

一、单元内容

新编高中语文教材必修下册的第二单元是一个戏剧单元，属于"文学阅读与写作"学习任务群，人文主题是"良知与悲悯"。单元课文节选自三部戏剧名作：《窦娥冤》是中国传统戏曲（元杂剧）的代表作品，《雷雨》是中国现代话剧的名作，《哈姆莱特》则是西方戏剧史上占有重要地位的经典剧作。三部剧作都是悲剧，有着深厚的思想、情感意蕴和高超的艺术成就，而又分别呈现出不同时代、地域的风格特点，能够启发学生更好地认识戏剧这一体裁的艺术表现方式和一般规律，学会从语言、构思、形象、意蕴、情感等多个角度欣赏作品，获得审美体验，认识作品的美学价值，发现作者独特的艺术创造。

二、课标要求

要求一：精读古今中外的优秀文学作品，感受作品中的艺术形象，理解欣赏作品的语言表达，把握作品的内涵，理解作者的创作意图。

要求二：从语言、形象、意蕴和情感等多个角度欣赏作品，获得审美体验，认识作品的美学价值，发现作者独特的艺术创造。

要求三：结合所阅读的作品，了解戏剧写作的一般规律。捕捉创作灵感，用自己喜欢的文体样式和表达方式写作，与同学交流写作体会，积累、丰富、提升文学鉴赏经验。

三、单元目标

目标一：理解作品中蕴含的对社会现实的认识和对人生的深切关怀，把握作品的悲剧意蕴，激发同情他人、追求正义、坚守良知的情怀。

目标二：通过阅读鉴赏、编排演出等活动深入了解戏剧作品，欣赏戏剧中设计冲突、构思情节、塑造人物的艺术手法，体会戏剧语言的动作性和个性化，深化对戏剧体裁的认识。

目标三：把握本单元作品的共性与个性，初步认识传统戏曲和现代戏剧，理解悲剧作品的特征，感受不同作者独特的创作风格。

目标四：通过撰写排演手记、观后感（剧评），总结对作品的感悟和对戏剧表演艺术的认知，以小组评价等方式交流学习心得与感受。

四、情境任务

戏剧是现实生活的一面镜子，从镜子里我们看到了平日没有注意到的别样风景。优秀的戏剧作品，总是能够给人带来许多启发或感动。剧中的故事是虚构的，我们的爱恨情仇却是真实的。我们借着别人的故事，流着自己真诚的眼泪，对剧中人的悲欢离合感同身受。在小小的戏剧世界里，我们更深刻地理解了社会和人生。

"你穿上凤冠霞衣，我将眉目掩去，大红的幔布扯开了，一出折子戏……"浓妆重彩的背后是一张怎样的脸庞？华丽戏服里又缝着怎样的故事？生活里有的，故事中讲的，聚散离合，悲喜忧愁，酸甜苦辣，阴晴圆缺，统统搬上舞台，流淌成有声有色的历史，演绎着光怪陆离的人生。

五、学习活动

活动一：梳理戏剧情节

中国话剧奠基人洪深说："好戏剧有价值，须故事好。"好的戏剧故事能够引人入胜，能够发人深省。

通读《窦娥冤》《雷雨》《哈姆莱特》，用表 5-1 梳理出每篇课文的故事情节，初步感知悲剧的震撼性。

表 5-1　梳理戏剧情节

篇　　目	情节概括	主要人物	结　　局
《窦娥冤》			
《雷雨》			
《哈姆莱特》			

活动二：探究"被毁灭的"

填写表 5-2，领会鲁迅"悲剧将人生的有价值的东西毁灭给人看"这句话的内涵，体会悲剧的"净化"效果。

表 5-2　探究"被毁灭的"东西

人　物	性　格	遭　遇	结　局	悲剧效果
窦娥				
鲁侍萍				
哈姆莱特				

提示：此任务设计意在引导学生在研读文本的基础上理解人物形象特点，体会悲剧内涵。

从性格看，窦娥、鲁侍萍、哈姆莱特都热爱生活，追求美好。从遭遇看，他们都遭到了罪恶的侵袭，受到了罪恶的损害。从结局看，他们都毁灭了。人物的美好与他们命运的不幸之间形成强烈的对比，悲剧的震撼力量正来源于此。

阅读这样的悲剧作品，常常会引起我们心灵深处的悲伤、哀痛乃至愤懑，激起我们对良知的坚守和对道义的追求。阅读这几篇课文，看看这些悲剧故事毁灭了哪些"有价值的"东西，并以悲悯的情怀看待人物的命运，认识良知的不朽价值，感受悲剧作品震撼人心的力量，与同学们分享自己的体会。

理解悲剧主人公时，也要探讨其悲剧产生的深层原因，透过其具体性格特点，把握这一人物所承载的思想意义。

选择三个人物其中的一个，以"人物自述"的方式表现其主要经历和性格，目的是体验人物的内心世界，挖掘人物的思想动因，理解人物与环境的复杂关系。

补充内容：

窦娥：① 善良、孝顺但又受封建礼教和迷信观念的毒害。窦娥幼时与亲人分离，年轻时守寡。窦娥认为这些遭遇都是她命中注定的。为了自己来世的幸福，她要为丈夫服孝，侍养婆婆。在公堂上受审时，她被打得多次昏死，但也不肯屈招；可是一听说要对婆婆动刑，她不忍心婆婆受苦，更担心婆婆被屈打成招，于是赶紧阻拦衙役，招认是自己药死了"公公"。在被押赴法场的路上，她央求刽子手绕过前街从后街走，因为她不愿让婆婆看见自己的模样而伤心。② 有主见、刚强坚毅。窦娥坚决反对婆婆，含糊应允的婚事。面对婆婆的胆小怕事、怯弱无知，她反复劝告婆婆，使婆婆没有贸然行事，也使张驴儿父子一时不能如愿。张驴儿的父亲被药死后，张驴儿要挟窦娥，但她毫不畏惧，情愿和张驴儿对簿。③ 有反抗精神。在公堂上受审时，窦娥被打得血肉模糊，昏死多次也不肯屈招，仍辩白自己的冤屈。在前往法场受刑时，她埋怨天地，质疑天地，责骂天地，表现出对以王法天理、公道等为代表的封建秩序与封建思想的怀疑与反抗。

鲁侍萍：一个旧中国劳动妇女形象。她善良正直，备受欺辱和压迫，但又始终保持了自己的刚毅顽强。她尝尽了人间的辛酸，年轻时在周家当女佣，被周朴园引诱，生了两个儿子。刚生下第二个儿子三天，周朴园就逼她抱着奄奄一息的婴儿投河自尽。被人救起后，一直挣扎在社会最底层，她"什么事都做：讨饭、缝衣服、当老妈子，在学校里伺候人"。为了孩子，她嫁过两次人，但遇人都很不如意。三十年前的悲惨遭遇、痛苦经历把她磨炼得坚强、勇敢，对残酷的现实有清醒的认识，充满了痛恨。

哈姆莱特：古代丹麦的一个王子，一个人文主义的形象，这和他在威登堡大学所受的教育有着很大的关系。这是一个充满矛盾的形象，他接受了人文主义的影响，心中充满了美好的理想，希望生活中的一切如理想一样完美，而现实生活的一系列意外打破了他的理想，他像一个思想家那样地思考许多哲学问题，却找不到答案，于是他要为父报仇，可是他内心又充满矛盾，因为他想的不只是为父报仇，而是扭转整个乾坤。在这样艰巨的任务面前，他想要行动也行动不起来。他的性格过于内向、审慎，加上单枪匹马的处境，使他感到犹豫，造成他行动上的延宕，因此最后只能是与敌人同归于尽。他的悲剧既有罪恶势力过于强大的客观原因，又有其内在性格弱点的主观原因，所以，哈姆莱特的悲剧是时代的悲剧，是人文主义者的悲剧。

活动三：分析冲突的魅力

某位戏剧家说过，没有冲突，没有悬念，没有危机的剧，就没有戏味。戏剧冲突是戏剧的灵魂，不仅能展示人物间的关系，推动情节发展，还能突出人物个性。请找出三部戏剧的矛盾冲突（人与人之间、人物自身、人与环境三个角度），分析其多方面的作用。

　　提示：此任务设计意在引导学生理解戏剧冲突，明确戏剧冲突在人物塑造、推动情节发展以及揭示主题方面的作用。

　　在思考悲剧冲突时，要努力理解那些看似偶然或带有幻想特征的情节，比如《窦娥冤》中张驴儿想毒死蔡婆婆却害死了自己的父亲，以及窦娥法场发誓愿引发天降大雪，《雷雨》中周朴园偶然想起让侍萍取衬衣，《哈姆莱特》中哈姆莱特误杀波洛涅斯等，要理清悲剧冲突深层的偶然性、严肃性，理解悲剧冲突既是人与人的冲突，也是思想的冲突。

　　补充材料一：《窦娥冤》矛盾冲突

　　社会层面：① 窦娥与地痞恶棍张驴儿等人的矛盾冲突（人与人）；② 窦娥与昏庸官府之间的矛盾冲突（人与人）；③ 窦娥与封建统治秩序乃至其所依凭的"天理""天道"的整体的矛盾冲突（人与环境）。

　　道德层面：窦娥身上体现的坚守节操、安分守己等传统美德与在当时社会中横行无忌、成为现实常态的恶行恶德之间的矛盾冲突（人与环境）。

　　意志层面：① 希望坚守传统道德但又不得不面对一个根本上不道德的现实社会之间的矛盾冲突（人自身）；② 她已经不再相信天地、鬼神、官府所代表和维护的封建秩序，但又不得不寄希望于依靠天地、鬼神、官府来帮助自己洗刷冤屈之间的矛盾冲突（人自身）。

　　这三个矛盾都集中反映了中国封建社会无法自我解决的内在矛盾。

　　补充材料二：《雷雨》矛盾冲突

　　以周朴园为代表的资本家与以鲁侍萍为代表的下层劳动人民之间的矛盾冲突。这是根本利益的冲突。（人与人）

　　周朴园与鲁大海父与子、资产阶级和工人阶级的矛盾冲突。（人与人）

　　鲁大海与周萍兄弟之间的矛盾冲突。（人与人）

　　鲁侍萍与周萍母子之间的矛盾冲突。（人与人）

　　资本家的冷酷虚伪自私和下层劳动妇女的善良、正直、坚韧两种思想性格的对立冲突。（根本性质的冲突）

　　周朴园对鲁侍萍的怀念和见到侍萍之后的冷酷自私。（人自身）

　　鲁大海身为工人阶级的理想与当时社会依旧是资产阶级天下的矛盾。（人与环境）

鲁侍萍既想离开这个伤心之地，痛恨周朴园对自己的抛弃，又想与曾经的恋人对话。（人自身）

补充材料三：《哈姆莱特》矛盾冲突

哈姆莱特与国王之间因无法沟通而产生的矛盾冲突。（人与人）

哈姆莱特内心的矛盾冲突。（人自身）

哈姆莱特与奥菲利娅之间的矛盾冲突。（人与人）

哈姆莱特与波洛涅斯之间的矛盾冲突。（人与人）

哈姆莱特人文主义思想与当时封建社会之间的矛盾冲突。（人与环境）

这些冲突实际上都是当时理想与现实矛盾的真实反映，这是正义与邪恶的较量，是社会过渡时期新、旧两种社会力量的较量。如从表面看来，奥菲利娅和哈姆莱特之间的冲突是有关恋人感情的，但表现的却是对人生的思索，对黑暗现实的揭露。本文通过冲突也塑造了人物形象，比如克劳狄斯的阴险毒辣、波洛涅斯的趋炎附势、奥菲利娅的单纯多情，都是在冲突中展现的，特别是对本剧主人公哈姆莱特形象的塑造，是戏剧通过冲突表现人物性格特征非常典型的艺术特色之一。

活动四：呈现"当下内心"

人物形象、戏剧冲突都是建立在语言的基础之上的，戏剧语言是作者创造形象、展开情节、表现主题的基本材料，是人物交流思想、抒发情感的主要工具。本单元的三部作品，在语言艺术上都取得了很高的成就。请从以下两个视角的各三个题目中分别选择一个，完成写作。

视角A：

以临刑前窦娥的口吻，写一封给她父亲的信。

以鲁侍萍的口吻，写一篇日记，记叙课文节选部分中她的经历和感受。

以哈姆莱特的口吻，写一段自白，向其父亲倾诉他在丹麦宫廷里的感受，特别是面对奥菲利娅试探时的复杂心理。

视角B：

以监斩官的口吻，写一段见到血溅、飞霜时的感想。

以周朴园的口吻，为他三十年前的所作所为写一段辩护词。

以克劳狄斯的口吻，写一段独白，叙述他怎样看待哈姆莱特的疯言疯语。

提示：以人物身份撰写内心独白，能够导向对戏剧语言的仔细品味与深入挖掘。

补充材料：

（一）《窦娥冤》的语言特色

1.用词

（1）在创作中大量地运用源自人民现实生活的、鲜活而富于表现力的口语。如课文中【鲍老儿】一段曲词：

> 【鲍老儿】念窦娥伏侍婆婆这几年，遇时节将碗凉浆奠；你去那受刑法尸骸上烈些纸钱，只当把你亡化的孩儿荐。婆婆也，再也不要啼啼哭哭，烦烦恼恼，怨气冲天。这都是我做窦娥的没时没运，不明不暗，负屈衔冤。

窦娥对于婆婆的担忧不舍，对自身蒙冤受屈的愤恨不平，乃至她即将采取的惊天动地的行动，在这段曲词中全都表现出来了。类似这样的曲词，真是明白如话，"令人忘其为曲"，同时又具有丰富的戏剧性和动作性。

（2）在运用口语的同时，剧作家又灵活运用了一些为当时的人所习见习闻的成语熟语、诗词文句和历史故事，进一步丰富了语言的表现力。如窦娥在法场发的誓愿，既有"一腔怨气"这样的俗语，又有"素车白马""古陌荒阡"这样的成语，更有"东海曾经孝妇冤"这样的典故，兼具活泼之美与庄重之致。

2.修辞

（1）对比："为善的受贫穷更命短，造恶的享富贵又寿延"。

（2）比喻："一腔怨气喷如火"。

（3）夸张："枉将他气杀么哥"。

（4）反复手法：如指斥天地时的两声"天地也！"和发誓愿时的两声"你道是"，是愤厉激昂的声讨；和蔡婆婆相别时的四个"念窦娥"和两声"婆婆也"，则是凄怆婉转的泣诉。

（二）《雷雨》的语言特色

1.高度个性化

所谓人物语言个性化，就是什么样的人说什么样的话，语言成为人物个性声音的外化，如：

> 周朴园：（忽然严厉地）你来干什么？
>
> 鲁侍萍：不是我要来的。
>
> 周朴园：谁指使你来的？
>
> 鲁侍萍：（悲愤）命！不公平的命指使我来的！

周朴园刚才还是一个温情脉脉、俨然在感情中不能自拔的性情中人，现在立即撕下了多情的面纱，露出了冷酷的本质。因为在周朴园看来，自己的名声和利益受到了威胁。这个转变完全是人的本性使然，是语言无法掩饰的。人物语言不必经过修饰，本质而又本能，具有高度的个性化。

2. 丰富的潜台词

潜台词即言中有言，意中有意，弦外有音。它实际上是语言的多义现象。通过潜台词，读者可以窥见人物丰富的内心世界，潜台词的作用是使语言简练而有内涵。如：

> 周朴园：（抬起头来）你姓什么？
>
> 鲁侍萍：我姓鲁，老爷。

这里的"你姓什么"的言外之意就是：你怎么知道这么多？你怎么知道得这么清楚？你是谁？

3. 富于动作性

戏剧语言的动作性（或称动作语言、情节语言），是指人物语言间的交流和交锋起着推动或暗示故事情节发展的作用。它不是静止的，而是人物性格在情节发展中的内在力的体现。这种语言，有时是不经意、不露痕迹的，有时却是有意的。但其目的只有一个，那就是推动情节的发展。请看下面的语言：

> ① 周朴园：哦，很远的，提起来大家都忘了。鲁侍萍：说不定，也许记得的。（推动：几乎要提醒周朴园。）
>
> ② 鲁侍萍：我倒认识一个年轻的姑娘姓梅的。（推动：几乎要明说了。）

③鲁侍萍：我前几天还见着她！（暗示周朴园，使情节继续发展。）

④鲁侍萍：老爷，您想见一见她吗？（推动情节发展。）

⑤鲁侍萍：老爷，没有事了？（望着朴园，眼泪要涌出）（强烈地暗示。）

　　侍萍对周朴园仍存旧情，又很想见到自己的大儿子，因此带着幻想对周朴园不断地提醒、暗示，这些当然合情合理。这些每每在情节快要中断时的语言，却不单是她的心思的合情合理的表露所能解释得了的，更重要的是恰好起到暗示和推动情节发展的作用。

（三）《哈姆莱特》语言特色

　　莎士比亚是世界公认的语言大师，他的语言风格丰富且形象。如课文中哈姆莱特时而高雅，时而粗俗，时而晦涩难懂的语言，就恰到好处地表现了他的心理活动和他复杂深沉的个性特征。尤其是他的那段感情灼热、忧郁彷徨的长篇独白，更在揭示他内心矛盾的同时，展示了莎士比亚语言的丰富性和生动性。莎士比亚还善于运用人物之间富有强烈对比性的语言，来突出人物形象。有正反面形象之间的对比，也有正面同类人物之间的对比。如哈姆莱特的激情和深沉与克劳狄斯的阴沉和邪气，哈姆莱特的矛盾和优柔寡断与奥菲利娅的单纯和深情惋惜都形成了鲜明的对比，他们的语言都适合各自的身份地位及个性特点，真可谓各如其人，各有个性。

　　莎士比亚还擅长运用长篇内心独白来揭示人物复杂而隐秘的内心世界。如哈姆莱特那段著名的独白，就展示了他复仇过程中痛苦的心灵冲撞。莎士比亚语言深沉含蓄，极富于哲理性，对刻画人物独特的个性起到了画龙点睛的作用。莎士比亚还善于运用比喻、隐喻等形象化的语言，有效地突出了人物的性格特征，揭示了人物的内心世界和感情的变化。如奥菲利娅在谈到哈姆莱特的变化时，就用了一连串的比喻句，她说："我是一切妇女中间最伤心而不幸的，我曾经从他音乐一般的盟誓中吮吸芬芳的甘蜜，现在却眼看着他的高贵无上的理智，像一串美妙的银铃失去了谐和的音调，无比的青春美貌，在疯狂中凋谢！"这段语言就极富抒情性和形象性。

六、评价预设（见表5-3）

表5-3　评价预设

评价等级	评价标准
A	能准确概括戏剧情节，恰当分析人物形象特点，准确说出传统戏曲和现代戏剧的不同。能整体把握人物的悲剧命运，多角度品鉴戏剧作品的语言特点。能高质量完成戏剧台本撰写，并完成表演，完成戏剧评论。能重构戏剧鉴赏体系，从必备知识、思维提升、学习过程等方面做好反思总结
B	能概括戏剧情节，分析人物形象特点，说出传统戏曲和现代戏剧的不同。能把握人物的悲剧命运，品鉴戏剧作品的语言特点。能完成戏剧台本撰写，并完成表演，完成戏剧评论。能重构戏剧鉴赏体系，做好反思和总结

第二节 基于核心素养的文言文群文教学

　　传统的文言文教学以单篇为主，重点落在诵读、字词句的疏通和文意的把握方面，这样的学习方式，既容易让学生产生厌倦，又不利于培养学生的语文素养。而群文教学，将不同时期的文章组合在一起，内容丰富，可以引导学生从不同的角度鉴赏文本，通过更广、更深的挖掘，体会其精神内涵、审美追求和文化价值。

　　新编高中语文教材必修上册第七单元是唯一一个专门的散文单元，其中有两篇文言文：《赤壁赋》《登泰山记》。这两篇文章都以写景为主，兼具叙事和议论，都是传统文化经典作品，适合组成专题阅读。

　　学习的主要任务是反复诵读，感受作品的语言之美；关注作品中的景物描写，分析情景交融的手法，体味其中关于自然、人生、社会的多方面思考，挖掘作品中的民族审美心理和特征，提升文学欣赏品位。

　　下面以《赤壁赋》《登泰山记》两篇文章的整合学习为例，探究核心素养下文言文学习的基本途径。

一、学习目标

　　目标一：有感情地诵读喜欢的语段，探究作者是如何借助自然景物抒发各自的自然情怀的。

　　目标二：通读文本，初步感知文章表达的自然情怀，并梳理其表达自然情怀的逻辑，感受文人笔下的美景，关注作品中的景物描写和人生思考，激发对自然的珍爱之心和对生活的热爱之情。

　　目标三：研读文本，分析和把握文章观察景物的角度和表现景物的艺术手法，体会文章情景交融的特点，并进一步体会民族审美心理，增强对民族文化的认识和了解。

二、整体感知

《普通高中语文课程标准》（2017 年版 2020 年修订）对文言文学习的要求中提出，重视诵读在培养学生语感、增进文本理解中的作用，引导学生积累古代作品的阅读经验。学习任务群"中华传统文化经典研习"的目标之一是"梳理所学作品中常见的文言实词、虚词、特殊句式和文化常识，注意古今语言的异同"。因此，文言文学习的首要任务就是能够熟练且有感情地朗读文本，在朗读的过程中了解文本的内容，体味作者的情感，随后能够找出文中重点的词语及文言现象，并能准确地进行解释，进而理解文句的意思。

三、学习活动

活动一：涵咏诵读，各得其趣

（1）《赤壁赋》有一种"纯净出尘的美感"，极富声韵之美，特别适于诵读。请找出句中押韵的字，并注意用韵、换韵及随之产生的情感起伏变化，有感情地朗读课文。

押韵提示：

第一段：间、天、然、仙；

第二段：桨、光、方，慕、诉、缕、妇；

第三段：稀、飞、诗，昌、苍、郎、东、空、雄，鹿、属、粟，穷、终、风；

第四段：往、长、瞬、尽，主、取，月、竭，色、适；

第五段：酌、藉、白。

（2）《登泰山记》重点朗读第三段，初步感知作者笔下的泰山日出之美。

要求：首先自读，读准字音和停顿，读出情感；然后在小组内交流，并在班级中展示。

活动二：自主构建，活化积累

（1）根据自己的文言文积累经验与学习基础，找出文中重要的词语及文言现象，制作文言积累卡片。

提示：

① 文言现象包括重点实词、重点虚词（特别注意一词多义）、通假字、古今异义、特殊句式，注意针对性与体系性。

② 梳理一词多义时尽量使用学过的文本中的例句。

（2）将自己积累的知识卡片与小组中其他同学交流。

四、探究建构

在整体感知的基础上，首先梳理出文章的脉络结构，进一步解读文章的关键，有助于学生对文本的整体认知，然后对文本进行深入解读，赏析文章的精妙之处，把握文章的情感主旨。

活动三：研读文本，梳理文脉

《赤壁赋》《登泰山记》是山水游记，借山水抒发情感，请寻找自然山水文章的结构共性，用思维导图做好梳理。

（1）《赤壁赋》文章脉络如下：

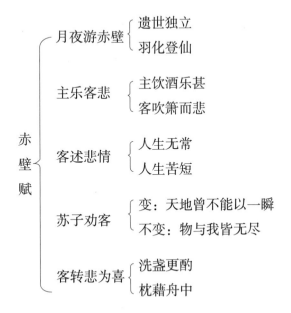

（2）《登泰山记》文章脉络如下：

登泰山记

第一段：总写泰山的地理形势，点出泰山及其最高峰——日观峰

第二段：记述登山经过，着力叙写登山的艰难和到达山巅后所见的景象

第三段：集中描写泰山日出前后的景象

第四段：介绍泰山的人文景观

第五段：介绍泰山的自然景观

第六段：介绍作者作为结尾

活动四：感受景观，如在眼前

"仁者乐山，智者乐水"是中国文化的传统。《赤壁赋》《登泰山记》，一乐水，一乐山，各具意趣。

《赤壁赋》"以江山风月作骨"，富有层次地写了赤壁所见、历史之中、哲理感悟的江月。《登泰山记》按照时间顺序写登泰山过程，先写登临景象，而后浓墨重彩写日出景象，之后写沿途所见的自然景观和人文景观。试从文中找出重点语句并概括景物的各自特点。

提示：

赤壁之水月：月出于东山之上，徘徊于斗牛之间。白露横江，水光接天。皓月当空，月光朦胧，清风徐徐，景色澄澈而空明，展现的是空阔、瑰奇、壮美的景色。

历史之水月：月明星稀，乌鹊南飞。展现苍凉之美。

哲理之水月：盈虚者如彼，而卒莫消长也。体现"变"与"不变"的道理，申述人类和万物同样是永久的存在，表现了旷达乐观的人生态度。

活动五：品景悟情，各臻其妙

同是写景抒情，本单元的几篇文章运用的艺术手法（修辞、用词、句式、语言风格等方面）各具特色。请从两篇文章中选出精彩语句，思考作者是如何借助自然景物抒发自己的自然情怀的，并加以点评和赏析。

提示：

《赤壁赋》：

> ①少焉，月出于东山之上，徘徊于斗牛之间。白露横江，水光接天。纵一苇之所如，凌万顷之茫然。浩浩乎如冯虚御风，而不知其所止；飘飘乎如遗世独立，羽化而登仙。

正面描写"泛舟"游赏景物，以景抒情，融情入景，情景俱佳。"徘徊"二字，生动、形象地描绘出柔和的月光似对游人极为依恋和脉脉含情。在皎洁的月光照耀下，白茫茫的雾气笼罩江面，天光、水色连成一片，正所谓"秋水共长天一色"（王勃《滕王阁序》）。游人这时心胸开阔，舒畅，无拘无束，因而"纵一苇之所如，凌万顷之茫然"，乘着一叶扁舟，在"水波不兴"浩瀚无涯的江面上，随波飘荡，悠悠忽忽地离开世间，超然独立。浩瀚的江水与洒脱的胸怀，在作者的笔下腾跃而出，泛舟而游之乐，溢于言表。

> ②客亦知夫水与月乎？逝者如斯，而未尝往也；盈虚者如彼，而卒莫消长也。盖将自其变者而观之，则天地曾不能以一瞬；自其不变者而观之，则物与我皆无尽也，而又何羡乎！

运用比喻手法。这几句文中写景的句子，阐释了"变与不变"的哲理。以明月江水作比，说明世间的万物和人生，既有变的一面，又有不变的一面。从变的角度看，天地万物就连一眨眼的工夫都不能保持不变；从不变的角度看，万物和人类都是永久不变的，用不着羡慕长江的无穷和明月的永不消减，也用不着哀叹人生的短促。哲学意味的阐释，表达了苏轼豁达的宇宙观和人生观。

《登泰山记》：

> ①苍山负雪，明烛天南。

这是初登山顶时刹那间的感受。作者不言冰雪覆盖青山，却说青山背负着雪，赋予静态的青山以人的动态，用语新颖、传神。进而说苍山上的雪像蜡烛一样照着天南，形象、生动地绘出了积雪的光彩。

② 望晚日照城郭，汶水、徂徕如画，而半山居雾若带然。

这是在山顶上远望和俯视所得的画面。作者纵目远眺，夕阳照耀着泰安城，汶水、徂徕好像自然天成的山水画，而山腰间停留着的云雾好像飘带一般。"半山居雾"，不仅把动态的物写成静态，使人感受到那种特有的宁静气息，而且设喻新奇，给人以美的享受。

③ 回视日观以西峰，或得日，或否，绛皓驳色，而皆若偻。

"或得日，或否"的山峰，色彩各有不同，而神态却是相同的，所谓"皆若偻"。这一比喻，写出了西南诸峰的特点，更显出日观峰的雄峻，且赋予山峰以人的感情，形象而生动。

五、拓展深化

活动六：赋体游记，各臻其妙

（1）《赤壁赋》：主客问答，儒道对话。

"主客问答"是赋体文章的特色，在文中也是儒、道的对话，是苏轼内心两个自我的辩论。依照示例，各找出两处体现儒与道思想的语句，并体会苏轼的复杂情思。

示例：

儒家：渺渺兮予怀，望美人兮天一方。本句以美人比君，可见忠君之殷切；情怀悠远，思为世用，建功立业，成就人生。

道家：飘飘乎如遗世独立，羽化而登仙。本句渴望凭虚御风，超尘出世，顺乎自然，获得精神的超脱。

（2）《登泰山记》：学者游记，丰赡博雅。

姚鼐在《惜抱尺牍·与陈硕士》中说，以考证累其文，则是弊耳；以考证助文之境，正有佳处。桐城派的文章有"重学问和考据"的特色，这是一篇学者游记，请找出文中的考证文字，并说明其作用。

示例：

　　① 泰山正南面有三谷。中谷绕泰安城下，郦道元所谓环水也。

引用北魏著名的地理学家郦道元在其《水经注》所称的"环水"作注释，这是借用古代名人名著的论述，以考据泰山之名胜。

　　② 古时登山，循东谷入，道有天门。东谷者，古谓之天门溪水，余所不至也。

东谷天门在秦汉时代，古时是皇帝祭天，举行封禅仪式的地方；东谷也是古时人们登泰山顶峰通常经由的山口，可见其历史之悠久。

活动七：登山临水，心灵远游

登山临水，是心灵的远游，这些在山水中获得灵魂诗意和精神超脱的篇章组成了中国文学的灿烂一页。本单元的文章在写景状物的同时，反映了作者的审美倾向和人生思考，折射出民族的审美传统。

请参考下面的问题引领，探讨本单元文人的审美心理。

（1）自然山水，观照人生。

查阅《赤壁赋》和《登泰山记》的写作背景，了解作者的人生经历，理解文中的人生感悟。

（2）审美传统，文化积淀。

赤壁是古代战场，当年的"舳舻千里，旌旗蔽空"，引发了无数人的怀古之情；泰山为五岳之尊，是中国古代重要的文化符号，登山赋诗者众多。搜集一些写赤壁或泰山的诗文，探讨文人寄托在赤壁和泰山上的不同情思，探究其背后蕴含的文化意义。

问题引领：

教学中，可以引导学生搜集资料，结合课文，分析和归纳古代文学中蕴含的文化内涵。

写赤壁的诗文有：李白《赤壁歌送别》，杜牧《赤壁》，苏轼《念奴娇·赤壁怀古》《后赤壁赋》，苏辙《赤壁怀古》，文天祥《读赤壁赋前后二首》，何景明《题苏子瞻游赤壁图》，袁枚《赤壁》等。

写泰山的诗文有：谢灵运《泰山吟》，陆机《泰山吟》，李白《游泰山六首》《送范山人归泰山》，杜甫《望岳》，梅尧臣《登泰山日观峰》，苏辙《游泰山四首》，张养浩《登泰山》，姚鼐《岁除日与子颍登日观观日出作歌》等。

学生可以根据所选的诗文各抒己见，探讨各首诗文的意蕴，探究它们背后的文化。

李泽厚在《世纪新梦》中这样说："文学的最高价值，文学的永恒性源泉在于它可以帮助人类心灵进行美好的历史性积淀。就是说，成功的文学作品，它总是在人类心灵中注入新的美好的东西。这可能看不见，不是像科学那样可以测量、计算，但它确实存在着。"文言文是高中语文教学的重点，它的教育意义和深厚的文化底蕴是现代文无法比拟的。在核心素养下，挖掘高中语文学科中对学生核心素养培养的教育素材，是高中文言文教学的重点，也是素质教育下语文要实现的教学意义。群文阅读、整合教学是新形势下语文教学的常态，从以前的"单点"变成现在的"套餐"，加大了思维的容量，更能形成贯通、比较式的思维，进而让学生形成文学鉴赏的眼光，促进语文核心素养的发展。

第三节　体悟中华文明，滋养理性精神

一、设计背景

"观今宜鉴古，无古不成今。"（《增广贤文》）流派众多的诸子学说，浩如烟海的古代史籍，都是弥足珍贵的文化遗产。只有深刻体悟前人的智慧，才能更好地把握当下与未来。

新编高中语文教材必修下册第一单元选取了《论语》《孟子》《庄子》中的经典篇章。人文主题是"中华文明之光"，核心任务为：在理解文章的基础上，整体把握经典选篇的思想内涵，认识其文化价值，思考其现代意义。阅读这些文章，有助于学生了解中华文化的一些重要理念，领会其中包含的人文精神，深化对传统文化的认识，增强文化自信。

二、学习目标

目标一：从理想主张、提出原因、实现程度等角度整体认知构建本单元作品，归纳出"中华文明之光"的深层内涵与文化价值，初步感知不同文本的表达效果。

目标二：深入研究本单元文章，探究作者论事说理、叙事写人的技巧和不同的表达风格，说出每篇文章是如何理性、有条理地阐述自己的观点的。

目标三：结合现实生活和自己的阅读体验，写一篇不少于800字的发言稿，理性而有条理地表达自己对先贤思想的理解，阐述"中华文明之光"的现代意义，传承中华文明。

目标四：围绕"中华文明之光"由内而外重构本单元逻辑结构，构建理性而有条理地阐述观点的基本要素，提升自己的表达素养，做一个负责任的表达者。

三、学习资源

1.经子解读

解读李零《丧家狗：我读〈论语〉》，牟钟鉴、王忠民《〈孟子〉公开课》，陈鼓应《老庄新论》

2.综论纵观《先秦学术概论》

本书论述先秦诸子学术，有三个特点。第一，全面分析先秦学派的源流，除道、儒、法、名、墨、阴阳等六家之外，兼及纵横家、兵家、农家、数术、方技、小说家、杂家。第二，着重分析各派源流和相互关系。第三，不仅分析各学派的重要著作的内容，还论辨其真伪。本书在评论各个学派的著作中，有颇多独到的见解。可指导学生有选择地阅读有关孔子、孟子、老子的内容，了解其基本的思想内容。

3.关于"礼"的几则材料

（1）礼，经国家、定社稷、序民人、利后嗣者也。（《左传·隐公十一年》）

（2）夫名以制义，义以出礼，礼以体政，政以正民。是以政成而民听，易则生乱。（《左传·桓公二年》）

（3）子大叔见赵简子，简子问揖让、周旋之礼焉。对曰："是仪也，非礼也。"简子曰："敢问何谓礼？"对曰："吉也闻诸先大夫子产曰：'夫礼，天之经也，地之义也，民之行也。'"（《左传·昭公二十五年》）

（4）夫礼，死生存亡之体也。将左右周旋，进退俯仰，于是乎取之；朝祀丧戎，于是乎观之。（《左传·定公十五年》）

（5）凡人之所以贵于禽兽者，以有礼也。故《诗》曰："人而无礼，胡不遄死？"礼，不可无也。（《晏子春秋·谏上二》）

（6）乐也者，情之不可变者也。礼也者，理之不可易者也。乐统同，礼辨异。礼乐之说，管乎人情矣。（《礼记·乐记》）

（7）如春秋时犹尊礼重信，而七国则绝不言礼与信矣。春秋时犹宗周王，而七国则绝不言王矣。春秋时犹严祭祀，重聘享，而七国则无其事矣。春秋时犹论宗姓氏族，而七国则无一言及之矣。春秋时犹宴会赋诗，而七国则不闻矣。春秋时犹有赴告策书，而七国则无有矣。（顾炎武《日知录》卷十三）

四、学习过程

活动一：熟读文本，认识中华文明

借助注释和工具书，通读课文，初步感知每篇课文背后体现的先贤观点，并总结你从中认识到的中华文明之内涵。中华文明先贤思想记录见表5-4。

表5-4　中华文明先贤思想记录表

先　贤	理想主张	提出原因	实现程度	中华文明之内涵
孔　子	大同世界	礼崩乐坏，社会动荡，向往太平盛世	未能实现，其思想主张被后世改造流传，成为后世中华民族思想的主流，被后人尊称为"圣人"	礼乐治国、大同世界
孟　子	保民而王	战国时期，社会动荡，统治者不知惜民爱民	个人受到一些统治者礼遇，但未能行使其思想主张。思想流传后世，被后人尊称为"亚圣"	保民而王、仁政
庄　子	顺乎天理	战国中期是非常激烈的社会转型时期，中国社会经历了一次"高岸为谷，深谷为陵"的沧桑巨变，社会动乱，民不聊生，身处乱世的人们对人生、对前途充满了迷茫	未能实现，但其思想对后世尤其是文人士大夫阶层有着重要影响	顺乎自然，不可强为。保养生命，保存天性

设计说明：此设计目的在于让学生熟悉文本内容，能够提炼作者的主要观点，提高信息筛选和归纳能力。表格中内容由学生自己完成，教师作适当点拨。

活动二：品鉴文本，再现先贤风采

古人常说"文以载道"，无论是语录体的《子路、曾皙、冉有、公西华侍坐》、论辩体的《齐桓晋文之事》，还是寓言体的《庖丁解牛》，文章的字里行间都承载着作者沉甸甸的思想。反复研读，找出典型人物阐发自己观点的句段，揣摩人物形象和叙事语言，完成分角色朗读。

设计说明：文言文应重视学生的朗读，在朗读中品味语言，体味古代作品的语言魅力，揣摩语言，为进一步分析文章的思想奠定基础。

活动三：百家争鸣，彰显理性之光

查阅资料，发散思维，就下列问题展开讨论，并就其中一个问题有理有据地写下自己的看法。

（1）《子路、曾皙、冉有、公西华侍坐》中，孔子为什么对曾皙的志向表示赞赏？请查阅有关资料，说说你的看法。

（2）《齐桓晋文之事》中，孟子认为的理想社会是什么样的？你认为这种理想在当时能实现吗？为什么？

（3）庄子的《养生主》中有一句"缘督以为经"，意思是"顺应自然之道，把它作为准则"。庖丁解牛的故事与这句话有什么关系？

设计说明：此设计旨在引导学生学习"跨媒介的信息获取、呈现与表达"，提高分享与交流能力，让学生熟悉文本中的表达，也能从不同的媒介中获得一些相关的知识，开阔自己的视野，丰富和深化自己的思考。

参考答案：

（1）曾皙的话描绘了一幅"太平盛世图"，民德归厚，天下归仁，这才是真正的理想社会，只不过他是用暗示的方式表达出来罢了，这与孔子仁政、礼乐治国思想完全契合，加之曾皙把话说得雍容委婉，得到了孔子的赞赏。

（2）孟子的理想是"是故明君制民之产，仰可以事父母，俯可以蓄妻子。乐岁终身饱，凶年免于死亡。"具体画面是："五亩之宅树之以桑，五十者可以衣帛矣。鸡豚狗彘之畜，无失其时，七十者可以食肉矣。百亩之田，勿夺其时，八口之家可以无饥矣"。随后再加以教育："谨庠序之教，申之以孝悌之义，颁白者不负戴于道路矣"。结论是："老者衣帛食肉，黎民不饥不寒，然后不王者，未之有也。"

但是当时的诸侯醉心于征战杀伐、武力兼并，尽管如齐宣王、梁惠王等愿意让孟子陈述自己的主张，但没有一个统治者愿意践行，更何况从社会发展的角度看，孟子的主张在当时也是难以实现的。

（3）庖丁解牛的故事是对这一观点的阐释。庄子认为，人世间充满错综复杂的矛盾，应该像庖丁一样，"依乎天理""因其固然""以无厚入有间"，像躲避牛身上可能使刀口钝折之处一样，躲避那些可能伤害自己的矛盾，顺着

"天理"的缝隙，游刃有余地处世，这样才能达到"保身""全生""养亲""尽年"的目的。

活动四：研读理解，各说其"光"

请认真研读三篇文章，同时结合具体句段和典型人物，探究出作者及主要人物是如何阐述自己观点的，并总结出有条理地阐述观点的基本要素，见表5-5。

表5-5　古代经典文章观点阐述及表达方式分析

文　章	观　点	观点内涵	表达方式	与其他观点的关系
《子路、曾皙、冉有、公西华侍坐》	吾与点也	向往太平盛世、民生和乐，感慨道之不行	态度明确，内涵表达较为含蓄	与子路、冉有、公西华的观点既有差异，又不无相通之处
《齐桓晋文之事》	保民而王	国之本在民，只有让人民衣食无忧，才谈得上守礼知义，也才会天下归心	直接、明确	中心观点，全文的思路由此出发，又归结于此
《庖丁解牛》	依乎天理	存身、做事、处世都应该顺乎自然，不可强为	以寓言方式表达	是对"解牛"过程的解说，暗合寓意，文中少有明确的观点

设计说明：

本单元属于"思辨性阅读表达"任务群，以说理为主。此设计重在引导学生在阅读时把握本质，多元思考，提高理性思维，了解中国古人的说理方式和思维特点，了解不同的说理风格，有助于提高语言学习的思维含量，提升学生的思维能力。

活动五：比较理解，明"常"与"变"

先秦诸子学说是中国古代思想的第一个高峰，影响深远，有些甚至已经成为中国人思想的底色，成为中国人世界观、价值观的独特印记。差别较大的思想其实都是在思考人与社会的关系问题，都在反思人应当以怎样的姿态生存于世，都离不开"社会理想与人生姿态"的思考。

古代的历史仍在被不断解读和评说，成为当代中国人重要的智慧源泉和行为方式的重要参考。同学们可以尝试从以下几个方面进行思考：

（1）孔子、孟子、庄子的处世观念、人生志愿、社会理想、治国理念各是什么样的？反映了中国先贤对哪些共性问题的不同解答？

（2）从课文中看，儒、道思想有哪些不一样的地方？你还有哪些理解？

（3）课文中的这些思想观念对后代有什么影响？在今天看来有什么价值？

设计说明：本单元的人文主题是"中华文明之光"，这样的设计，有利于学生深入学习，了解中国古代先贤的思想，认识其文化价值，思考其现代意义，有利于"理解、传承优秀传统文化"，丰富思维性阅读的文化内涵。

参考答案：

（1）从三篇文章中各选一个重要观点为例，充分了解所举观点的特点及其在相关文章中的作用，指导学生把握关键词句（观点），学会分析观点的方法。

孔子的观点是"吾与点也"。向往太平盛世，民生和乐，感慨道之不行。

孟子的观点是"保民而王"。国之本在民，只有让人民衣食无忧，守礼知义，才会天下归心。

庄子的观点是"依乎天理"。存身，做事，处世，都应该顺乎自然，不可强为。

儒道、思想虽然有差异，但其实都在思考人与社会的关系问题，都在反思人应当以怎样的姿态生存于世，它们之间也有互补性。

（2）儒家入世、道家出世。儒家讲先天下之忧而忧；道家讲采菊东篱下，悠然见南山。儒家推崇天下兴亡、匹夫有责；道家崇尚政治渺小、艺术永恒。

（3）孟子反对武力征服，主张推行王道，而王道的关键在于首先解决人民的生计问题，然后进行教化。《子路、曾晳、冉有、公西华侍坐》中即有先"足民"，而后"礼乐"的提法，但孟子将这种思想阐述得更为细致、具体，勾画出了一幅美好的政治蓝图——衣食无忧，守礼知义，天下归心，远而来附。对现在来说，这种思想依然有深刻的意义，人民至上，一切为了人民的幸福生活，是一代代仁人志士奋力追求的目标。

活动六：文化传承，妙笔生花

古代文化经典包含着先贤对社会、人生、历史的深刻思考，至今还能给我们很多启发。我们要培植文化自信，助力文明薪传。

孔子表示"吾与点也"，孟子提倡"保民而王"，庄子重视"依乎天理"。

从以下两个话题中任选其一，写一篇不少于300字的评论文字，理性、有条理地阐述你的观点。

话题 1：孟子劝说齐宣王"发政施仁"，认为"推恩足以保四海"。他对实现理想社会的设想，在今天看来有什么可资借鉴之处？又有哪些不足？

话题 2：经典寓言的寓意是丰富的。有人认为《庖丁解牛》表达了庄子"顺应自然"的思想，有人则认为主要是强调人要"保全天性"……你怎么理解这则寓言的寓意？

设计说明：

文言文的阅读，重在理解，将作者的思想内化在心里，并能与现实生活结合起来，认识古人观点的现实意义，是当今学生传承优秀文化传统的一个重要途径。阅读交流为写作实践奠定了基础，学生在充分理解的基础上完成写作，是阅读表达的完美体现。

小结：

群文阅读是践行新课标理念，切实提升学生语文素养的必由之路。文言文的阅读不仅要掌握基本的文言知识，还要掌握所蕴含的思想内容和丰富的传统文化知识。在处理好传统的教学任务，比如文章的语言特点、人物分析等内容的同时，还要注意活动任务群和文本的组合赋予课文的新任务，根据课标要求和学情对教学任务进行组合，在选择、组合的过程中明确教学目标，深化语文学习内容。

第四节　大单元教学背景下的文本细读

新编高中语文教材以语文学科核心素养为纲，以学生的语文实践为主线。设计"语文学习任务群"为大单元教学提供了很好的条件。

大单元教学可以有效地避免传统课堂上单篇教学的一些缺点，能够更好地帮助学生建立完整的知识体系，使学生在学习中获得"举一反三"的本领，促成学生的学习延伸到更大的宽度、深度、广度，架起了课程与教学之间的一道桥梁。

但是，在大单元整体教学实施的过程中，也经常会出现一些误区，其中最主要的就是对文本的粗略化处理。之所以出现这样的问题，一方面是因为单元中文本太多，难以把控，力有不及，表面滑行；另一方面是学习任务的设计不合理，只注重整体而忽视了细节。大单元教学并不就是忽视文本的细读，而是在整体设计的基础上，对文本有着更全、更深的研读，从而让学习逐渐深入。

一、走出大单元的认识误区

大单元中包含的内容多，学生因为阅读的任务重，加上学习时间有限，所以往往不能充分地阅读，甚至不能把文本通读完，只能粗浅地了解。这样，学生就很难对文本有清晰而深刻的认识，也不能走进文本的深处，准确而细致地分析作品，从而失去借助文本提高自己的阅读水平和鉴赏水平的机会。这样的格式也不能达成文本的育人目的。

教师在设计学习任务的时候，往往会采用简单的题目形式，缺少对单元内容的系统归纳和整体设计。看起来设计的是单元学习任务，实际上就是每一篇文章的阅读题目，让学生的学习成了一个完成题目的过程，这样会把学习知识化、试题化，把一篇完整的文章弄得支离破碎，真正的阅读体验和整体感觉就会丢失。

　　大单元教学是个课程概念，是指以大主题或大任务为中心，对学习内容进行分析、整合、重组和开发，形成具有明确的主题（或专题、话题、大问题）、目标、任务、情境、活动、评价等要素的一个结构化的具有多种课型的统筹规划和科学设计。但这并不意味着学习就是一种粗线条的框架式的浅表性做法，而是通过一系列的任务设计，引领学生自主地学习，深入地研究，从低阶思维走向高阶思维，从浅层次学习走向深度学习。

二、整体设计下的文本细读

　　大单元教学自然要有整体上的高位引领，同时要有组成单元的文本。在共同的目标引领下，要落实阅读和思考以及写作等具体的任务设计，让学生对单元的内涵和要达成的目标有着全面的认知。

（一）精读与泛读结合

　　大单元组合里的文章或是有相同的人文主题，或是有相同的语文素养导向，在学生无法在有限的时间内充分学深学透的情况下，选择其中的一篇或两篇文章作为精读，随后用学习过程中得到的知识和能力去研读另外的文章，既是一种能力的迁移，也是系统学习的体现。郑桂华老师在示范课中作出了表率，把《秋天的怀念》《散步》《老王》三篇散文组合在一起，抓住前两篇作品景物描写的重点段落，通过梳理时空描写的变化与人物情感的关系，提炼出作品的着眼点，并将此方法迁移到《老王》这一篇的解读中，形成从具体到抽象再到具体的逻辑演进，把阅读教学的起点和终点牢牢定位在具体作品上，定位在具体的人、事、景的真切感受中，使得特点的抽象概括为分析具体作品的有力工具，而不是简单地贴标签。在一定意义上，这给当前颇为流行的单元组合下的阅读教学起到了一种示范作用，特别是在整体框架下强调对细节描写的梳理，对当前单元阅读教学的空疏之弊也有纠偏的作用，尤其是将对时空特点进行概括的方法迁移到《老王》的教学中，引导学生在许多读者所忽视的细节中，概括出作者与老王日常交往中的时空特点，借助这一概括，为清晰理解作者与老王的交往方式和情感态度提供了一个颇具新意的视角。

（二）精巧设计，实现文本细读

　　大单元教学的任务设计应该体现整合的特点，也应该顾及单篇中的细读、细研，这就要求在设计任务时，要做到整体考虑和细节分析相结合。文本细读是立足文本，对文本所蕴含的内涵进行发掘，通过细致和反复的阅读，对文本所蕴含的深厚意蕴作出丰沛的解释，同时也对文本中突出的艺术手法、表现形式进行细致分析，以达到多方面、多层次的鉴赏要求。

在设计学习任务时，除了要有合乎单元整体内容的活动，还要引导学生深入文本的细处，进行细致探究，以达到对文本内涵和艺术特色的深层次把握。

基于这样的认识，我们可以在学习过程中具体体现，比如学习《促织》和《变形记》，可以设计这样的活动任务：什么变了，什么没有变？

（1）在《促织》中，成名的儿子变成了善斗的蟋蟀（虫），成名自己更变成了虫的附属物。人物因虫而奔走悲喜，因虫而贫贱富贵。在这些变化中，什么其实始终没有变？请同学们分组讨论，并将自己的想法与其他同学碰撞交流。

（2）在《变形记》中，格里高尔的外形变成了虫，但他的什么没有变？他的父母和妹妹外形始终没有变，但他们的什么却变了？请同学们查找资料，补充完善自己的看法与观点，组织全班讨论。

（3）在人类社会发展中，许多事情变了，许多事情却又没有变，在变与不变之间，隐藏着哪些重要的社会规律呢？有条件的同学可以阅读卡夫卡的其他作品，思考相关问题。

《促织》是一篇中国古代文言小说，《变形记》是一篇西方现代派小说，它们的共同之处是都讲了一个"人化为虫"的"幻化"故事。两篇小说在荒诞中透露出的对真实社会人生的揭示和批判社会的主题，都具有深刻的意义。

学生在细读的过程中，可以进一步来思考那些"变"和"没变"的东西，从而进一步看到荒诞的背后所蕴含的现实。

《促织》中，成名的儿子变成了蟋蟀，成名自己也变成了虫的附属物。在官府的逼迫下，一家人痛苦地挣扎着。没有变化的是统治者的荒淫，官府的谄媚，官府小吏对乡民的摊派盘剥，还有百姓的倾家荡产，这些都是"官贪吏虐"、人不如虫的黑暗现实。

《变形记》中格里高尔的外形变成了虫，但他的个性没有变化。他虽然抱怨"艰辛的职业"让人奔波操劳，受尽压迫，友情淡薄，孤独无助，但还是很快又说服了自己要顺从、忍耐，寄希望于未来。工作、赚钱的念头一旦生起，他的个人体验、自我意识又都成了相对无关紧要的东西。他在察觉到自己

"人"的需要时，即使是想到"病假"，都感到害怕、惶惑、压抑而又无可奈何。他的焦虑不安，源于他将自己的价值认定为仅仅是一台工作机器的价值。一旦没有了工作，他就找不到自己存在的意义。他身上的个性被社会性不断地侵蚀、压抑，直到变形。即使在他的出现引起现场的一片混乱后，他想到的依然是工作，他努力劝说，证明自己的工作才能，说着讨好奉承的话。他的心被焦虑、不安和恐惧所笼罩。这正是一个普通人在异化的社会里的典型遭遇：丧失了作为个体的价值，又过分压抑自己而最终被物化成了一只"甲虫"。

发生了变化的是家里人对他的态度。在看到格里高尔变异的外形之前，家里人对他还是关心的。当他的身体展露出来时，在这种反常情境下，家人的温情开始分崩离析。家里一片混乱，父母的反应是看到了怪物，而不是看到自己的儿子。母亲瘫倒在地上，害怕，尖叫；父亲则毫不顾及他是否受伤，粗暴地将他赶回房间。家庭的混乱成为异化世界的一个象征，也预示着格里高尔随后可悲的命运。

这样的设计可以引导学生进一步阅读文本，提高学生阅读文学作品的能力和对问题进行深入分析的能力。

同样，学习《故都的秋》《荷塘月色》《我与地坛》，也可以作这样的设计：深入分析，由景品情。

（1）《故都的秋》中，作者没有从故宫、颐和园等皇家宫殿、园林着笔，对陶然亭、钓鱼台、西山等著名景点也是一笔带过，而是郑重描写牵牛花、槐蕊、秋雨、秋枣一类平凡、细小的事物，这是为什么？悲凉的"秋味"，为什么在郁达夫笔下具有特别之美？作者说中国的文人"与秋的关系特别深"，请结合自己熟悉的作品加以印证。

（2）《荷塘月色》中呈现了清淡的月色、淡雅的荷香，为什么一切都是"淡淡的"？第三段中为什么有"什么都可以想，什么都可以不想，便觉是个自由的人"的心灵絮语？文中写"荷塘月色"与"采莲嬉游"的场景构成一冷一热、一静一动的色调对比，这有什么用意？作者起笔于"悄悄地披了大衫，带上门出去"，收于"轻轻地推门进去"，首尾别有意味，请加以品评。

（3）《我与地坛》中第一部分有三处集中的景物描写，而且取景深度与广度不断扩展：第一处展现了地坛颓圮冷落之中的苍幽，第二处展现了地坛中小生灵的生机与活力，第三处展现了地坛景物的镇静、坦然。这三处景物描写对于作者获得生命启迪，分别有什么作用？文中第二部分是对母亲的怀念，请概括母亲的形象，并说说作者追思中怀有痛悔的原因。

在大单元任务的统领下，这样的细研会加深学生对文本的深入理解，从而让学生更好地读懂文本，获得丰厚的鉴赏收获。

大单元教学使多篇文章成了一个整体，在共同的目标驱动下，引导学生在真实的语文生活情境中，综合运用阅读与鉴赏、表达与交流、思考与探究多种学习方法学习。但是，这并不意味着不需要仔细研读每篇文本。只有对文本进行细读，才能真正地读懂文本的深意，达到思想认识的高度，走向真正的深刻。进行大单元教学并不能放弃对单篇以及某个组块文本的阅读理解，学生的文本阅读能力还要在细读中去落实，去训练，去提升。文本的阅读应放在单元主题和任务群中，要从任务群出发，从整体把握任务的要求。

第五节　大单元教学背景下的单篇任务教学

主题一　品鉴戏剧艺术，感怀悲悯与良知
——《雷雨》（节选）教学设计

《雷雨》（节选）是新编语文教材必修下册第二单元中的一篇课文，篇幅较长，里面出现的人物较多，人物关系也比较复杂。要在有限的时间内完成学习任务，就要转变课堂的学习方式。新课标在"课程性质与基本理念"中明确指出，要"加强实践性，促进学生语文学习方式的转变"，在"设计依据"中强调"学习任务群的设计，旨在引领高中语文教学的变革，力求改变教师大量讲解分析的教学模式"。

一、确立学习目标

《雷雨》（节选）属于"文学阅读与写作"任务群，对此任务群课标要求："使学生在感受形象、品味语言、体验感情的过程中提升文学欣赏能力，并尝试文学写作，撰写文学评论，借以提高审美鉴赏能力和表达交流能力。"依据这一要求，可以将学习目标定为：

（1）通过探究鲁侍萍与周朴园的形象特点，引导学生自主深入挖掘剧本的主题。

（2）把握作品的悲剧意蕴，理解作品中蕴含的对社会现实的认识和对人生的深切关怀，激发同情他人、追求正义、坚守良知的情怀。

（3）撰写戏剧评论并分享。

为了保证学习效果，可以指导学生课前自主阅读《雷雨》全文，了解剧本的情节及剧中人物，理清人物之间的关系。教师适当提供一些阅读资源，供学生参考，也可以指导学生自主上网搜寻与作品相关的一些背景材料和相关评论

文章，以便从整体上形成对作品的基本认知。

二、学习情境设计

　　阅读剧本，能让我们初步领略戏剧的感染力；创作剧本，品评人物，能让我们欣赏作者独特的艺术创造；登上舞台，亲身体验，则能让我们深入戏剧天地，化身为剧中人物，感受其中的无穷魅力。

　　《雷雨》浓墨重彩地表现了半殖民地半封建社会环境下，中国大家族内部酿成的一场悲剧，在错综复杂的人物关系和紧张激烈的戏剧冲突中塑造了众多栩栩如生的人物形象，标志着中国现代话剧的成熟。巴金说："《雷雨》是一部不但可以演，也可以读的作品。"李健吾说："这是一出动人的戏，一部具有伟大性质的长剧。"现代翻译家黎烈文说："说到《雷雨》，我应当告白，亏了《雷雨》，我才相信中国确乎有了近代剧。"学校将举办艺术节，我们要在班里举办海选赛，请你从《雷雨》选段中任选一部分情节，深刻分析戏剧语言、戏剧冲突等，进行排演，积极参加海选展演，并通过排演、观演、品评，体会戏剧人生里的悲欢离合。

　　这一情境设计，目的是让学生了解《雷雨》重要的文学地位，也让学生在积极参与中充分理解作品，从而真正走进文本的深入阅读中。

三、学习活动设计

　　学习活动一：做一个合格的演员

　　（1）结合资料，了解作者及其作品的创作背景，能从宏观上认识剧本的社会意义。

　　（2）认真研读剧本，熟悉情节，准确理解剧中的矛盾冲突，多层次理解剧本的丰富意蕴。可以将问题细化：剧情是如何展开的？发生了哪些矛盾冲突？其中哪些是主要的冲突？如何理解这些冲突？

　　（3）品味人物的语言，结合人物的身份和情节的推进，深入全面地了解人物，把握人物性格的发展变化。剧本中出现了哪些人物？他们的身份、处境、性格特点和心理活动是怎样的？彼此之间存在着怎样的关系？

　　（4）剧情发生的特定环境是怎样的？有什么样的社会历史背景？具体发生在什么地方？

这个活动，旨在引导学生对文本进行深入的研读，而不是停留在粗浅的认识上，能够从具体情节发展的过程中，全面地认识一个人物，而不是简单地给人物贴上一个标签。同时，也要品味戏剧语言的个性化特点，以及语言中丰富的潜台词，从而更好地看到人物的内心，实现对剧中人物的真实把握，以及对剧中主题的深刻理解。这样，才能更加生动、形象、真实地将人物呈现在观众面前。

细致阅读，把握作品，既是开展演出的基础，又是其最终的实施指向。教师要引导学生自主细读文本，探究其中的丰富意蕴，这是演出能否取得良好教学效果的关键。

比如对剧中矛盾冲突的讨论：

生：剧中最明显的冲突是周朴园与鲁侍萍二人之间的冲突。他们本是情人关系，可是周朴园为了娶大户人家的小姐，竟然把他生了两个孩子的侍萍赶出了家门。当鲁侍萍又一次出现在周朴园的面前时，周朴园觉得自己的名誉、地位受到了威胁，对鲁侍萍冷酷无情。从中，我们可以看出人物的性格特点，也能看到人性中的善和恶。

生：剧中还有周朴园和鲁大海之间的冲突。他们本是父子关系，但也是资本家和工人的关系，所以他们之间的矛盾一方面体现在亲情的丧失，另一方面体现在资本家和工人阶级之间不可调和的矛盾，而后一种应该是更为重要的。

生：我觉得这样的理解是深刻的。同理，周朴园和鲁侍萍之间的矛盾，也应该是以周朴园为代表的资本家与以鲁侍萍为代表的下层劳动人民之间的矛盾冲突。这是根本利益的冲突。

生：里面还有鲁侍萍与周萍母子之间的矛盾冲突以及鲁大海与周萍兄弟之间的矛盾冲突。

师：大家的理解都很到位，既看到了一般意义上的人与人之间的矛盾冲突，又看到了更为深层的阶级之间的矛盾冲突。这说明大家对文本的理解是全面的，也是深刻的。鲁侍萍和周朴园的冲突，反映了被侮辱被损害的下层人民同剥削阶级势力的斗争。鲁大海的出场，展开了工人阶级与资产阶级的矛盾冲突。作者通过戏剧冲突向人们揭示出两个阶级对立斗争的不可调和性，预示了20世纪30年代的中国正在酝酿社会变革的惊雷暴雨的不可避免性。

再比如对剧中人物周朴园的讨论：

生：周朴园这个人太坏了，他对鲁侍萍始乱终弃，对罢工的工人残酷镇压，他残忍、冷酷、自私、虚伪，狡猾，是一个人格卑下的伪君子，一个没有任何仁义道德的反动资本家。

生：从剧情来看，周朴园似乎也不是对鲁侍萍一点感情都没有。三十年了，他还保留着侍萍当年用过的家具，保持着当年的一些生活习惯，也还记得她的生日，还在拐弯抹角地打听侍萍的坟在哪里，想要"修一修"。可以看出，他对侍萍还是有一定感情的。

生：我也这样认为。很难说周朴园的这些举动完全是虚伪的、只为做给别人看的。他与侍萍曾经相爱过，心里也有对侍萍的愧疚。

生：但是，他的这些看起来"有情"的成分，应该是建立在对他的身份、地位没有影响的前提之下的。当原以为死去的侍萍重新出现在他面前的时候，他的第一反应是警觉和防备。他一连串地问："你来干什么？""谁指使你来的？"可以看出，他害怕侍萍的出现会对他的家庭、名声、地位带来影响，所以他是虚伪的。

生：就是。他后面对侍萍是威逼利诱，企图用金钱解决一切，然后又解雇了鲁贵和四凤，要"让鲁家的人永远不许再到周家来"。可以看出，这是一个极端自私、冷酷、行事狠辣的人。

生：还有，他与鲁大海的谈判，明知道鲁大海是自己的儿子，却依然是一副冷漠、傲慢、居高临下的口气，甚至对鲁大海步步紧逼、戏弄，最后才让鲁大海知道罢工斗争已经失败的事实。可见他作为一个资本家的老谋深算和冷酷无情。

师：大家的总结很到位。我们看待一个人物，就是要全面地进行分析，不能只看到他的一个方面，也不能只看到他的一时，应该用发展的眼光，在情节的发展中全面地进行分析。列夫·托尔斯泰说过："艺术作品要写得美，就要明确地把人的多样变化写出来。同一个人，有时是恶棍，有时是天使；有时聪明，有时愚蠢；有时坚强有力，有时十分脆弱。"作者曹禺自己也曾经说过，并没有要把周朴园塑造成一个毫无人性的反面角色，对旧时恋人的怀念，是周朴园身上存留不多的人性温情。然而，这些和他的罪恶比起来，终究是微不足道的。所以，成功的戏剧人物形象，在剧情中成长，也在剧情中丰满起来，不能仅仅把他当成一个既定的刻板符号。

学生的讨论，可以从多方面展示对人物的认识；老师的总结，可以引导学生对形象的客观全面的认识。这样，学生就能够更好地把握人物形象的特点，并在演绎的过程中将其更好地呈现。

学习活动二：创作演出台本

"台本"就是演出时要用到的"剧本"，是经过处理，补充或删减一些内容后的新创作。台本是戏剧文本和中介，在实际的演出中有着非常重要的作用。因为演出的是某个片断，所以对情节的处理就要作一些适当的取舍，特别是对一些细节的处理更要注意。补充细节时，要特别注意那些意蕴丰富、充分表现人物性格和内心活动的关键台词或关键动作，悉心体会戏剧情境和人物性格，揣摩最合适的语气、语调，设计最适宜的表现方式。

如表演鲁侍萍这个人物，就要既表现出她的善良，又要表现出她的坚强，还有她内心的痛苦。突然见到周朴园时的无措和失态，后来的渐渐冷静以及愤怒，这里面的情绪变化既体现在语言上，又体现在动作上。因此，在设计时，就要充分考虑如何准确展示人物的内心变化。还有一些包含着潜台词的对话，如："你是萍，——凭，——凭什么打我的儿子"和"我是你的——你打的这个人的妈"等，话中蕴含着强烈而又复杂的感情，要考虑周全才能准确地表达出来。

另外，原剧本对于舞台布置、服装设计、灯光安排、说话方式、舞台走位、身体姿态、表情控制、面部动作等方面，往往没有详细的规定，也需要在演出本中加以补充，仔细推敲，在台本中准确地表现出来。

这个活动，目的在于让学生细致地揣摩作品，思考表演细节，从而更好地认识作为舞台表演艺术的戏剧，更加全面地了解戏剧的一些基本知识，包括舞台说明、对白、戏剧冲突等。在实施过程中，可以让学生先各自研读作品，将自己对情节和人物的理解，还有对舞台的设计、对表演细节的设想等都以批注的形式记录下来，再在小组内讨论。对于一些新发现的问题和一些新获得的想法，可以及时作出补充和完善，最后形成可以在班级内演出的台本。这样一个过程，让学习任务中的"评议总结"环节有了更充足的依据。

学习活动三：戏中人，戏中戏

人生如梦，人生只不过是一场华丽的戏剧。在这孤独的世界里，也在这虚伪的世界里，人们演绎着不同的角色。班级海选赛正式开始了，请面向全班，以自己的方式再现戏剧中的经典片段，在演出的过程中深刻体会戏剧人生的悲欢离合。班级海选结束后，选出优胜的小组代表班级参加学校的艺术节。

设计这个活动，能够帮助表演者进一步理解和把握角色的内外特征，促使其加深对剧本的研读以及对角色的揣摩，也是展示前面学习的成果。学生在表演的过程中，能够从更多方面来理解人物，比如动作、语言、心理、服饰等。每一个细节都可能会影响到演出的效果，所以，学生必须做周密的准备。另外，这也能体现学生之间的配合。一出戏要由多个人合作才能完成，因此，这里也要对其他角色以及对整体剧情的发展和矛盾冲突的演变有着全面的认识和理解，才能更好地把握人物，更加自然地展示情节和表达情感，更好地进行人物之间的互动，生动地体现人物性格，让剧情在合乎自然的情形下发展下去。

当然，应根据实际情况确定演出安排。演出的规模可大可小，形式多种多样，可以每个小组一段，每个人都能有参与排练、表演的机会；也可以从全班中选出有表演才华的学生出演剧中角色，其他学生协助、观看。无论采取哪种形式，都要避免模糊焦点，要将重点放在通过演出活动激发学生对戏剧的兴趣，鼓励学生深入揣摩、体味作品，引导学生通过实际演出感受戏剧作为舞台表演艺术的特点等方面。在实施活动中，要鼓励全体学生积极参与，要善于捕捉学生在表演的过程中展现出的闪光点，灵活进行教学。

学习活动四：文为心声，愈写愈明

演悲欢离合，当代岂无前代事；观抑扬褒贬，座中常有剧中人。经过学习和排演戏剧片段，相信大家一定有自己独特而且深刻的感受，请担任导演、演员的同学谈谈自己的心得体会。评议总结后，每一个人都要写一篇不少于800字的文章，谈谈对所排演的剧本的理解，也可以记录自己的观剧心得，或是评论分析剧中的人物形象，或是分析剧中的矛盾冲突。

本单元的人文主题是"良知与悲悯"，可以引导学生围绕"悲剧性"进行剖析。比如分析悲剧主人公身上有哪些"有价值的东西"？剧本如何渲染"毁灭的悲痛与悲壮"？"毁灭"带给人怎样的震撼，又带来了怎样的情感反应与理性思考？

文章写完后，可以装订成册，在班级中交流，让大家在分享的过程中触碰到更多的心灵跃动。

四、形成性评价（见表 5-6）

表 5-6 形成性评价

评价等级	评价标准
A	能创作出情境合理、人物立体、冲突深刻的剧本；能投入剧情，以最形象的方式呈现人物性格，展演戏剧冲突；能写出自己独特而且深刻的感受，不少于 800 字
B	能创作出剧本；能投入剧情，以自己的方式呈现人物性格，展演戏剧冲突；能写出自己的感受，不少于 800 字

　　通过编剧与演出、欣赏与评价等活动，学生更多地体会到戏剧创作与表演的独特魅力。但是，在实施的过程中，不要过早地给作品贴上"良知与悲悯"的标签，应该让学生在对文本的深入探究和亲身的表演过程中自主地品味和思考，从而获得更为自觉的深刻认识，理解体现在悲剧人物身上"有价值的东西"的毁灭过程，更好地理解作品的丰富内涵。

主题二　寻有趣之人，守赤子之心
——金岳霖先生探究学习

【学习目标】

目标一，借助细节描写，感受金先生的性情魅力。

目标二，分享交流，寻找有趣之人，感悟人性之美。

【学习重难点】

掌握细节描写的方法

【学习过程】

一、导入

　　现在网络上流行这样的说法："余生很贵，请别浪费。"有的人说，余生要和有趣的人在一起，做有趣的事，方才不辜负自己。可是就像英国作家王尔德所说，漂亮的脸蛋太多，有趣的灵魂太少。什么样的人是有趣的人？你身边有有趣的人吗？今天我们就一起来"寻找有趣的他（她）"。

二、教学活动设计

活动一：认识有趣的人（见其面，识其人）

"西南联大有许多很有趣的教授，金岳霖先生是其中的一位。"

你认为金岳霖先生具有怎样的形象特点？从哪些方面表现了他的"有趣"？请结合课文具体语句分析概括。

学习过程要求：

（1）快速诵读课文两遍。

（2）勾画文章中相关语句，找出体现金先生有趣特点的部分，做好分析批注，用关键词概括金先生的主要特点。

（3）小组内交流，相互借鉴补充，完善思维，准备在班内分享交流。

学生分享，教师点拨：

古怪的样子：常年戴呢帽，脑袋总是微微仰着；戴一副一白片一黑片的眼镜；穿一件其他教员很少穿的夹克。

奇特的行为举止：讲座时捉跳蚤；和斗鸡同桌用餐；同教授孩子比水果大小；坐三轮车接触社会。（不拘小节）

独特的教学风格：提问方式别出心裁——今天穿红毛衣的女同学回答问题；幽默的答问——以稀奇古怪的问题回答稀奇古怪的提问；对话式教学——与王浩的随堂答问。（兴之所至，自由随意）

对专业理论的独特理解：枯燥的学问——他觉得好玩；沈从文给他出"小说和哲学"的讲题，他却得出结论说二者没有关系，可见他对专业理解的严格，追求真理，对学问可贵的尊重。

形成板书：

$$
趣 \begin{cases} 古怪的样子 \\ 奇特的行为举止 \\ 独特的教学风格 \\ 对专业理论的独特理解 \end{cases}
$$

教师深入引导：

作者饱含深情地来写金岳霖先生，难道仅仅因为他有趣吗？他是一个怎样的人？引导学生全面理解人物形象。

板书：

真　率真、天真、童真

爱　重情、深情，热爱生活

带领学生齐读倒数第三段："是一个一肚子学问，为人天真、热爱生活的大哲学家。"

教师强调：

"有趣"是金先生的外在表现，他的有趣其实是因为不世俗、不虚伪的"真性情"，而这份真性情又根源于他对生活和生命的热爱！

学生齐读第十段。

分享读这一段的感受：

学生分享，教师分享。

这一段是先生最童真，最具孩子气的表现。其实这一份童真和孩子气就是赤子之心呐！读第一遍的时候，觉得先生好有趣，读第二遍的时候，感慨他的天真可爱，但再读，眼泪涌上来了。从这一段看到了他孩子气的外表里住着一颗孤独寂寞的心：他一生单身（因为一生深爱林徽因），无儿无女，和朋友之间的交往淡如水，所以与他同桌吃饭的斗鸡大概就是他的亲人，其他教授的孩子可能就是他的朋友甚至是孩子。

学生齐读或自由展示诵读第十一段。

点评第十一段：

这一段，最能体现先生的深情。段中点出金先生日常是怎样交友的，而对林徽因，却是始终记着她的生日，而且是在北京饭店请客，规格非常高，可以看出林徽因在他心中的地位。金先生请的都是他和林的共同朋友，但大家都不知道老金为何请客，更突出了他的深情。仅这一句话，透露出来的感情何其真，何其深，何其动人，甚至可以说何其伟大！

教师总结：

（结合板书）我们再来看金先生这个人的时候，他的这些特点就添了一份沉重的滋味。汪曾祺的文章向来语浅情深，"初读似水，再品似酒"。就像他自己所说"你们能欣赏我故事的清新，照例那作品背后蕴藏的热情却忽略了；你们能欣赏我文学的朴实，照例那作品背后隐伏的悲痛也忽略了。"我相信作者在写金先生的时候是带着一种痛心来写的。所以请允许我在这几个特点（趣、真、爱）前面加上一个"大"字，在自己的孤独寂寞和艰苦的环境中能表现出积极有趣的人生态度，能够去关心和惦念他人，这是"大趣""大真""大爱"。我们仿佛看到，他强忍眼疾，深一脚浅一脚地孤独地走在联大的土路上，可是他却走得无比坚定，他的背影应该在我们心中放大。

我觉得用这样一副对联来评价金岳霖先生是再合适不过的了：

（板书写下）唯大英雄真本色，是真名士自风流！

横批：赤子心肠。

活动二：读懂有趣的人（探其源，得其法）

作者是如何塑造出金先生的形象的？

读文章第二段，抓住人物的语言、动作、肖像、神态等方面的进一步描写体会金先生的形象特点，让学生明确最主要的是运用生动的细节描写，总结细节描写注意的几个方面（带领学生举例分析）：

如第三段的最后一句"金先生很注意地听着，完了，说：'Yes！请坐！'"如果改为"金先生听完，说：'Yes！请坐！'"表达效果上会有什么不同？

明确：改后体现不出金先生的认真倾听，体现不出他对学生的尊重。

所以，要注意把生活中真实、细微但却能够体现人物个性的部分描写出来。

再举一个例子，让学生比较"他到处搜罗大梨、大石榴"与"他到处买大梨、大石榴"哪一种表达更好？

明确：在细节描写中锤炼动词的使用很重要，精准的动词往往有生动传神的效果。

就是因为作者抓住了金先生鲜明突出的特点，再把这些特点放大，才将金先生的夸张、幽默描写了出来。

这种方式叫做"漫画笔法"（屏幕出示几幅名人漫画）。成龙的大鼻子，姚明的方下巴，姚晨的大嘴，还有仿佛把全球互联网都装进去的马云的大脑袋！作家都是用笔来作画，鲁迅笔下的"豆腐西施"杨二嫂，像"细脚伶仃的圆规"，几个字，人物形象就被逼真可感地刻画出来了，这就是"漫画笔法"，让人过目不忘且忍俊不禁。

总结细节描写的一般方法：

（1）对人物的语言、动作、肖像、神态等进行细致地刻画，表现人物的性格特征。

（2）细节要"真""细微""有个性"。

（3）精心锤炼词语。选择恰当的词语，以期以少胜多，乃至一字传神。

（4）选用典型细节。细节描写要抓住典型细节，才更具有广泛性，更有利于突出人物形象。

活动三：寻找有趣的人（寻其人，求其真）

我们身边一定也有许多有趣的人，用你善于发现的眼睛找到他（她），并学习本文的写法（生动传神的细节、典型的选材），将他（她）有趣的形象刻画出来。

学习用这种方式来写一写我们身边"有趣"的老师和同学。看谁能抓住特点，用较少的笔墨写出生动的人物。

（1）学生写作。

（2）学生展示。在听的过程中，根据细节推究写的是谁。这便涉及细节描写的方法，包括肖像、神态、语言、动作等方面。

点拨：

有的学生在描写有趣的人的时候，仅仅停留在"搞笑"的层面，并未体现像金先生这样有趣的表现其实是真性情的流露。在描写中，有趣是表现，要从有趣的表现中体现人物的真性情。例如，有的同学写班主任的孩子气却透露出他知识的渊博和对专业的热爱；有的同学说走过自己的朋友身边都会听见他在哼着歌，说明他热爱生活，积极乐观……要知道性情的本真和内在的丰富，决定着"有趣"的高度！否则，"有趣"很容易流向低俗。

总结深化：

文章的结尾说"我对金先生所知甚少，希望熟知金先生的人好好写一写。""联大的许多教授都应该好好写一写。"作者为什么要这样说？

明确：记得文章的第一句话吗？"西南联大有许多很有趣的教授，金岳霖先生是其中的一位。"所以有趣的不只是金先生一个人，文章中也提到了西南联大的很多其他人，是有怎样的用意？大家看穿旧夹袍的闻一多，着一口钟的朱自清，还有说吃完饭打篮球是"练盲肠"并且剃光头的学生王浩，这些看似是"闲笔"，实则"不闲"，这些都说明这些人也像金先生一样，非常有趣，也有真性情。

西南联大，这所仅存在 8 年的"最穷大学"却创造出世界教育史上的奇迹。

课件展示：

"刚毅坚卓"的西南联大：

西南联大是世界教育史上的奇迹！

这所只存在了 8 年的"最穷大学"，却被誉为"中国教育史上的珠穆朗玛峰"。

光辉的业绩：

3 882 名毕业学生，走出了 2 位诺贝尔奖获得者、4 位国家最高科学技术奖获得者、8 位两弹一星功勋奖章获得者、171 位两院院士及 100 多位人文大师。

取得特别突出成就的：诺贝尔物理学奖获得者杨振宁、李政道，国家最高科学技术奖获得者黄昆，"两弹一星功勋奖章"获得者邓稼先、朱光亚等 6 位。

所以金先生的特点是他个人的吗？不是，这是众多西南联大人的集体精神！

课件展示（西南联大精神）：

宽容个性：教师们充分地保留了各自的个性，金岳霖只是"很多有趣的教授"当中的一个，他外貌、言行奇特，无人干预。

思想自由：闻一多可以在公开场合大骂蒋介石。

学术气氛浓：当时正是抗战时期，但西南联大教学秩序井然，师生们致力学问、学术，成为一道独特的风景。

三、课堂总结

现在的我们常常觉得枯燥乏味，那是因为越来越习惯了伪装自己，把自己打扮成别人喜欢的样子，而失掉了有趣的本真性情。但也有人活出了自己，活出了自己最本真、最美的样子。蛰伏在"快递小哥"身份下的雷海为，不顾他人眼光，醉心诗词，让自己的灵魂有趣、精神高贵；肝胆外科之父吴孟超，手术后累瘫在座椅上，身为 96 岁的老人却笑得像个孩子；翻译大家许渊冲，说到翻译的第一首情诗泪流满面，拥有"永远年轻，永远热泪盈眶"的生命情怀……他们用自己有趣的真性情创造了生命的高度，成为我们这个时代的精神先锋、民族脊梁！

愿我们也像金先生和他们一样，成为性情有趣、灵魂有光、内心有爱的真君子！做有趣之人，守赤子之心！

四、板书设计

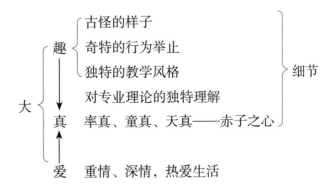

第六章
整本书阅读与探讨

  整本书阅读作为语文课程标准中的"任务群",走向了课程化,体现了其重要性。这是提高学生的阅读水平和语文素养的关键环节。

  与单篇文章相比,整本书的阅读内容更多,信息量更大,思维强度更高,更能体现学生的整体阅读水平,能够引导学生走进更为广阔的文学世界,为深度学习、提高语文素养打下更为坚实的基础。学生在阅读的过程中,可以运用精读与泛读相结合的方式,更多层次地了解和认识整本书的内涵,体味作品的魅力,积累阅读经验,发展自身的语文核心素养。阅读的作品,可以是文学作品,可以是文化典籍,也可以是自然、科学、哲学等方面的书籍,广泛涉猎可以更多地打开视野,丰富自己的学识。

  语文课程标准中设定的学习目标与内容包括以下几个方面。

  第一,在阅读过程中,探索阅读整本书的途径,形成和积累自己阅读整本书的经验。重视学习前人的阅读经验,根据不同的阅读目的,综合运用精读、略读与浏览的方法阅读整本书,读懂文本,把握文本丰富的内涵和精髓。

  第二,在指定范围内选择阅读一部长篇小说。通读全书,整体把握其思想内容和艺术特点。从最使自己感动的故事、人物、场景、语言等方面入手,反复阅读品味,深入探究,欣赏语言表达的精彩之处,梳理小说的感人场景乃至整体的艺术架构,理清人物关系，感受、欣赏人物形象，探究人物的精神世界，体会小说的主旨，研究小说的艺术价值。

第三，在指定范围内选择并阅读一部学术著作。通读全书，勾画、圈点，争取读懂；梳理全书大纲小目及其关联内容，做出全书内容提要；把握书中的重要观点和作品的价值取向。阅读与本书相关的资料，了解本书的学术思想及学术价值。通过反复阅读和思考，探究本书的语言特点和论述逻辑。

第四，利用书中的目录、序跋、注释等，学习检索作者信息、作品背景、相关评价等资料，深入研读作品。

第五，结合个人经验，深入理解作品；享受读书的愉悦，从作品中汲取营养，丰富自己的精神世界，逐步形成正确的世界观、人生观和价值观。用自己的语言撰写全书梗概或提要、读书笔记与作品评介，通过口头、书面形式或其他媒介与他人分享。

第一节　整本书阅读方法

整本书阅读是高中语文新课程标准的要求。新课标要求学生通过阅读整本书，拓展阅读视野，积累阅读整本书的经验，形成适合自己的阅读方法，提升阅读鉴赏能力，养成良好的阅读习惯，促进学生对中华优秀传统文化、革命文化、社会主义先进文化的深入学习和思考，形成正确的世界观、人生观和价值观。

学生在日常学习中，接触的多是单篇文章，缺乏学习长篇小说、学术著作的方法，也就难以准确把握整本书的写作特点和阅读方法。学生作为学习的主体，是整本书阅读的执行者，只有掌握有效的阅读方法，才能清晰完整地理解整本书的内涵。

一、阅读指导

从学生阅读可能遇到的困难出发，提供阅读方法和阅读策略的指导，不仅要关注本书特殊的阅读方法，还要兼顾同类书的阅读解决方案，以期收到学以致用、举一反三之效。

在学生阅读之前，教师可以作必要的指导，目的是让学生从整体上了解一些基本情况，引起学生阅读的兴趣。

（一）介绍作者及写作背景

阅读者都会对作者有一定的兴趣，希望了解作者的一些经历和创作背景，这样可以更好地走进文本，了解全书的内容。比如阅读《红楼梦》，可以给学生作这样的介绍：

曹雪芹，名霑，字梦阮，号雪芹，又号芹溪、芹圃，中国古典名著

《红楼梦》作者，关外祖籍辽宁铁岭，生于江宁（今南京），曹雪芹出身清代内务府正白旗包衣世家，他是江宁织造曹寅之孙，曹頫之子。曹雪芹早年在南京江宁织造府亲历了一段锦衣纨绔、富贵风流的生活。曾祖父曹玺任江宁织造；曾祖母孙氏做过康熙帝的保姆；祖父曹寅做过康熙帝的伴读和御前侍卫，后任江宁织造，兼任两淮巡盐监察御使，极受康熙宠信。雍正六年，曹家因亏空获罪被抄家，曹雪芹随家人迁回北京老宅。后又移居北京西郊，靠卖字画和朋友救济为生。曹家从此一蹶不振，日渐衰微。经历了生活中的重大转折，曹雪芹深感世态炎凉，对封建社会有了更清醒、更深刻的认识。他蔑视权贵，远离官场，过着贫困如洗的艰难日子。晚年，曹雪芹移居北京西郊，生活更加穷苦，"满径蓬蒿"，"举家食粥酒常赊"。他以坚韧不拔的毅力，历经多年艰辛，终于创作出极具思想性、艺术性的伟大作品——《红楼梦》。

这样的介绍，十分口语化和情趣化，让学生了解曹雪芹的出身以及写作的基本情况，从而了解《红楼梦》的创作背景。

（二）介绍作品主要内容

初读者往往因为作品内容多、篇幅长，而生出一些畏难心理，但是如果他们对书中的内容有所了解，激发起阅读的兴趣，那就不会再出现这样的问题，反倒会有迫切要读的意愿。

阅读海明威的《老人与海》时，可以给学生作这样的介绍：

《老人与海》是美国作家海明威于1951年在古巴写的一篇中篇小说，作品围绕一位老年古巴渔夫，与一条巨大的马林鱼在离岸很远的湾流中搏斗而展开故事的讲述。尽管海明威笔下的老人是悲剧性的，但他身上却有着尼采"超人"的品质，泰然自若地接受失败，沉着勇敢地面对死亡。这种"硬汉精神"体现了海明威的人生哲学和道德理想，即人类不向命运低头，永不服输的斗士精神和积极向上的乐观人生态度。它奠定了海明威在世界文学中的突出地位，这篇小说相继获得了1953年美国普利策奖和1954年诺贝尔文学奖。

有时，教师可以通过一些视频资料，用直观的视觉感受触动学生的心灵。

（三）分享书中精彩的语句或段落

书中精彩的语句或段落可以是生动形象的景物描写，可以是细致的心理描写，也可以是深刻的人生或哲理思考句子，这些都可以激发阅读者的兴趣。

如费孝通《乡土中国》中的经典语句：

> 我们的格局不是一捆扎清楚的柴，而是好像把一块石头丢在水面上所发生的一圈圈推出去的波纹。每个人都是他社会影响所推出去的圈子的中心。被圈子的波纹所推及的就发生联系。每个人在某一时间某一地点所动用的圈子是不一定相同的。

> 以"己"为中心，像石子一般投入水中，和别人所联系成的社会关系，不像团体中的分子一般大家立在一个平面上的，而是像水的波纹一般，一圈圈推出去，愈推愈远，也愈推愈薄。

> 文化是依赖象征体系和个人的记忆而维持着的社会共同经验。这样说来，每个人的"当前"，不但包括他个人"过去"的投影，而且是整个民族的"过去"的投影。历史对于个人并不是点缀的饰物，而是实用的，不能或缺的生活基础。

> 用筷子夹豆腐，穿了高跟鞋跳舞不踩别人的脚，真是难为人的规律；不学，不习，固然不成，学习时还得不怕困，不惮烦，又非天性；于是不能不加以一些强制。强制发生了权力。

每一本书中都有许多可圈可点的句子或段落，这些或生动或深刻的句子或段落，都能给人以视觉和情感上的审美体验。

（四）介绍一些名人的评点

名人的评点涉及作品的思想内容、艺术特色、社会影响等方面，具有典型意义，可以从不同的角度给读者以启发。

如网络上对《老人与海》的评价：

由于他精湛的小说艺术——这在其《老人与海》中有充分表现——同时还由于他对当代文体的影响。——海明威获得诺贝尔文学奖评语

《老人与海》是一部异常有力、无比简洁的作品，具有一种无可抗拒的美。——瑞典文学院院士霍尔斯陶穆

《老人与海》是一首田园诗，大海就是大海，不是拜伦式的，不是麦尔维尔式的，好比荷马的手笔：行文又沉着又动人，犹如荷马的诗。真正的艺术家既不象征化，也不寓言化——海明威是一位真正的艺术家——但是任何一部真正的艺术品都能散发出象征和寓言的意味，这一部短小但并不渺小的杰作也是如此。——美国艺术史家贝瑞孙

海明威有着一种强烈的愿望，他试图把自己对事物的看法强加于我们，以便塑造出一种硬汉的形象……当他在梦幻中向往胜利时，那就必定会出现完全的胜利、伟大的战斗和圆满的结局。——美国作家索尔·贝娄

人可以失败，但不可以被击败，外在的肉体可以接受折磨，但是内在的意志却是神圣不可侵犯的，这是《老人与海》一再强调的论点。真正的大师都是用最简单的语言来表达最深刻的道理，真正的好作品都是用生命的历练做题材，《老人与海》所刻画出来的正是海明威的一辈子最好的画像，正如海明威所说，"我一直读过多遍，每读一次，我就多一份收获，好像我最后得到了我这一生辛苦工作所欲得到的东西"。——中国台湾学者陈人孝

《老人与海》讲了一个老渔夫的故事，但是在这个故事里却揭示了人类共同的命运。我佩服老人的勇气，佩服他不屈不挠的斗争精神，也佩服海明威。——当代作家王小波

在《老人与海》中，读者看到的只有温情。老人和男孩的深厚感情

就不说了，连露台酒吧的老板马丁也经常给老人免费的饭吃，而老人则对他的邻居满怀感激，认为"我生活的这个乡镇很友好"。人在这里变成了大写的人，对应着的是自然。——翻译家李继宏

这些评价从不同的侧面介绍了作品的成就，应该是最好的阅读导读文字，定能激发起学生深入阅读、探寻究竟的兴趣。

教师还可以给学生提供一些和阅读书目相关的材料，让学生对要阅读的书目有更多的认识。

二、学习活动设计

学生之间的阅读基础有很大的差距。针对这种情况，教师可以设计一些学生之间的互助阅读，在原来学习小组的基础上组成互助式阅读小组，让有专长的学生成为阅读的指导者，让学生在交流中相互促进，这也有助于形成浓厚的学习氛围。此外，教师也可以设计一些具体的活动，找准一个切入口，从而让学生走进整本书的阅读中去。

新编高中教材将费孝通的《乡土中国》列为整本书阅读的篇目。《乡土中国》是从社会生活中抽象而来的社会学著作，书中所写的"乡土中国"，"并不是具体的中国社会的素描，而是包含在具体的中国基层传统社会里的一种特具的体系，支配着社会生活的各个方面"。因为《乡土中国》描述的对象是1948年以前的农村社会，文中一些基本的概念和道理并不容易理解，所以教师设计必要的学习活动，可以帮助学生更好地理解文章内容。比如：

活动一：找出书中的核心概念，说说它们的意思。理解书中概念的意义，是读懂的前提。本活动引导学生从理解概念入手，逐步走进文章深处，从而一步步理解文章内容。

活动二：以自己家为例，说说对"差序格局"的理解。这是书中一个很重要的概念，这种网络型的人际关系形态，反映的是一种以自我为中心的关系网络。理解了这一概念，可以更好地理解其他的社会关系。

由于《红楼梦》篇幅长，人物众多，情节复杂，再加上时代的局限和作者的一些曲笔写法，因此学生阅读时会有一些困难。所以，教师设计一些合理的活动，也是引导学生阅读的正确途径。比如：

活动一：我来做导游——介绍贾府的基本结构。小说在第三回"林黛玉进贾府"中详细地介绍了贾府的结构布局，揭开了贾府神秘的面纱。了解这些内容，可以更好地了解贾府人物生活的环境。

活动二：认识贾府里的人——介绍贾府里的人物关系。在第二回"冷子兴演说荣国府"中，作者借冷子兴之口，介绍了贾府中几代人的关系，并在第三回中逐一引出主要人物，拉开了故事的大幕。

活动三：说说书中人物名字背后的含义。如元春、迎春、探春、惜春（原应叹息），贾雨村（假语村言），甄士隐（真事隐去），甄英莲（真应怜），贾瑞（假的祥瑞），作者给人物命名，或用谐音，或用反讽手法，都别有深意。懂得这些，可以推断出一个人物的性格或是命运，有助于对书中人物的认识。

活动四：世界是个大观园。要求每位学生根据自己对周围同学的观察了解，为其在大观园中找到最相对应的人物，并说明理由。才情突出者，冠之黛玉；通古博今者，赞之宝钗；勤勉上进者，比之香菱；活跃能辩者，评之湘云；乖巧懂事者，谓之袭人……

此活动旨在通过其趣味性，引领学生加深对书中人物的认识，以便重新审读文本，实现对原著文本的二次探究。

因为这些活动的设计，都是从浅显处入手，理解书中一些最基本的东西，所以学生在初读的基础上就可以完成。因此，这可以起到很好的引领作用，为整本书的深入阅读奠定基础。

三、圈点、批注

圈点是阅读时用自己喜欢的符号在文章的字词句上作圈点和勾画。圈点的过程，是读、思、记的组合过程，可以圈点喜欢的、感到重要的或是暂时理解有困难的词句。宋朝著名学者朱熹认为这样能"渐渐向里寻到那精英处"。圈点可以帮助阅读者读通文章，粗知作者思路，初识文章的框架，即整体感知文章的大概内容。这可以对以后的深入阅读起确定方向的作用。

批注在中国古已有之。早在唐代，就有了诗的评点。宋代出现了文的评点，后来又出现了小说评点。许多评点，留下千古妙语，珠玑灿烂。评点，也成为读书人喜欢的一种阅读方式。

阅读过程中的批注可以是随发的，可以是经过一番思考的，可以是对一个使用精当的词语的评点，可以是对一个句子的赏析，可以是对某个观点的评价，也可以是自己的一段感悟等，内容和形式不一而足，随心随意，不必过于程式化。经过批注，阅读者可以加深对概念的理解，强化准确性和全面性。如《乡土中国》中"差序格局"这一概念，我们无法在一节课就能理解得透彻精确，但通过批注，可以更全面、细致、准确地理解文章，为后面的研读作准备，让以后的重读有依据。

批注重在过程。这个过程，是阅读和再阅读的结合，是包含了情感和创造的。这样的过程不同于蜻蜓点水式的浅阅读，能走进文本的深处，让阅读者读到更多的东西。

圈点和批注是相辅相成的，是在阅读中发现问题、解决问题的过程，也是让阅读不断深入的过程。特别是对于文章中一些充满哲理的语句的批注，可以让阅读者更加深刻地领会文章的主题，提高鉴赏能力。

四、读书笔记

古人说，不动笔不读书。俗话说，好记性不如烂笔头。俄国文学家托尔斯泰要求自己"身边永远带着铅笔和笔记本，读书和谈话的时候碰到一切美妙的地方和话语都把它记下来"。这些都说明阅读时记读书笔记的好处。

读书笔记可记的内容可根据自己的喜好来定。在圈点、勾画的基础上，把一些重要的句子或段落记下来，对于深入理解文章内容，积累学习资料具有重要的意义。

读书笔记的方式灵活，常用的有提纲式、摘录式、仿写式、评论式、心得式、存疑式、简缩式等。阅读不同的作品，可选择摘录的内容和侧重点也会不同，但是要学会有所选择，并不是摘录得越多越好，要根据自己的需要，确定必要的内容。这样既能提高阅读效率，又不会让记笔记成为一种负担。摘记也可以适当分类，比如：写景的，写人的；语言方面的，思想方面的；生活情趣方面的，哲理思考方面的；等等。这样可以让自己的笔记更有条理，方便以后查阅。

五、随笔写作

阅读与写作从来都是不可分割的。在整本书的阅读过程中，针对自己的阅读经历、收获，写出自己的感悟，可以深化阅读的体验，这比那些单纯的阅读要丰富得多。现在许多人在阅读的过程中，只知读，却懒得动笔，导致阅读浅表化、片断化，更谈不上和现实生活相关联，难以体味作品的现实意义。

随笔写作的内容是开放式的，既可以是阅读过程中产生的所思所感，又可以是互相交流、质疑问难的结果，也可以是针对某个特定的角度开展的深度研究。随笔的内容还可以和学过的课文相结合，互相补充。教师可以在写作内容上给学生一些提示，帮助学生从不同的角度进一步理解阅读的文章的内容。比如阅读《乡土中国》，可以作出这样的提示：

提示一，"血缘与地缘"与《祝福》：《祝福》中，祥林嫂二次丧夫又丧子，遭遇悲惨，为何鲁镇人将此当作消遣而无人安慰她呢？鲁镇人为何如此冷漠？

提示二，"文字下乡"与《喜看稻菽千重浪》：《喜看稻菽千重浪》中提到袁隆平"他看上去更像一个地道的湖南农民，这使我想起了农民送给他的'泥腿子专家''泥腿子院士'的称谓"。一个研究水稻的科学家经常下到试验田里，满腿沾泥，在所难免。那么农民为何对此感到诧异？特意在"专家""院士"前加上"泥腿子"这个修饰语，有何潜在的情感含义？

提示三，"礼治秩序"与《促织》：《促织》中的成名"为猾胥报充里正役，百计营谋不能脱"。那么，为何里正没人愿意当？

提示四，"家族"与《项脊轩志》：《项脊轩志》中，归有光为何对分家分灶感到悲伤？

提示五，试以"今日中国乡村的变迁"为话题，从居住环境、精神风貌、文化生活、风俗习惯、乡村管理等角度中任选一个，开展调查访问，写一篇调查报告。在此基础上，运用多种形式，如制作手抄报、举行演讲、开展辩论、设计网页等，与同学交流。

这些带有具体要求的写作提示，虽非强制性的，但可以给学生以启发，带动学生多方位地研读文本，从而让阅读更有效果。

这样的活动设计，可以引导学生从不同的角度切入，特别是能与平时的学习和生活联系，让枯燥的理论变得鲜活起来，变得易于接受和理解。

六、成果展示

成果展示是对学生阅读情况的晾晒，既能检查学生的阅读效果，又能激发学生的阅读热情。成果展示的方式很多，内容也不拘一格，既有预先布置的，又有学生自发的。这可以从多维度呈现出学生阅读的状况。

比如《红楼梦》阅读成果展示，就能出现多种多样的方式：

方式一，开展《红楼梦》好声音歌唱比赛，根据自身阅读感受，创作一首歌曲，并开展班级比赛。

方式二，开展我看红楼人物品读活动，创作红楼梦人物评论文章，在班级内作交流。

方式三，制作《红楼梦》文创产品，如书皮、书签、月历牌等，互相交流。

方式四，我来做导游，领你游贾府。

方式五，《红楼梦》诗词背诵比赛。

方式六，《红楼梦》判词解读大擂台。

方式七，《红楼梦》读书会。

这样的活动，可以从小组内开始，进而在班级中展示，再大一点可以在年级中举行，给学生展示自己的机会，让他们把自己的阅读体验充分表达出来。不管成果如何，这都是自我的成长机会。这样的活动，会让学生更好地喜欢上阅读，更好地走进阅读。

整本书阅读是一个系统工程，不是一蹴而就的。读前、读中、读后的指导都是对学生的有效引导，只有做到位，才能帮助学生真正地读懂作品，体味到阅读的快乐。

第二节　整本书阅读课程设计

寻梦红楼　得觅芳踪
——《红楼梦》整本书阅读

一、课程设计的背景与依据

《普通高中语文课程标准》（2017年版2020年修订）将《红楼梦》列入新教材的整本书阅读书目。《红楼梦》内容深广，折射历史，反映社会，书写人生，是一部艺术化的中国古代社会文化百科全书。通过反复阅读和体味，学生能够获得审美感悟，丰富自己的精神世界，体会到快乐和享受。学生在丰富多样的活动中爱上阅读，在与经典文学亲密接触时，受到高尚情操与趣味的熏陶，潜移默化地提高语文核心素养，为终身阅读、终身学习奠定基础，并且在阅读中感悟中国古典名著的魅力，树立文化自信心，强化民族自豪感。

学校重视学生的阅读。充足的阅读课能够保证整本书阅读的正常推进，学生在阅读的过程中能够逐渐形成对《红楼梦》整本书的初步认识。每周的校本课程，可以满足学生深入研习和探讨的要求。

本课程在实施过程中以新课标中关于整本书阅读的要求引导学生："通读全书，整体把握其思想内容和艺术特点。从最使自己感动的故事、人物、场景、语言等方面入手，反复阅读品味，深入探究，欣赏语言表达的精彩之处，梳理小说的感人场景乃至整体的艺术架构，理清人物关系，感受、欣赏人物形象，探究人物的精神世界，体会小说的主旨，研究小说的艺术价值。"

二、课程目标

目标一，通读《红楼梦》全书，梳理小说主要情节，理清人物关系。

目标二，理解和欣赏人物形象，探究人物的精神世界，整体把握小说的思想内容和艺术特点。

目标三，从最使自己感动的故事、人物、场景、语言等方面入手，反复阅读品味，获得审美感悟，丰富自己的精神世界。

目标四，体会小说的主旨，研究小说的艺术价值，建构阅读长篇小说的方法，积累阅读长篇小说的经验。

三、课程内容

第一，把握前五回的纲领作用。《红楼梦》的前五回，以"通灵宝玉"的来历为中心，扼要地描写了天上的太虚幻境和尘世的荣宁二府，既勾勒出贾府百年的兴盛，又预示了贾府末世的衰败；第六回到第一百二十回虽然写了十余年光景的生活，但都是基于前五回铺叙的背景展开的。只有读懂了前五回，才能更好地理解后面发生的故事。

第二，抓住情节主线。《红楼梦》由两条主线构成网状形式：一条是以贾府为中心，叙述四大家族由鼎盛走向衰败的过程；另一条是以宝黛钗爱情悲剧为中心，叙述大观园中人物的命运。阅读时可以梳理"家门败落""人物聚散"这两方面的内容，体会纵横交错的结构特点。

第三，关注人物形象的塑造。全书人物近千，其中作者着力刻画、具有典型意义的主要人物有几十个。理清主要人物之间的关系，欣赏作者对人物形象的细腻描写，把握人物复杂的性格和丰富的内心世界，能更好地理解作品的内涵和主旨。

第四，品味书中对日常生活细节的刻画。《红楼梦》像一棵参天大树，贾府盛衰和宝黛钗爱情悲剧是其主干，淡淡写来的日常生活细节则犹如茂盛的枝叶。要注意品析其中的细节描写，体会细节在塑造人物形象、表现主题思想等方面所起到的重要作用。

第五，了解社会关系与生活习俗。书中所写的帝王贵胄、高官显宦、佃户庄头、佣夫帮闲、倡优贼盗等，以贾府为中心，构成了复杂的社会关系网。世运升降、官场关系、经济生产、社会分工、舆论民情等社会生活的方方面面，在《红楼梦》中均有反映。了解这些内容，可以领悟小说的社会意义，有助于对小说艺术成就的把握。

第六，鉴赏语言。曹雪芹是善于驾驭语言的艺术大师，往往三言两语，就能刻画出一个具有鲜明个性特征的人物形象，而在叙述语言上也随处可见其炼字锻句的功力。即便是穿插其间的诗词韵文，也是情思绵远、意味隽永、风格百变，不仅能很好地表现出人物的性格，还能与小说的叙事融为一体。品味和欣赏小说语言表达的精彩之处，可以提高语言的鉴赏能力和运用能力。

四、课程实施（见表6-1）

表6-1　课程实施

项　目	学　时	主　题	周次	内　容	实施要求
学习主题/活动安排（请列出教学进度，包括日期、周次、内容、实施要求）	第一学时	读懂前五回	第一周	以前五回为纲，介绍全书框架及作品暗示意义	提高认识，情境任务引领活动的意义；精心组织，注重课堂的实际效果
	第二学时	红楼梦主要人物命运	第二周	依据判词和《红楼梦曲》理解人物命运	重视每节课的考核评价；采用小组合作的形式，并且以小组成员集体研究
	第三学时	《红楼梦》中"花"的意象	第三周	借助"红楼花签"了解人物性格特点，明确"花"这一重要意象在《红楼梦》中的深层内涵	重视课堂考核评价；创新小组合作展示成果的形式，并且以小组集体研究
	第四学时	《红楼梦》中的环境特点	第四周	借助对贾府和大观园的环境描写，理解贾府特点和人物居住环境对性格的体现	设计情境，用任务驱动；精心组织，注重活动的实际效果
	第五学时	钗黛之争	第五周	选择《红楼梦》中最重要的两位女子，通过对比，深入理解两个人物的特点	明确活动的意义；适当展开辩论，活跃课堂气氛
	第六学时	宝黛爱情	第六周	承接对宝钗和黛玉二人的认识，理解宝黛爱情的精神内涵	重视每节课的考核评价；采用小组合作、研究的方式，选择重点篇目、回目，让学生诵读并体会

项　目	学　时	主　题	周　次	内　容	实施要求
学习主题/活动安排（请列出教学进度，包括日期、周次、内容、实施要求）	第七学时	《红楼梦》诗词分析（一）	第七周	品读、鉴赏《红楼梦》中的诗词	诗歌鉴赏大会，在活动中深入探究，总结诗词风格特点，理解思想和内涵
	第八学时	《红楼梦》诗词分析（二）	第八周	品读、鉴赏《红楼梦》中的诗词	开启原创诗歌品鉴，集体讨论，修改提升；诵读品鉴，共同体味
	第九学时	日常生活的丰富内涵	第九周	在动人的生活场景和细节描写中感受《红楼梦》的细腻和精深	提高认识，联系生活；精心组织，举出生活中的事例，让课堂充满趣味
	第十学时	《红楼梦》的艺术特点	第十周	欣赏《红楼梦》中的草蛇灰线、伏脉千里、虚实相生、谶语引言、谐音双关等艺术特色	组织学生进行展示，用表格等形式梳理艺术特色；深入研讨，把握写作技巧
	第十一学时	"金陵十二钗"结局分析	第十一周	对照《红楼梦》中的判词和谶语，重新设计符合原著构想的人物命运	找到重点章节，诵读后分享，交流自己的理解和认识。重视重音、停顿和节奏；注意声音的抑扬顿挫
	第十二学时	《红楼梦》主题归结	第十二周	探讨、归纳《红楼梦》的主题，领会全书的思想内涵	从不同角度和多层面分析主题，看到书的全貌；以辩论的形式让学生积极参与
	第十三学时	论文写作	第十三周	自选主题，形成自己对《红楼梦》的研究报告	采用论文评价的方式，对个人和每个小组进行本学期校本的考核

续表

项 目	学 时	主 题	周 次	内 容	实施要求
主要参考文献				1.《普通高中语文课程标准》（2017年版2020年修订） 2.部编本语文新教材 3.《整本书阅读研究》吴泓 4.《红楼小讲》周汝昌 ……	
备 注				这部巨著不以波澜壮阔的场面或曲折离奇的情节取胜，而是在日常生活的细腻叙写中寄寓作者对社会人生的透彻观察和深刻思索，思想内容博大精深，文化内蕴极其丰厚。可以说，《红楼梦》是一部艺术化的中国古代社会文化百科全书，当你逐渐有所领悟，它便能吸引你一读再读，常读常新。引领学生在理解名著的同时，深入理解优秀的中华传统文化	

五、课程评价

1.遵循的原则

本课程评价注重学习的过程性而非研究的结果性评价，即重视学生在学习过程中的自我评价和自我感悟，使评价过程成为学生学会探究反思、发现自我、塑造自我与他人的良性循环过程，真正使评价起到激励性和发展性功能，同时强调评价主体的多元性：可以是老师，也可以是学生本人，还可以是学习小组。

2.评价途径与内容

（1）学生自评，小组评价，教师评价等。

（2）书面作业（研究报告、专题研究报告），行为观察，专题探讨，实践活动等。

（3）知识与技能评价，过程与方法评价，情感态度与价值观评价。

3.具体评价办法

（1）一般采用考查方式，但要做好考勤记录，即学生的学时总量作为评价依据之一。

（2）教师要将学生在学习过程中的态度与表现作为重要依据，对其作好记录和评价，同时，应关注学生的发展性评价。

（3）学生的学习成果，如读后感、随笔、研究报告、人物分析等，均可作为评价依据，并记入学生成长档案袋。

六、仍然存在的困难或问题

第一，学校课程安排紧，校本课程的时间有时难以保证。

第二，学校图书资料有限，有些相关资料难以查到，学生的学习过程受资料限制，一些问题难以深入探讨。网上资料纷多繁杂，学生难以有效筛选，影响学习的进度和深度，甚至会出现一些偏颇的认识。

第三，学生平时课程学习紧张，考试、升学压力大，学生对校本课程的学习兴趣低，参与度不高，或者只是基于一些和考试有关的内容作一些考试方面的了解，整体认识程度和理解程度停留在浅表层面。

第四，教师平时教学任务繁重，将主要精力集中在本学科教学上，对校本课程的研究没有时间上的保证，平时也缺少校本课程专业方面的指导，导致校本课程的开发处于较低层次。

第五，校本课程的开设受班级上课人数限制，只能面向少数学生，难以保证较多学生参与学习。

七、教学案例

芙蓉泣清露，牡丹艳秾华
——钗黛之争

（一）基本说明

授课年级：高一和高二年级

学生人数：120

课时安排：一课时

学习材料：新编高中语文教材必修下册第七单元、《红楼梦》

背景分析：

林黛玉和薛宝钗并列作为十二金钗之首，判词也在一起，是《红楼梦》中十分出色的两位女子。红楼学术界历来对她们孰高孰低争论不休。情节发展中出现的"钗黛合一",让读者认识两位不同女子,对理解判词内涵、宝黛爱情的精神实质有重要意义。

从不同的角度看,会看到二人不同的美。但作者的厉害之处在于塑造人物的多面性和真实性,二人皆有缺点,让读者在"红楼比美会"上对二人进行对比分析。

学情分析:

近几年来,学校开展书香校园活动,营造了很好的阅读氛围,极大地调动了学生的阅读积极性。从学生阅读调研情况来看,本年级学生完成《红楼梦》整本书阅读的年级学生占总人数的92%。可见,学生对《红楼梦》的阅读有一定的认识,能比较自觉地进行阅读。虽然由于年龄关系和认识上的一些差异,学生要理解文本中的一些问题还有一定难度,但这并不影响学生整体阅读的进度和思考,这些都为课程的正常进行提供了保障。统编版教材中有"林黛玉进贾府"一课,也为学生阅读《红楼梦》提供了一定的基础。

(二)学习目标

目标一,细读文本,找出能够体现黛钗性格的片段,分析并概括二者的形象。

目标二,合作交流,以贾宝玉的身份从黛钗中做出选择,并说明理由。

目标三,为你喜欢的其中一个人物撰写颁奖词,表达对她的喜爱和赞美。

(三)教学重点、难点分析

重点:对林黛玉和薛宝钗性格的分析和总结。

难点:对林黛玉和薛宝钗性格形成原因的分析。

(四)教学与活动过程(包括教学活动以及评价设计等)

1.情境任务

判词:

可叹停机德,堪怜咏絮才。玉带林中挂,金簪雪里埋。

曲子：

　　（终身误）都道是金玉良缘，俺只念木石前盟。空对着、山中高士晶莹雪；终不忘、世外仙姝寂寞林。叹人间，美中不足今方信。纵然是齐眉举案，到底意难平！

　　（枉凝眉）一个是阆苑仙葩，一个是美玉无瑕。若说没奇缘，今生偏又遇着他；若说有奇缘，如何心事终虚化？一个枉自嗟呀，一个空劳牵挂。一个是水中月，一个是镜中花。想眼中能有多少泪珠儿，怎禁得秋流到冬尽，春流到夏！

　　判词和两首曲子谱出了"宝黛钗"三人的悲剧命运。如果你是贾宝玉，你会选择与谁喜结良缘呢？

2.学习活动

活动一：浓淡各有色

《红楼梦》中有太多情节值得我们探讨和回味，里面的人物形形色色，细腻且丰富，像颗颗宝石一样闪耀着各自的故事。钗黛之争一直都是很有热度的话题。她们两个，一个像牡丹、富贵大气，一个又像芙蓉、别有风致。这也影响着千千万万的读者。但是，仔细研究，会发现薛宝钗、林黛玉的身上其实散发着不一样的魅力，分别有着中国古典的两种文化血液。钗黛之分，也可以看作是中国传统文化的儒道之别。钗黛合一，恐就是世上完人。但如此毕竟也就无趣，不如还是一钗一黛，一浓一淡，各有颜色。

　　请你结合具体片段，分析林黛玉和薛宝钗的性格特点，整体把握人物形象。

【拓展资源】

（1）林黛玉的情况介绍。

（2）薛宝钗的情况介绍。

活动二：木石与金玉

钗黛之争，自作品问世以来恐怕就从未停息。除了普通读者，许多学者、大家们也都曾公开表达过自己对这两位女性的偏好，比如胡适评林黛玉"刻薄小气"，周汝昌称她"太自我、太狭小，没有世界天地"，张汝执赞宝钗"才德兼优，此书中一大醇人"。自然，喜好本是个人之事，这些评价并不会因为评价者的身份地位而增添什么权威性。倒是有心人或许可从这些评价中探寻到关于评价者个性的蛛丝马迹。

同样是善于洞察人心世故，宝钗选择收敛锋芒，藏愚守拙，黛玉则率性而为，热烈真挚。同样怀有不俗的胸襟气魄，宝钗是达则好风借力上青云，穷则芒鞋破钵随缘化，而黛玉追求至情至性，追求自由而纯粹的爱情。至于同样的傲气风骨，宝钗有"皮里春秋空黑黄"，黛玉则有"孤标傲世携谁隐"。

（1）黛钗之中，你更钟情谁呢？你会为贾宝玉选择哪一段姻缘呢？请说出你的看法。

（2）如果黛玉和宝钗就在我们身边，作为同学，你会选择宝姐姐做朋友还是林妹妹做朋友呢？

【拓展资源】

（1）钗黛之争，我来评判。（互动投票，做出活动二中两个问题的选择）

（2）《红楼梦》中林黛玉与薛宝钗之人物分析对比。

（3）《红楼梦》中林黛玉与薛宝钗人物形象的对比。

（4）读《红楼梦》之我看黛钗。

活动三：撷花悦我心

盖贤与不肖之性，皆通人所兼具，非可以判然划分者也。人以宝钗为奸险，而阴邢岫烟赎棉衣事，则亦仁厚。以黛玉为天真，而讥笑一村老妪为'牛'为'母蝗虫'，则亦刻薄。且宝钗宽大，黛玉偏狭，宝钗善体谅他人，而黛玉则心存嫉妒，然则宝钗必不肖而黛玉必贤乎？谓宝钗之美德全出于造作亦过，要而言之，人之天性不同，所表现者亦异也。

各花入各眼，就如有人喜欢芙蓉的高洁，有人喜欢牡丹的美艳。黛钗二者中一定有你喜欢的一位，请你为她写一段150字左右的颁奖词，表达对她的赞美和喜爱之情。

【拓展资源】

（1）黛钗的儒道之别。

（2）从《红楼梦》诗词看钗黛的形象塑造。

点拨提升：

林黛玉前生是灵河岸上三生石畔的一株"绛珠草"，因赤瑕宫神瑛侍者每天用甘露灌溉，遂幻化为人形，饥餐"蜜青果"，渴饮"灌愁水"，五内郁结着一段缠绵不尽之意。为了报答神瑛侍者的雨露之恩，在神瑛侍者转世为宝玉后，下世为人，准备把一生的眼泪还他。这个引人入胜的神话，说明了黛玉具有"重情""多愁"的特点。

她今生出身于"书香之族"：母亲贾敏，是贾母的亲生女儿；父亲林如海是探花出身，升至"兰台寺大夫"，又被皇帝钦点为"巡盐御史"；祖先曾袭列侯，与贾府也算门当户对。但她不幸父母双亡，遂长期寄居在外祖母家贾府。她孤单一人，深感寄人篱下的屈辱地位，时时"自矜自重，小心戒备"，养成"孤高自许，目无下尘"的性格。

特点：

一是生长环境纷繁复杂。

二是大家族里夺权争产、明争暗斗。

三是埋下了现实是残酷的种子。

四是选择明哲保身、世故圆融。

命运走向：

黛玉注重感情和精神上的追求，却忽略了现实存在的意义，她不会为了爱情而改变自己的性情，向封建卫道者屈服，这和她追求的完美理想有关。宁为玉碎，不为瓦全。所以说，纵使没有宝钗的存在，黛玉也不可能得到和宝玉的婚姻，因为她本身就不具备成为贾家媳妇的条件，不管是身体上还是精神上，她都是被可以主宰婚姻的封建卫道者所排斥的。

薛宝钗早前热衷仕途，经常劝贾宝玉入朝为官，这引得贾宝玉极为不满。后来两人成婚，又是众人算计的结果。而贾宝玉本来就叛逆成性，如此更不喜欢薛宝钗了，再加上贾府没落和林黛玉的离世，双重折磨下，出家当了和尚。而薛宝钗嫁给贾宝玉，婚姻不幸，独守空闺，最后忧愤而死，生生被"误终身"。

（五）作业设计

以"我观黛钗"为主题，写一篇文学札记，立足小说，对二人的性格进行分析。

（六）评价设计

（1）能够分析概括二者的形象，加2分。

（2）以贾宝玉的身份从黛钗中做出选择，加3分。

（3）为你喜欢的其中一个人物撰写颁奖词，表达出对她的喜爱和赞美，加5分。

（七）教师反思

从教学的效果来看，学生能在学习的过程中对林黛玉和薛宝钗的形象有比较全面的认识，且能结合文本中的一些具体情节进行分析，能找出二人性格的主要特点，以及其性格形成的原因，最终能形成比较有价值的分析文章。

但是，由于学生对整本书阅读的时间不长，且理解比较浅显，对于文中人物一些性格特点缺少认识，也难以从时代和社会的因素方面看到二人命运不同的根本原因，无法从人物的身上看到作者的批判力量。另外，课时的安排较少，也难以引导学生从更多、更深的层面上进行深入分析，只能将一些思考放在课后进行。

第三节　整体阅读成果展示

一、总借俊眼传出来

由《林黛玉进贾府》走进《红楼梦》的阅读

《红楼梦》是古代小说艺术的高峰，内容深广，折射历史，反映社会，书写人生，是一部艺术化的中国古代社会百科全书。

新编高中语文教材将《红楼梦》列入整本书阅读书目，具体要求为：通读《红楼梦》全书，梳理小说主要情节，理解和欣赏人物形象，探究人物的精神世界，整体把握小说的思想内容和艺术特点，建构阅读长篇小说的方法和经验。

但是，本书由于章回多，篇幅长，再加上人物众多，情节复杂，往往会让学生看了后面忘了前面，甚至连人物关系都弄不明白，更难以把握小说的主题，也就很难读懂其深刻的思想内涵，也难以领略书中高超的艺术手法，因此，往往会让学生望而却步。

然而，要读懂这部天下奇书，并非没有切入口。我们可以从熟悉的章节入手，或是从让人感动的故事、人物、场景等进入整本书的阅读中，这样，可以更快地认识人物，理清关系，了解整本书的基本内容，从而为通读全书打下基础。

《红楼梦》的前五回分别从不同角度，为全书情节的开展，作了必要的交代。它们之间既相互联系，又各有侧重。因此，为了更好地解读《红楼梦》，就有必要对前五回的内容，作一个概要的了解。

《林黛玉进贾府》这篇文章出自原书的第三回《贾雨村夤缘复旧职，林黛玉抛父进京都》，借黛玉之眼来描写贾府的建筑结构、房屋摆设，贾家的一干人等及人物之间的关系，是全书进一步展开故事的精华之笔。这篇文章在入选中学课本时，删除了开头部分贾雨村通过走贾府后门捞取金陵应天府尹肥缺并走马上任的情节，以及结尾关于林黛玉初进贾府这一中心事件的后续介绍。这样，既突出了主要人物林黛玉，又通过林黛玉的眼睛来展现贾府的环境，引出另一个主要人物贾宝玉和贾府里的一众人物。如果说，前面几回是通过外人之口，让读者了解贾府里的人物关系，并暗示书中人物命运，那么，这一回，就是由林黛玉带领读者真正地走进了贾府，直接展示贾府的环境，直接面对贾府里形形色色的人，从而揭开了贾府神秘的面纱。

（一）贾府环境的全面展示

第二回，"冷子兴演说荣国府"时，说道："如今的这宁荣两门，也都萧疏了，不比先时的光景。"贾雨村道："去岁我到金陵地界，因欲游览六朝遗迹，那日进了石头城，从他老宅门前经过。街东是宁国府，街西是荣国府，二宅相连，竟将大半条街占了。大门前虽冷落无人，隔着围墙一望，里面厅殿楼阁，也还都峥嵘轩峻；就是后一带花园子里面树木山石，也还都有蓊蔚洇润之气。"这应该是读者对贾府的最初印象，但也只是平面化的概括介绍，至于里面到底什么样，谁也无法说清。

林黛玉的出场，将贾府的真面貌一步步展现在读者的面前。

林黛玉首先看到的是"自与别处不同"的繁华街市、阜盛人烟。然后，又行了半日，才看见"街北蹲着两个大石狮子，三间兽头大门，门前列坐着十来个华冠丽服之人。正门却不开，只有东西两角门有人出入。正门之上有一匾，匾上大书'敕造宁国府'五个大字"。这里的几个"大"字，不容忽视，直逼人的眼睛。"兽头大门""两个大石狮子"和"敕造荣国府"五个大字，都给人以气势不凡和压迫之感。贾府显赫高贵的社会地位和豪门贵族的气派，都在那里咄咄逼人。这些直接显露出来的东西，无一不在显示着贾府与众不同的社会地位和豪华气派，也揭示出贾府荣华富贵的来源。而"正门却不开"，也显示出了门第和等级森然的社会现实。而这，只是"宁国府"，"又往西行，不多远，照样也是三间大门，方是荣国府了"。仍然是"不进正门"，"只进了西边角门"。于是，贾府的代表——荣国府的大幕才真正地徐徐拉开。

先来看这样一段描写：

那轿夫抬进去，走了一射之地，将转弯时，便歇下退出去了。后面的婆子们已都下了轿，赶上前来。另换了三四个衣帽周全十七八岁的小厮上来，复抬起轿子。众婆子步下围随至一垂花门前落下。众小厮退出，众婆子上来打起轿帘，扶黛玉下轿。林黛玉扶着婆子的手，进了垂花门，两边是抄手游廊，当中是穿堂，当地放着一个紫檀架子大理石的大插屏。转过插屏，小小的三间厅，厅后就是后面的正房大院。正面五间上房，皆雕梁画栋，两边穿山游廊厢房，挂着各色鹦鹉、画眉等鸟雀。台矶之上，坐着几个穿红着绿的丫头，一见他们来了，便忙都笑迎上来，说："刚才老太太还念呢，可巧就来了。"于是三四人争着打起帘笼，一面听得人回话："林姑娘到了。"

这"一射之地"，就是一箭之地，大约一百五十步。然后又往前走，是"垂花门"，两边是"抄手游廊"，当中是"穿堂"，当地放着一个"紫檀架子大理石的大插屏"，转过插屏，是"小小的三间厅"，厅后就是后面的"正房大院"，"五间上房，皆雕梁画栋，两边穿山游廊厢房"。这样的描写，给人曲径通幽之感。婉约细腻的建筑之后才是金碧辉煌的上房。这段文字描写的主体是正房大院，但是先写了这样的建筑布局，不只是讲究，既能显示出钟鸣鼎食之家的豪华，又能体现出众星捧月的气派，从而烘托出居所的主人贾母至高无上的地位。

而贾赦的院子则是另一个样子：

出了西角门，往东过荣府正门，便入一黑油大门中，至仪门前方下来。众小厮退出，方打起车帘，邢夫人挽着黛玉的手，进入院中。黛玉度其房屋院宇，必是荣府中花园隔断过来的。进入三层仪门，果见正房厢庑游廊，悉皆小巧别致，不似方才那边轩峻壮丽；且院中随处之树木山石皆在。

贾赦虽是长子，且世袭了爵位，但在府中并不当家，其住处离贾母处偏远，还是偏院，要过去，还要坐驯骡拉的车子，虽然讲究，但不是很豪华，这也能看出他在贾府中的地位，而他的心思似乎更在别处，从家里"许多盛妆丽服之姬妾丫鬟"也能看出他荒淫无度的性格来。

贾政的住处，是贾府的核心地方，自是"四通八达，轩昂壮丽"：

> 一时黛玉进了荣府，下了车。众嬷嬷引着，便往东转弯，穿过一个东西的穿堂，向南大厅之后，仪门内大院落，上面五间大正房，两边厢房鹿顶耳房钻山，四通八达，轩昂壮丽，比贾母处不同。黛玉便知这方是正经正内室，一条大甬路，直接出大门的。进入堂屋中，抬头迎面先看见一个赤金九龙青地大匾，匾上写着斗大的三个大字，是"荣禧堂"，后有一行小字："某年月日，书赐荣国公贾源"，又有"万几宸翰之宝"。大紫檀雕螭案上，设着三尺来高青绿古铜鼎，悬着待漏随朝墨龙大画，一边是金蜼彝，一边是玻璃盒。地下两溜十六张楠木交椅，又有一副对联，乃乌木联牌，镶着錾银的字迹，道是：
>
> 座上珠玑昭日月，堂前黼黻焕烟霞。
>
> 下面一行小字，道是："同乡世教弟勋袭东安郡王穆莳拜手书。"

"荣禧堂"三个字是皇帝所赐，御笔亲书，足以显示贾府的显赫地位。厅堂的布局，显示着端正平衡的气氛和恒定规范的等级。里面的摆设，更是身份的象征，是荣国府的尊贵、气派和荣耀，也显示着君王的宠幸和主人对君王的忠诚等。

而王夫人时常休息、宴饮，不在这正室，只在这正室东边的三间耳房内。虽是"耳房"，但里面的陈设也非同一般，可以从中看出贾府陈设的精致和华贵，感受到贾府生活的豪华奢侈：

> 临窗大炕上铺着猩红洋罽，正面设着大红金钱蟒靠背，石青金钱蟒引枕，秋香色金钱蟒大条褥。两边设一对梅花式洋漆小几。左边几上文王鼎匙箸香盒；右边几上汝窑美人觚——觚内插着时鲜花卉，并茗碗痰盒等物。地下面西一溜四张椅上，都搭着银红撒花椅搭，底下四副脚踏。椅之两边，也有一对高几，几上茗碗瓶花俱备。其余陈设，自不必细说。老嬷嬷们让黛玉炕上坐，炕沿上却有两个锦褥对设，黛玉度其位次，便不上炕，只向东边椅子上坐了。本房内的丫鬟忙捧上茶来。黛玉一面吃

茶，一面打谅这些丫鬟们，妆饰衣裙，举止行动，果亦与别家不同。

贾政的"东廊三间小正房"，"正房炕上横设一张炕桌，桌上磊着书籍茶具，靠东壁面西设着半旧的青缎背引枕"，"半旧的青缎靠背坐褥"，显示出他刻板、保守又迂腐、假正经的个性品格。

在贾府，贾政一房当家。贾家也只有贾政有个正当的差使，所以他在贾府里的地位自然要高，他的住所离贾母也近。王熙凤的住处就在荣禧堂后，与贾母、贾政、王夫人的住处很近，符合她在府里的地位，也显示她左右逢源的人际关系。

如果说，贾府的建筑布局和室内陈设是硬环境，显示出的是贾府高贵的地位，那么，对贾府奴仆的描写，就是贾府"软环境"的展示。

贾府的奴仆，首先是多。黛玉进府前，先看到的是"门前列坐着十来个华冠丽服之人"，进了荣国府角门，"另换了三四个衣帽周全十七八岁的小厮上来"，"只见三个奶嬷嬷并五六个丫鬟，簇拥着三个姊妹来了""只见一群媳妇丫鬟围拥着一个人从后房门进来""每人除自幼乳母外，另有四个教引嬷嬷，除贴身掌管钗钏盥沐两个丫鬟外，另有五六个洒扫房屋来往使役的小丫鬟"。其次是衣着光鲜。黛玉一下船，见到的几个"三等仆妇，吃穿用度，已是不凡"，大门口的十来人"华冠丽服"，院子里抬轿的小厮"衣帽周全"，贾母房门口，"台矶之上，坐着几个穿红着绿的丫头"，王夫人的丫鬟"妆饰衣裙，举止行动，果亦与别家不同"，"茶未吃了，只见一个穿红绫袄青缎掐牙背心的丫鬟走来"请黛玉……这样多的人，在贾府里是秩序井然，梳妆洗漱，洒扫房屋，各有分工，各司其职，显示了大家风范和与别家不同的气派。奶奶、少爷、小姐们在众人簇拥下的出场，就餐时的排场和仪式，就寝时需用物品和陪伴人等的讲究，这样的描写，充分显示了贵族生活的豪华奢侈。

作者就这样通过林黛玉的眼睛，向我们第一次展现了贾府的环境以及生活场景。它是封建大家庭的一个样板，也是封建社会末期社会生活的缩影。贾府里一干人等的悲喜故事，就在这样一个"烟柳繁华地，温柔富贵乡"里一一上演。

（二）贾府人物的集体出场

《红楼梦》的第一回用"女娲补天""木石前盟"两个神话故事作楔子，

引出了两个主要人物贾宝玉和林黛玉，为塑造贾宝玉的性格和描写贾宝玉和林黛玉的爱情故事，染上一层浪漫主义色彩。但是，毕竟是以神话的形式出现，读者还看不到生活中真实的人物。而第二回通过"冷子兴演说荣国府"，简要地介绍了贾府中的人物关系，为读者阅读全书列出了一个简明"人物表"，让读者了解了贾府人物的总的轮廓，但依然是局外人平面式的介绍，没有什么鲜活的东西。林黛玉进贾府时，这些别人嘴里的人物，才一个个走了出来，个性鲜明地站在读者面前，演绎着不同的喜怒哀乐。

林黛玉自然是出场的第一个重要的人物。在第二回中已经出现的那个怯弱多病的女学生，从幕后走上了台前，用她的一双慧眼，领着读者，一一见识那些深深庭院里的一众人等。

林黛玉一出场，给人的印象便是小心翼翼，让人心疼的样子。她在家时就常听得母亲说过，外祖母家与别家不同，"近日所见的这几个三等仆妇，吃穿用度，已是不凡了，何况今至其家"，所以"步步留心，时时在意，不肯轻易多说一句话，多行一步路，惟恐被人耻笑了他去"。林家虽也是"钟鼎之家，书香之族"，毕竟家境败落，母亲去世，离家别父，前来寄人篱下，只能处处小心，其处境让人唏嘘叹惋。

林黛玉年龄虽小，身体薄弱，但行动举止和言谈却有着不俗的表现，自有其大家闺秀的风度。在贾母的眼里，她是个幼年失母，又无兄弟姐妹相扶持的可怜孩子，因此，对她疼爱至深，宁愿"移来娇花倚松栽"，对她是百般呵护；在王熙凤的眼里，她是个极为标致的人物；在贾宝玉的眼里，她是"一个神仙似的妹妹"，"两弯似蹙非蹙罥烟眉，一双似喜非喜含情目。态生两靥之愁，娇袭一身之病。泪光点点，娇喘微微。闲静时如姣花照水，行动处似弱柳扶风。心较比干多一窍，病如西子胜三分"，既美丽又灵透，又多才，以至于似曾相识；在众人的眼里，她"年貌虽小，其举止言谈不俗，身体面庞虽怯弱不胜，却有一段自然的风流态度"。

在这样的处境下，尽管有贾母的疼爱，她仍然难以像在自己家里一样自由、舒心，从出场开始，就让读者看到了一个美貌、多情、体弱多病而又聪明敏感的形象，尤其怕"哭"与"泪"，不但照应第一回中的"木石前盟"，而且为以后的情节发展埋下伏笔。

随着林黛玉走进贾府，贾府里的人物逐渐出现在读者面前，有些是单独出现的，有些则是群体出现的，其中主要的人物是王熙凤、贾宝玉。

王熙凤的出场，让林黛玉吃惊，"这些人个个皆敛声屏气，恭肃严整如此，这来者系谁，这样放诞无礼？"也让读者意外，究竟是什么样的人，敢如此放肆？而作者对她近乎夸张的肖像描写，让读者看到了她的真面目：容貌美丽，却难免俗气，又带有狠毒脾性。作者接着又写了她一系列有些滑稽的表演，更进一步表现出了她的精明能干、刁钻狡黠又惯于玩弄权术，对上善于阿谀奉承，对下严苛，为人明是一盆火，暗是一把刀，是贾府的实际统治者。

在没有见到贾宝玉前，林黛玉已经听多人说起过他。在别人的眼里，贾宝玉是"孽根祸胎""混世魔王"，是个"行为偏僻性乖张""天下无能第一，古今不肖无双"，顽劣异常的不良少年。可见，贾宝玉并不是世俗认可的人。可是，他一出场，林黛玉见到的却是"一位年轻的公子"，他"头上戴着束发嵌宝紫金冠，齐眉勒着二龙抢珠金抹额；穿一件二色金百蝶穿花大红箭袖，束着五彩丝攒花结长穗宫绦，外罩石青起花八团倭缎排穗褂；登着青缎粉底小朝靴。面若中秋之月，色如春晓之花，鬓若刀裁，眉如墨画，面如桃瓣，目若秋波。虽怒时而若笑，即瞋视而有情。项上金螭璎珞，又有一根五色丝绦，系着一块美玉"。以至于林黛玉一见，便吃一大惊，心下想道："好生奇怪，倒像在那里见过一般，何等眼熟到如此！"这岂不正应了"木石前盟"。这一切，与林黛玉先前听说的并不完全一样，似乎有些认识上的颠覆，这也正说明二人有着同样的审美和理想追求，也为二人的情感发展奠定了基础。

贾府中虽人物众多，但也通过黛玉的眼睛一一地展现出来：贾母、王夫人、邢夫人、贾家三姐妹，只有简单的介绍；贾赦、贾政没有出场，只是递了几句话出来；而一应仆人，只是泼墨式地带过。这体现出了高超的写人手法，将一个庞大的家族体系清晰地展现在读者面前。

《红楼梦》思想内容博大精深，文化内涵丰厚深邃，创作过程复杂，这些都给高中学生的阅读带来了困难。《林黛玉进贾府》是小说《红楼梦》主要人物的第一次总亮相，也是贾府的第一次亮相，让读者对书中人物和贾府有了具体的印象，为后面的阅读提供了基础。黛玉的一双眼睛把贾府由幕后推到了台前，让读者初步看到了封建大家庭的生活写照，也看到了封建时代的缩影。因此，利用书中某个章节进行合理引导和提示，是帮助学生打开这座文化宝库的钥匙，可以让学生更好地走进作品，深入理解其思想意蕴，领会其艺术价值，从而实现整本书阅读的目的。

二、探春是否"儿嫌母丑"

《红楼梦》整本书阅读探究

贾探春，她是贾府中的一朵"又红又香，无人不爱"的明艳玫瑰；是远嫁他乡"千里东风一梦遥"的倚云红杏；是没落家族中有才干远见，"才自精明志自高"的管理者；是抄检大观园时家族败亡的吹哨人……这个明艳、果敢、聪敏的贾家三姑娘历来是《红楼梦》中惹人注目的主要人物，收获了许多人的喜爱。但也有人质疑她与亲生母亲赵姨娘的关系，认为她嫌弃自己的生母，认为她"儿嫌母丑"，是不孝顺的。其实并非如此，探春并不嫌母丑。

（一）庶出的身份

在古代，生为女子已是苦；若是出身不好，则会更苦。而这两点，探春都占了。

探春是贾政的妾室赵姨娘所生，是庶出的身份。比起林黛玉、薛宝钗、史湘云等嫡出小姐，她是先天不足的。探春处处要强、事事出色，在贾府中是受人尊重的。但就像兴儿向尤二姐介绍贾府里的姑娘，说到探春："三姑娘的混名儿叫'玫瑰花儿'……可惜不是太太养的，'老鸹窝里出凤凰'。"人们赞美她的人品的时候，总是不能忘记"玫瑰花"生长的土地。就连凤姐对她都不吝惜赞美之词："好，好，好，好个三姑娘！我说她不错。只可惜她命薄，没托生在太太肚里。"凤姐知道即使是探春有这样的才干，今后议亲时也难免会在庶出上吃亏。庶出是探春的软肋，也是她无奈的地方。其他小姐轻而易举能够获得的优待和宠爱，她却要通过自己的百倍努力才能获得。

庶出的身份让探春通过加倍的努力来改变别人的眼光，从而获得认同和存在感，但最让她无奈也无从改变的却是她的生母赵姨娘。《红楼梦》中很少有非黑即白的人物，但赵姨娘却是一个可以板上钉钉的令人生厌的人物，她的坏且蠢实在让人觉得可气又可笑。再加上探春那由赵姨娘"教养"出的亲兄弟贾环，像个"燎毛的小冻猫子"似的，实在让人爱不起来。这样的生母，这样天差地别的亲兄弟，让探春在贾府核心阶层中举步维艰。从凤姐的话"太太又疼他，虽然脸上淡淡的，皆因是赵姨娘那老东西闹的"中可以看出，探春的母亲带给女儿的负面影响还是很深的。

探春从小就在王夫人身边长大，而且礼教规矩都告诉探春王夫人是嫡母。她想要在贾府得到一席清净的地方，必须要对王夫人尊敬有加。

小小年纪的探春，争强好胜的探春，自尊自爱的探春，身世真的给她设置了太多的不容易。这就使得她只能靠自己。自己的兰质蕙心、百般机变、自尊才华才能让自己在贾府的核心权力圈子里立住脚跟。她的努力与坚韧是值得赞扬的。

这个庶出的身份给探春带来了很多障碍，所以探春并不能够在明面上对赵姨娘很热络，甚至很多时候还要为了避嫌而刻意疏远她。

（二）为嫡母解围

在第四十六回中，贾母因贾赦求娶鸳鸯一事大发雷霆，因见王夫人在旁，便也迁怒了，"向王夫人道：'你们原来都是哄我的！外头孝顺，暗地里盘算我！'"一屋子人吓得早已是没了声息。书中的描写很到位：王夫人忙站起来，不敢还一言。薛姨妈见连王夫人怪上，反不好劝的了。李纨一听见鸳鸯这话，早带了姊妹们出去。探春是有心之人，想王夫人虽有委屈，但如何敢辩；薛姨妈现是亲妹妹，自然也不好辩；宝钗也不便为姨母辩；至于李纨、凤姐、宝玉，更不敢辩。这正用着女孩儿之时，而迎春性情老实，惜春年纪尚小，因此，探春在窗外听了一听，便走进来，陪笑向贾母道："这事与太太什么相干？老太太想一想：也有大伯子的事，小婶子如何知道？"

探春替王夫人出头说话，并非刻意讨好。大家都知道是贾母错怪了人，但无人敢反驳。探春是聪敏的姑娘，她在说话之前观察了一圈：堂上这些人有不便说的，有不敢说的，也有不擅长说的。她知道"这正用着女孩儿之时"，所以才会以一己之力替王夫人出头，让王夫人免受牵连。这是符合探春秉正的性格的，也是有担当的表现。在这番活动中，她没有半分私心。倘若存一丝不正之心，也断不能让经沧桑、会识人的贾母立马承认是自己"老糊涂了"。如果真的有邀宠之心，此刻她的嫡母尚在贾母的辖制之下，她何不装聋作哑，迎合贾母？讨贾母欢心岂不更好？

探春心正，行得也正。这件事体现了她的担当和勇气，与她勇于改革旧弊和管理上的决断是相呼应的。

（三）明面的决绝

很多人认为，探春和赵姨娘最"刚"的一次冲突发生在第五十五回，探春管家时为舅舅赵国基的丧葬费而争执。这成了一些人诟病探春的重要原因。

李纨参照袭人母亲去世时的赏银标准，准备给四十两。探春觉得这是管家吴新登媳妇在敷衍，并没把两个刚刚管事的人当一回事，所以她按照旧例，只赏银二十两。这个决定激怒了探春的母亲赵姨娘，赵姨娘便来兴师问罪。这个情节，更能体现曹雪芹笔法的高超，这一个小情节中生动地摆出了探春管家的难处：一方面恶奴欺主，等着看笑话；另一方面要平衡各方关系，甚至是面对亲生母亲的无理刁难。特别这还是探春的亲舅舅，如若处理不当，自然就是落人口实、惹人笑话的事了。

探春处理得机智清楚、干净利落。她询问旧例，翻查旧账，还即刻奚落了等着看笑话的吴新登媳妇，把她羞得"满面通红"，让她在探春面前再也不敢怠慢。这样的决断既守了规矩又立了威。

可是这样的结果却让赵姨娘心生不满，不分场合、不顾情面地来到女儿面前闹将起来。

且看探春的动作，"忙让坐""忙道""忙站起来说道"，连用这三个"忙"，可见她作为女儿对母亲的礼貌，是谨慎小心、以礼相待的。至于称呼赵姨娘为"姨娘"而不称"母亲"，这是封建制度中的伦理规定，庶出的子女在那个时代要称嫡母为"母亲"，称生母为"姨娘"，当时理应如此。

而且又是"笑道"，虽然面对生母的为难，但探春始终是有涵养的，还细细为母亲分析，"一面便坐了，拿账翻给姨娘瞧，又念给他听"，这番细致和功夫是很有诚意的，言语中对母亲的规劝都是以持正的态度，并未对赵姨娘带有任何贬损之意，还联系到贾环，这样事事把"环儿"放在嘴上还不是关心自己的母亲、弟弟吗？只是后来越说越伤心，想到自己的母亲在女儿管家时都不能体谅自己管家之难，当场来下自己的面子，感伤起身世，这才哭起来。这不更是站在母女的情分上，希望获得母亲的支持和理解吗？

可赵姨娘确实糊涂昏聩，"太太疼你，你该越发拉扯拉扯我们。你只顾讨太太的疼，就把我们忘了！"这句话激怒了探春，这个"拉扯拉扯"和之前的"有个想头"是一样的，直接暴露了她自始至终想要占便宜的本质。可她碰到的却是一个绝不会占便宜，极度自爱的女儿。所以探春不留情面地说道："我怎么忘了？叫我怎么拉扯？这也问他们各人。那一个主子不疼出力得用的人？那一个好人用人拉扯呢？"面对赵姨娘过分的言语，探春说自己的舅舅是王子腾，从封建家族制度上撇开与赵姨娘的关系。探春可能这样认为，只有这样的威严才可以镇住自己这个不分青红皂白的母亲，也只有这样的铁面无私才能保持住自己管家的威严。

探春管家是王夫人亲自任命的，众人巴不得找到探春的错处。赵姨娘此时当着众人的面来同探春胡闹，探春要是答允，那么不但难回王夫人的托付，而且也无法再约束下人们，所以探春当时之举也是被逼无奈。

（四）暗地的关照

明面上没给赵姨娘台阶下的三姑娘，真的对亲娘漠不关心吗？其实不是的，第六十回，赵姨娘因为什么蔷薇硝的事和芳官等女孩打成一团。探春是这么说的："这是什么大事，姨娘太肯动气了。我正有一句话，要请姨娘商议，怪道丫头们说不知在那里，原来在这里生气呢。姨娘快同我来。"这是探春的机智，她清醒地知道，这样的小事，如果大动干戈分个对错，费时又费力，又牵扯着赵姨娘和贾环，轻了也不是，重了也不好，最聪明的办法就是把事情淡化，让赵姨娘从一群不好惹的小姑娘堆里撤出来，这是对赵姨娘最切实际的关心。

探春私下又劝赵姨娘："那些小丫头子们原是玩意儿，喜欢呢，和他玩玩笑笑！不喜欢，可以不理他就是了。他不好了，如同猫儿狗儿抓咬了一下子，可恕就恕；不恕时，也只该叫管家媳妇们，说给他去责罚。何苦自己不尊重，大呼小喝，也失了体统。你瞧周姨娘，怎么没人欺他，他也不寻人去？我劝姨娘且回房去煞煞气儿，别听那说瞎话的混账人调唆。惹人笑话自己呆，白给人家做活。心里有二十分的气，也忍耐这几天，等太太回来自然料理。"探春规劝赵姨娘要自重身份、安分守己，也是站在母亲的角度考虑事情，这是女儿对母亲的用心嘱咐。

探春对李纨倾吐苦衷："这么大年纪，行出来的事总不叫人敬服。这是什么意思，也值的吵一吵，并不留体统！耳朵又软，心里又没有算计，这又是那起没脸面的奴才们调唆的，作弄出个呆人，替他们出气。"她知道母亲做事不让人敬服，但这段言语却比刚刚与自己的母亲当面说的要直接多了，也就是说，她在赵姨娘面前是给母亲留着脸面的，这里对李纨的诉说真是有一份"恨铁不成钢"的无奈。"耳朵又软，心里又没有算计"这是明显的心疼和担忧啊，不是至亲的人怎会说出这样的话？"这又是那起没脸面的奴才们调唆的，作弄出个呆人，替他们出气"。其实，并无人教唆赵姨娘，这件事情确实是自己的母亲挑起来的，还差点教唆了贾环。但探春愿意相信或者说是有意为母亲开脱，认为主要的责任不是自己母亲的。如若不是真正关心或在意，应该不会有这样一番在他人面前对母亲的形象的回护。

母亲没有给女儿以尊严，但是女儿却对母亲始终葆有着惋惜和心痛！所以这样的探春，怎会"嫌母丑"？

探春对赵姨娘的好都化于平日点滴的小事里。因为身份和规矩，探春不能光明正大和赵姨娘走得近，但是探春的心里一直想着她。探春一而再、再而三的忍耐，不过就是割舍不下这一份亲情。探春对赵姨娘的爱最直接也最明显的表达就是在她被迫和亲远嫁的时候，她第一次毫无顾忌地叫了赵姨娘"娘亲"。也许此生都不能再见了，探春对赵姨娘的爱再也无法抑制，赵姨娘也抱着探春大哭。探春远嫁，最伤心的人也是她。众人都看到探春远嫁的好处，只有她知道探春内心的伤痛。探春的一声"娘亲"证明了探春心里最爱的人还是赵姨娘，不管赵姨娘如何不好，她都是探春最爱的母亲。

从这些事情上都可以看出，探春始终是在乎自己的母亲和弟弟的，只是因为"恨铁不成钢"，所以表现得比较严厉。这是她对贾环应有的态度。从贾环的言语中可以看出，他是惧怕三姐姐的，可见探春对自己弟弟的管教不少。她对赵姨娘的嘱咐，何尝不是用心良苦。一个注定要出嫁的姑娘，无法长久陪伴和保护自己的母亲和弟弟，最好的态度就是让他们认清自己的身份、安分守己，这样才能在这个大家族里生存下去。

这就是探春，她并不嫌母丑，她想要用自己的努力改变"母丑"。她对母亲和弟弟的爱是严格而内敛的。这份爱可能很多时候不被理解，但以探春的性格，她定然是不在意别人的不理解，不后悔自己的做法，只会唱道"高情不入时人眼，拍手凭他笑路旁"。

第七章

写作指导与升格

　　高中语文课程标准对学生写作方面的要求是"根据具体的语言情境和不同的对象，运用口头和书面语言文明得体地进行表达与交流"，"捕捉创作灵感，用自己喜欢的文体样式和表达方式写作，与同学交流写作体会"，"根据需要，可选用杂感、随笔、评论、研究论文等方式，写出自己的阅读感受和见解，与他人分享，积累、丰富、提升文学鉴赏经验"。因此，高中阶段除能写一般的记叙文外，还要能够写出水平较高的议论文，这就要求学生在不同文体的写作方面都要有足够多的积累和训练。

　　从近几年高考对写作的要求来看，选材的范围更广，内容涉及人生哲理、自然与社会、认识自我、人文关怀、传统文化、青年责任、科技创新、绿色生活、中国智慧、家国情怀等方面，并且不回避时政热点，直接或间接培育考生的家国情怀，引导考生肩负历史使命。命题贴近考生生活实际，鼓励考生个性化表达；坚持价值引领，引导学生坚定理想信念、关注社会生活。这很好地体现了素质教育培养社会主义建设者和接班人，培养能够扎根人民、奉献国家、肩负民族复兴使命的时代新人的根本任务。

　　高考作文对文体的要求多是"文体不限（诗歌除外）"这种宽松的要求，可以让学生选择自己擅长的一种形式，更好地表达自己的认识，特别是有利于考生个性的发挥，能很好地考查学生的语言表达能力和思想的宽度与深度。但是，我们也应该看到，这种宽松的要求背后，实际上是对学生更高层次的考查，让学生先对所给的材料进行更加准确的分析，再来确定选取什么体裁写作更加有利。而不同文体对语言和结构也有多方面的要求，这就要求学生在高中阶段要学会多种文体的写作，才能有效应对。

写作是一种高阶思维的表达。审题立意，谋篇布局，语言表达，都极需匠心。要根据写作的具体情境和要求，正确选用文体、语体，灵活使用语言文字和各种表达手段，掌握记叙、议论、说明、描写、抒情等基本表达能力，做到内容丰富、思想深刻、语言生动，才能取得高分。

第一节 记叙文写作

一、让记叙文流淌动人的情怀

记叙文写作，要解决的一个突出问题就是避免空洞叙事，没有真情实感。

记叙文不只是单纯写人或是写景，而是要在叙写的过程中融入自己的情感，这样才能让文字有温度，能感染人。高考作文评分标准中有一条就是有"真情实感"，也是从评价的角度来规范记叙文的写作。

没有足够的生活积累、语言积累，写作时生编硬造，难以写出真情实感，文章显得虚假、乏味，自然不会受到关注。

（一）选取最熟悉的、感受最深的材料

熟悉的人和事，和自己的生活关联密切，能够触动自己的内心，引发自己多方面的思考，或喜、或悲，都是内心的真切感受，这样的情感没有矫饰。

教材中的记叙文可以作为写作的范例，如史铁生的《我与地坛》，写自己两腿残废后的挣扎时，那种无助甚至是颓废的心情，让人感同身受。园子里的那些荒凉而衰败的老建筑，随处可见的野草和荒藤，都是他在极度颓唐的时候眼里所见的。正是这些每日都见到的东西，让他在痛苦中慢慢感悟生命的道理，从生命的最底端坚强地走出来。"十五年了，我还是总得到那古园里去，去它的老树下或荒草边或颓墙旁，去默坐，去呆想，去推开耳边的嘈杂理一理纷乱的思绪，去窥看自己的心魂。""默坐""呆想"，看到的是自己内心那些最真实的东西，这样的情感不是凭空可以编造出来的，唯其真实、深刻，才能动人心。

文中写母亲的那一部分，都是日常生活中的一些小事，是作者和母亲每天的日常，琐碎而具体，但让我们读到的是天下母亲都会有的痛苦选择和对儿子

的理解以及心里的无助。

> 她不是那种光会疼爱儿子而不懂得理解儿子的母亲。她知道我心里的苦闷，知道不该阻止我出去走走，知道我要是老呆在家里结果会更糟，但她又担心我一个人在那荒僻的园子里整天都想些什么。我那时脾气坏到极点，经常是发了疯一样地离开家，从那园子里回来又中了魔似的什么话都不说。母亲知道有些事不宜问，便犹犹豫豫地想问而终于不敢问，因为她自己心里也没有答案。她料想我不会愿意她跟我一同去，所以她从未这样要求过，她知道得给我一点独处的时间，得有这样一段过程。她只是不知道这过程得要多久，和这过程的尽头究竟是什么。每次我要动身时，她便无言地帮我准备，帮助我上了轮椅车，看着我摇车拐出小院；这以后她会怎样，当年我不曾想过。

面对在生命边缘徘徊的儿子，她表现出来的"卑微"，正是内心里的不安与无助。她"无言地帮我准备，帮助我上了轮椅车，看着我摇车拐出小院"，都是母亲内心的挣扎，是最真实的情感体现。这样的文章，从生活中的具体情景入笔，以最真实的情感打动读者，也就具有了长久的生命力。

高考命题的方式很自由。材料作文中的"材料"也很宽泛，但都和学生的生活与成长密切相关。这就是让学生有话说，避免无话可说而生编硬造。如某高考卷漫画材料"毕业前最后一节课"，一句旁白让人破防：老师说，你们再看看书，我再看看你们。

有一篇得高分的记叙文中有这样的段落：

> 还记得初识时，您站在讲台上用严肃正经的声音对大家保证，只要有您在，这个班的旗就不会倒。于是，您每天早晨逼着大家跑早操，为感冒生病的同学买药，带领大家享受食堂的"小美好"，您总说我们这届是您带的最差的学生，可您从未放弃过我们，您担心我们的身体，担心我们的情绪，担心我们的未来。老师，这些我们都看在眼里，记在心里。老师，看吧，我们才不是一群没心没肺的小白眼狼。
>
> 我们一直都想对您说，其实您很过分，您总是发成堆成堆高质量的

卷子，美其名曰"享受"；您总会在风雨交加、冰雪降临的时候，催我们"日夜兼程"，不准滞留在宿舍；您还会占别的老师的课，然后编一些无厘头的理由来抚慰大家失落的心。还有呢，您知道教室后门的玻璃为什么被同学们贴上了纸吗？那是因为我们总看见您鬼鬼祟祟地躲在外面偷看，后桌同学都不敢去开门。您还喜欢调监控找把柄，等到适合的机会再拿出来教训我们一把；您还喜欢在课堂给我们上思想政治课，然后整栋楼都可以听见您怒吼的声音。老师，这些我们都给您记着呢。

您在变老，自己却不肯面对。年过五十的您会带着一群学生在舞台上乱舞，也总在重复着自己曾热血过的青春；您不肯接受同学们的帮助，然后一个人扛着班级用水气喘吁吁地上楼；您会挺着一个啤酒肚和男生们打篮球，吓得男生们直接把球扔给您；您会训斥我们的萎靡不振，也会为了班级荣誉而不服老地赤膊上阵。老师，这些，我们都记着呢。

这篇文章的题目是《给老师的毕业证书》。文章角度新颖，反弹琴瑟，没有写学生的毕业，而是观照老师的"毕业"，以学生的名义给老师颁发毕业证书。文章里写到的老师的"事迹"，都是学校生活的直接再现，是从学生的眼里来看待老师每天的工作日常，用幽默的语调表达了对老师的赞美和对老师的不舍，情感真挚，蕴含丰富。

写作素材来源于生活。当然，写作不是生活的实录，并不就是把自己所有的情绪都一股脑地写出来，那样会造成情感的泛滥，没有重点，也会带来一些消极影响。因此，要学会适当地取舍，让情感在具体的写作要求中得以精炼和提升，给人有益的启示。

（二）细节描写，体现真情

精彩的细节描写是记叙文的关键，能更好地表达作者的情感。那种笼统的描写，如风吹过水面，难以给人留下深刻的印象，也不会打动读者。好的记叙文都注重以细节取胜。

高考优秀作文《见证父爱》中有一段话让人泪目：

坐在后排座上，我看见父亲鬓边的白发，那一瞬间，我多么想和父亲说一声对不起，女儿让您失望了，可是我没有鼓起勇气。您帮我在宿舍收拾床铺，我看见您已显苍老的背影，多么想和您说一声对不起，可是我没有开得了口。您一直和我说着重复了十八年的话，让我好好学习，此时此刻，我再也不觉得这样的话枯燥无聊。一直等到您上车关上车门，我的眼泪才忍不住流下。"

接着作者又写了几个儿时平常的故事：

> 小的时候我最喜欢的游戏就是把您的长腿当作滑梯，在您的脚边放一个小凳，我一次次从滑梯上滑到小凳上，您从来都没觉得烦，今天我才理解了，这是您对我的爱。我记得小时候您为了让我吃一个鸡蛋，追着我在楼群里跑了几个来回，当您满头大汗追到时却不生气，只是高兴地把鸡蛋塞给我，今天我才理解了，这是您对我的爱。

平常的生活场景，在作者的笔下，细致而有韵味，那一点一滴的经历，正是浓得化不开的亲情，读来让人久久不能平静。

归有光的《项脊轩志》善于从日常生活中选取那些感受最深的细节和场面，表现人物的风貌，寄托内心的感情。作者写去世的妻子，只说："时至轩中，从余问古事，或凭几学书。"寥寥数笔，绘出了夫妻之间的一片深情。末尾，作者把极深的悲痛寄寓一棵枇杷树。"庭有枇杷树，吾妻死之年所手植也，今已亭亭如盖矣。"在"亭亭如盖"四个字的前面加上"今已"这个时间词，表明时光在推移，树长，人亡！物是，人非！光阴易逝，情意难忘，进一步把思念之情深化了。

（三）恰当的抒情议论

记叙文以记叙为主，但不能只有记叙，也要有恰当的抒情和议论。这些议论和抒情的句子是一种很好的点缀或渲染，会使细节得到深化，可以点明主题，表达情感。这些议论或抒情的句子可以说是文章中的点睛之笔，能对文章中的叙事起到升华的作用。

史铁生在《我与地坛》中用记叙、议论和抒情等多种表达方式，表达了对母亲的爱和愧疚。他在自己回来看到母亲还在原地看着自己时，内心受到了很大的触动，写下了一大段议论和抒情的文字：

　　许多年以后我才渐渐听出，母亲这话实际上是自我安慰，是暗自的祷告，是给我的提示，是恳求与嘱咐。只是在她猝然去世之后，我才有余暇设想。当我不在家里的那些漫长的时间，她是怎样心神不定坐卧难宁，兼着痛苦、惊恐与一个母亲最低限度的祈求。现在我可以断定，以她的聪慧和坚忍，在那些空落的白天后的黑夜，在那不眠的黑夜后的白天，她思来想去最后准是对自己说："反正我不能不让他出去，未来的日子是他自己的，如果他真的要在那园子里出了什么事，这苦难也只好我来承担。"在那段日子里——那是好几年长的一段日子，我想我一定使母亲作过最坏的准备了，但她从来没有对我说过"你为我想想"。事实上我也真的没为她想过。那时她的儿子还太年轻，还来不及为母亲想，他被命运击昏了头，一心以为自己是世上最不幸的一个，不知道儿子的不幸在母亲那儿总是要加倍的。她有一个长到二十岁上忽然截瘫了的儿子，这是她唯一的儿子；她情愿截瘫的是自己而不是儿子，可这事无法代替；她想，只要儿子能活下去，哪怕自己去死呢也行，可她又确信一个人不能仅仅是活着，儿子得有一条路走向自己的幸福；而这条路呢，没有谁能保证她的儿子终于能找到。——这样一个母亲，注定是活得最苦的母亲。

　　作者从母亲的角度来揣测她当时的心理，表达了对没有顾及母亲感受的愧疚之情，也让读者更充分地感受到了母亲对儿子的深沉的爱。这份爱是在痛苦和无奈中以最朴素的方式表达出来的。

　　精彩的议论和抒情可以揭示生活的意义，升华文章的主题。材料是文章的血肉，思想是文章的灵魂。作者对材料的深入挖掘，正是通过议论或抒情来实现的。它们可以揭示出材料中丰富的内涵和寓意，让读者从中感悟到文章的主题。

　　有些学生的作文，只有简单的叙事或是写景，显得没有思想，自然达不到"深刻"的要求，文章只能在低层次打分。

　　记叙文中的情感，可以是亲情、友情，也可以是家国情怀。要很好地写出这些，就要注重平时生活的积累，善于从平凡的生活中挖掘出有价值的东西，发现深刻的意义，要不断提高思辨能力，以积极的态度去认识生活中的人和事，要写出人物的灵魂、事情的真谛，要从人或事中写出人生哲理。这样，记叙文才会有动人的情怀，才会赢得高分。

二、记叙文出彩的关键

高考作文中，记叙文的写作最能凸显一个人驾驭文字的能力，体现一个人的写作素养。但是，很多人因为把握不了记叙文的写作技巧，考试中不敢选择写记叙文，只能用议论文得一个折中的分数。

要写好记叙文，取得考场上的胜利，除了要有平时广泛的阅读和经常的写作训练外，还要能够把握一些写作中的关键点。

（一）选材

记叙文能不能出彩，很重要的一点就是选材。要避开那些别人都写滥了的材料，多从生活中挖掘紧踏时代节拍的素材，从平常的生活中体现深刻的主题，也就是以小见大。

例如，北京卷高考作文：

> 当今时代，我们每天都会面对各种各样的信息。其中有一条信息，或引发了你的感悟，或影响了你的生活，或令人振奋，或使你愧疚，或让你学会辨别真伪……
>
> 请以"一条信息"为题，联系现实生活，展开联想或想象，写一篇记叙文。要求：思想健康；内容充实，有细节描写；语言流畅，书写清晰。

给出的材料中，列举了信息可能会引发感悟、影响生活、令人振奋、使人愧疚或让人学会辨别真伪等，涉及范围很广，也在一定程度上拓展了考生思维的空间，让学生不至于无从下手，没有话说。但是如果仅仅是一般的生活中的一条信息，停留在学生的生活层面，或是一般的亲情层面，文章可能就会显得浅显，没有新意，也没有深意。而如果能够和现实生活多方面联系，将视线落脚在国家的一些热点层面，就会具有浓郁的生活气息，也能体现出深刻的社会意义，这样的文章自然是考场作文的上品。

一篇获得高分的作文写的是一个儿子为了巴结领导，达到升官目的，想把父母的地卖了的故事，表现出对人性的反思，具有很强的现实意义。作者在经过层层的铺垫后，才点明领导发来的"一条信息"的具体内容："小王啊，我想在你老家找一处空地，建一幢别墅，你帮我打听打听，事成之后，自然少不了你的好处。"而做母亲的得知儿子让他们进城的目的是给领导腾地后，义正词严地说："你当初去城里的时候，你爸怎么和你说的？做人要清廉正直，不可阿谀奉承，切忌见风使舵，可你这孩子，哎！你自己好好想想吧。不要让我和你爸失望了。"这样的选材，跳出了学生生活的小圈子，走进了广阔的社会生活中，又暗含着对社会上一些不良之风的批评，以及对农村土地流失等问题的思考，作者的笔触很深刻地揭露了社会上的一些黑暗现象，也表现了以父亲为代表的普通百姓正直、善良、热爱土地的本性。他们对孩子的教育，正体现了对社会正气的追求。这些正是我们要大力弘扬的正能量，也是我们国家发展的基础。作者的选材来源于生活，又对生活有着深入的思考，很能显示出深厚的写作素养。

（二）细节

朱光潜认为，优秀的记叙文不仅是单单的叙事，优秀的记叙文的叙事部分大半只像枯树搭成的花架，用处只在撑持住一园锦绣灿烂生气蓬勃的葛藤花卉。这些叙事以外的东西就是记叙文中的细节。写记叙文只会写叙事的梗概而不能写其中的细节，就像只会搭花架而不会培养满架的繁花。写文章最忌讳的就是平铺直叙，特别是对人和对事的笼统叙写，缺少必要的细节。没有细节的文章就像是一个个空散的花架，长了几根疏散的藤，没有叶，也没有花，给人一种萧瑟的感觉。

一篇好的记叙文，总要在细节上下功夫，通过一定的细节描写，写景、写人、叙事，突出形象，表达情感，让读者在细腻的表达中理解人物，品味情景，触摸到生活中最深层、最细腻的部分，从而走进文本的内在，达到心灵的抚慰。记叙文的闪光点在于细节。

记叙文中的细节，主要体现在对人物语言、动作、心理、肖像的描写以及对场面、环境的描写等方面。

某高考作文主题围绕"重读长辈这部书"，贴近考生的学习与生活，具有现实意义，易于引发考生的联想与思索，并且具有开放性与限制性，文化意蕴深厚，思辨色彩鲜明，平实中显大气，平易处见深刻。作文试题从考生十八岁步入成人的年龄特点出发，关注传统文化的代际传承及人文素养的培育提升，引导考生对过去的生活重新发掘、重新梳理，展开联想与思考，写出个人的独特感受与见解。这是一道"好写"的题目，但若想"写好"，却不太容易。特别是要涉及具体的人物描写，如果只是泛泛地写，很难写出人物的特点和精神，就会流于表面化。因此，成功的细节描写就是取胜的关键。

有一篇名为《素手劳心歌以曲》的文章，获得好评。作者写外婆的手"硬如生铁，又粗糙如柴，那数不清的疤痕沟壑，组成一道道脉流，综横交错"。可是，母亲不止一次对我说过，外婆是大家闺秀，琴棋书画无不精通。可是现在，她已握不住笔，也刺不出鸳鸯，只会做家务杂事。从作者的叙写中，我们看到的是一个嫁给爱情的外婆，因为生活的清苦而劳碌的身影和她因为生活的幸福而满足的神情。

> 搬家后，外婆的手再也接触不到未出阁时的琴棋书画，每天都忙着应付杂乱的柴草、漆黑的炉灶。她的手在扒煤烧柴中黑了，又在柴草荆棘中红了，外公紧紧握住那黝黑流血的手，长叹一声，潸然泪下。外婆微笑着，仿佛忘却了手上的痛，轻轻地用她不再美丽的手拍着外公突出的脊梁，学着电影里的台词劝慰外公："会有的，面包会有的，一切都会有的。"
>
> 后来外婆买了口大锅，铁锅黝黑锃亮，已长大的母亲站在铁锅旁吮吸着手指头，眼巴巴地看着锅里的东西。外婆只是笑着，熟练地翻炒着，任由油点溅到手上，她已经不再感到痛。有了我之后，外婆还是用这一口锅煮好一家人的饭菜。温柔的火苗轻轻地舔着锅底，铁锅一如既往地默默地忍受着，一如身后微微笑着的外婆。

作者的笔触如此细腻。外婆的忙碌和那挂在脸上的微笑，是贫苦生活里一抹亮丽的温暖。心里有爱，就不再觉得贫穷的苦。熟练的翻炒动作，对未来充满希望的话语，还有外公那双紧握的手，一个个镜头闪过，都是一幅幅美丽的生活画面。细节的描写让人动容，虽然当中人物的话语不多，但依然让读者感受到他们仿佛活生生地出现在眼前。

巴尔扎克说过，惟有细节将组成作品的价值。英国作家塞·斯迈尔斯说过，就像从很小的孔穴能窥见阳光一样，细小的事情能刻画出人的性格。赵树理也说过，细节的作用在于给人以真实感，越细致越容易让人觉得像真的，从而使看了以后的印象更深刻。高考作文要在短短的几百字中取胜，就要在细节上下功夫，要准确地捕捉现实生活事物的细部特征，同时要学会力求用简约生动的笔触去勾勒、描摹，给读者留下鲜明、突出的印象。

（三）感悟

某考生的高考作文《一条信息》，以疫情为背景，写了母亲收到一条信息：喝高度酒可抵抗新冠病毒。作者围绕这条信息写了和母亲的不同意见，以及母亲竟然信以为真，到街上去买酒，却发现"酒价涨上了天"。对待这样的事情，作者展开了思考，探讨了对待谣言的态度，具有鲜明的时代感和启发意义。作者在文中写道：

> 是夜，夜空静谧，月光透过叶子的间隙洒下，给大地罩上了一层神秘的面纱。我翻来覆去睡不着，想到母亲给我看的手机上的那条信息，突然间想起一句话："我们所听到的是一个观点，不是事实；我们所看到的是一个视角，不是真相。"如此一来，那条信息也仅仅是一个观点，因为它未得到证实。

> 夜空中的月亮宁静温柔，它就像日益强大的祖国，庇护着我们，同时也照亮了每个人心中的阴翳。面对这样的信息，现在我能做的就是做好自己，不信谣，不传谣，相信我们伟大的祖国，相信一定能有一个科学的结论。

这样的感悟是深刻的，是对待谣言的科学而严谨的态度。行文中也表达出对祖国的信心，相信伟大的祖国一定能有科学的结论。这样的立意，紧扣生活，也是对思想的洗涤，符合高考作文"深刻"的要求。

一篇题为《佛心》的文章，作者写的是一行人乘车去游览峨眉山。路上，一个叫叶子的小女孩先是把司机挂在车上的小布猴摘下来，让它"坐"在了后排的椅背上，随后，舒了口气跟旁边的人说："好了，换个姿势，它就不累了。"之后看到车开得太快，一些飞行的小昆虫撞死在了玻璃上面。她带着哭腔央求司机说："叔叔，你慢点开好吗？别撞死这么多的虫子！我们晚一点到峨眉山没有关系的。"等到了峨眉山报国寺下面的停车场，她在路上看到一条蚯蚓，怕它晒死，就勇敢地捏起了它，把它扔进了草地里，而自己却吓得哭了起来。

几个简单的故事，让作者看到了一颗真正的"佛心"，作者在文章的最后写道：

> 到了报国寺，我没去礼佛，而一颗虔敬的心，不由朝向了小小的叶子。一路上，她让我通过她明亮的眼睛，看到了尘世间最真的温情和最美的怜爱：让一只布猴坐得更舒服一些，让布制的心脏也感觉到人寰的温暖；给小虫子一个放心飞行的空间，让它们无忧无虑地做完一个纯真的梦；把迷路的蚯蚓送回家，就算害怕了，也要在害怕来临之前完成自己必然的壮举……佛，把一颗大慈大悲的心安放在了一个小小的胸腔里面，让它带动起原本冷漠麻木的心生动地飞翔。愚钝的人终于明了，在这个物质的世界上，并非只有"到达"才算得上真正的到达，途程遥遥，但到达的意义无处不在。终极的眼神，将神韵赋予了沿途的每一汪清泉每一方湖泊。

至此，文章的主旨就在这样带有浓浓的抒情和议论性的语言中体现出来。我们看到了那几件平常的小事背后凝聚的深意。这样的感悟，就是文章点题的部分。

（四）文采

好的文章总是离不了好的语言，情感与哲理都是内在的，语言则是直观地展现在读者面前的。好的语言体现在恰当地运用修辞手法、合理地选用句式、准确地使用词语等多个方面，让文章如同披上一件美丽的锦衣，高雅而亮丽。

某高考作文，要求以"绿水青山图"为主题，写一篇记叙文，形象生动地展现人与自然和谐相处的美好图景。要绘好这幅"图"，自然要有精彩的文笔。有考生写道：

> 清晨，可以伫立在东边最高的地方等待日出的第一抹光亮；黄昏，

可以在西边的山上找一处平坦的地方躺下，送走落日最后的余晖。

整句的运用，既体现了语言的节奏，又从不同的角度展示出了美丽的图画的内涵。

在这里，云朵触手可及。不仅仅溪流干净透彻，更因为这里是离天最近的地方。从远处看来，就像人们依偎在云朵柔软的怀抱中。

清新的语言，就像是蓝天、碧水，总是给人舒心的感觉，比拟手法的运用，让人对柔软的云朵更有一番情意。

某考生的高考作文《重读父亲》中写道：

游子在天涯，不忘的，抑或思念的，定有远方的家；落红吻泥土，终归的，抑或诠释的，是那初生的根；乌鸦反哺，心念的，抑或阐述的，正是那亲情和爱。因为亲情，因为爱，所以游子总是思家念亲。而每一次思念，都是一次重读。重读长辈，重读过往，便在思念中抒怀，便在重读中成长。

排比句、整句，增强了文章的气势，丰富了语句的内容，也给文章蒙上了一层诗意的美，让文章更有灵气和意味。恰当的文言词语的使用，也使句子更显得典雅。

当然，文采也可以是一些朴素的语句，虽不加雕饰，但自有韵味。

写出记叙文的精彩并不是高不可攀的事情，只要在这些关键点上下功夫，就一定能有突破。

三、记叙文升格的有效途径

写记叙文容易，但要真正写好很难。许多学生能够做到有条理地写人、记事，语言通顺，能表达出自己的情感，看起来合乎记叙文的一般要求，但是，要想让自己的作文真正做到内容丰富，有文采，有深度，还需要进一步地升格。

（一）让内容丰富起来

1.将内容具体化，突出细节

有效的细节描写，是文章打动人的关键，能让人身临其境，真切、具体地感受到环境的特点、人物的情感变化。一些学生的作文，在叙事、描写上采取了极简的方式，一笔带过，只能给人一种笼统的印象，无法走进文字中或生活的深处去真实地感受，如同蜻蜓点水，难以从深处触动人的心灵。

龙应台在《目送》中有一段文字：

> 博士学位读完之后，我回台湾教书。到大学报到第一天，父亲用他那辆运送饲料的廉价小货车长途送我。到了我才发觉，他没开到大学正门口，而是停在侧门的窄巷边。卸下行李之后，他爬回车内，准备回去，明明启动了引擎，却又摇下车窗，头伸出来说："女儿，爸爸觉得很对不起你，这种车子实在不是送大学教授的车子。"

父亲的细心体现在时时事事都在为"我"着想，他用自己的方式表达着对孩子的关爱。不送我到门口，父亲是担心"运送饲料的廉价小货车"不合乎我"大学教授"的身份，而走时，又"摇下车窗"，特意对我解释，言语里都是对我的歉意。这样的细节，胜过千言万语。都说父爱如山，而这如山一般的爱，就在生活中这样普通的一件事、一句话中。就像朱自清先生写到的父亲的背影，谁又能忘记得了呢？

学生作文中有这样一段话：

> 明天就要开学了，妈妈仔细地帮我打点行装。她把我该带的东西都准备齐全，又再三嘱咐我到学校后要听老师的话，该吃什么就吃什么，别舍不得花钱，还说，有空她会去看我。

这种平面化的叙写，只是在交代一个过程，里面的人没有情感，自然就没有动人的地方。如果把文中写到的动作、语言等具体化，就会让文字中包含的关心体现出来。可以作出如下修改：

晚上，妈妈走进我的小屋，环顾四周，最后目光落到了书包和行李上。她打开行李包，一一检查，嘴里还念念有词道："毛巾、牙刷……"她满意地点点头，露出欣慰的笑容。她将肩上即将滑落的外套又重新披好，抚摸着我的头。

忽然间，她冲出屋去，数分钟后，只听里屋门"嘭"的一声，接着是拖鞋与地面发出"挲挲"的声音，我房间的门又开了，她将什么东西装进了我的书包，装好后，如释重负地笑了，接着走过来对我说："我给你带了点药，到了学校要听老师的话，别任性。现在正在长身体，多吃点，别怕花钱。想家了，打个电话，家里会有人的……。"她转过身去，一会儿，又补充道："我和你爸会去看你的，早点睡吧！"

原文中的"仔细""打点""嘱咐"这三个细节化概括叙述变为具体的描写，这样文章就变得富有情感，把母亲的关心与爱表达得清清楚楚。

记叙文是有情感、有温度的，要让语言文字细下来，从一个动作、一句话或是一段景物的描写中，让读者感受到蕴含在其中的那些丰富而又深刻的东西。要准确地捕捉现实生活中事物的细部特征，同时要学会力求用简约生动的笔触去勾勒、描摹，给读者留下鲜明突出的印象。

2. 避免情节单一化

一人一事的简单化结构，是对初学写作者的要求，而对于高考生来说，则显得幼稚，不足以展现写作水平。高中写作记叙文就应该突破那种单调的模式，让文章的情节和内容更加丰富。这样既能写出生活的不同层面或人物的不同侧面，又能多角度地展现自己对人生世事的思考，让文章增加深度。

有一篇写家庭温暖的文章，情节是这样的：

我是一个通校生，每天下了晚自习，走到自己家住的数下时，总会习惯性地往楼上自家的窗口看。每次都能看到窗子里透出来的灯光，让自己心里感到温暖。而且自己还知道，家里的客厅、厨房还有自己房间里的灯都会亮着。这是父母为自己亮着的灯，而且餐厅里还有为自己留着的热好的饭菜。

之后，作者又写了一些抒情的文字，表达自己对父母的感恩之心。这样的文章，初读也会让人感动，让人感受到父母对孩子无微不至的爱。那三盏灯也给人留下了深刻的印象。这灯亮在家里，也亮在人的心里。但是，文章的情节毕竟过于简单，内容显得单薄，还不足以写出"温暖"的丰富内涵。

在这样的基础上，作者作了修改之后，又加了这样的情节：

> 有一天，自己像往常一样站在楼下往上看的时候，却没有看到熟悉的灯光，家里的窗口是黑的。这让作者感到有些意外，等急忙回到家里时，更是看到家里的灯都没有亮，只有桌子上父亲留下的一张纸条。母亲病了，父亲带母亲去了医院，并且还嘱咐她不要担心，自己早点休息，他们很快就会回来。这时的"我"心里有不安，更多的是对母亲的担心，但也知道帮不上忙，只能待在家里等他们回来。临睡前，也给父母亮起了三盏灯，客厅一盏，卧室一盏，餐厅一盏，餐厅里有给父母热好的牛奶。

这样的修改，让情节向前又推进了一步，让读者看到了更为温馨的一面。爱，应该是双向的，既要感受到父母对自己的爱，也要回馈自己对他们的爱。这样的文章，写出了"接受"和"给予"之间应该有的辩证关系，能引发读者的思考，具有一定的深度。

高中阶段的记叙文，要适当地"复杂"起来，确定了写作的主线，深入挖掘生活中相关联的人和事，并将他们有机地联系在一起，就可以做到"丰富""深刻"。

（二）让语言靓起来

记叙文的语言最忌讳平铺直叙，没有文采，读起来就如同喝一杯凉白开。在使用惯常的修辞手法之外，学会一些词语的生动应用，还有一些句式的变化，同样可以收到好的表达效果。

有一种词语的使用方法叫移用。也就是说，将某些词语从固定的意义和用法中抽离，临时改变它的用法和词性，从而收到一定的修辞效果。朱自清的《威尼斯》中有这样的句子："这方场中的建筑节奏其实是和谐不过的。""节奏"本来是音乐术语，是指音乐中交替出现的有规律的强弱长短现象，这里却用它来形容建筑物色彩的浓淡明暗和位置的高低错落的情况，让人有耳目一新的感觉。再如鲁迅《祝福》里有这样的句子："但是我总觉得不安，过了一夜，也仍然时时记忆起来，仿佛怀着什么不祥的豫感，在阴沉的雪天里，在无聊的书房里，这不安愈加强烈了。"文中"无聊"一词，本来是写人在心理上的一种感受，此处却把它用在"书房"上，更生动地写出了自己在压抑的氛围中内心里的窒息感觉。

作文中的句子，写得平稳，却没有灵动之感。如："春风吹来，柳稍上长出了新叶，大雁也从北方飞回来了，但是却不知道几时才有你的消息。"将句子做一下修改："等得春风把柳梢染上惹眼的生机，等得大雁在天空写满回家的惊喜。但，什么时候等到你的来信，读你折叠的思绪。""染""惹"等雅词使句子书卷味顿生，而"染上"与"生机"搭配，"写满"与"惊喜"搭配，"折叠"修饰"思绪"，这些巧妙的搭配共同营造出一种全新的意境，清新、明丽而鲜活，从而更委婉又清晰地表达了深深"思念"的情意。

同样，在平常用到的一般叙述性句子的基础上，作一些调整，也能收到好的效果。如下面文字中的排比句式："这精彩的瞬间似乎如此绵长，夏日的阳光从香樟叶片的缝隙撒落，淌过母亲的发梢，淌过父亲的目光，淌过时光的旧线条，淌过内心深处的山峦，轻轻触摸心中那最柔软的部分。瞬间，菊花茶的香浸满整个身体。温暖，如夏日的阳光。""精彩的瞬间"淌过的有具体的"发梢"，也有抽象的"目光""时光的线条""内心的山峦"，情感倾泻而下，触动人的内心。再如："杭州的春天是美丽的，瑞士的夏天是美妙的，济南的秋天是凉爽的。"虽然用了排比，但是仍然让人感到平淡。修改后的句子成为"上帝把美丽的春天留给杭州，将艺术的夏天赐给瑞士，而把凉爽的秋天送给济南"。前一句是一般陈述句；后一句是把字句，并变一般陈述句为拟人句。句式的变化，让表达效果迥异。修改后的句子不但生动活泼，而且富有情趣，具有感染人的艺术魅力。

朱自清的《荷塘月色》有一段精彩的描写：

　　　　曲曲折折的荷塘上面，弥望的是田田的叶子。叶子出水很高，像亭亭的舞女的裙。层层的叶子中间，零星地点缀着些白花，有袅娜地开着的，有羞涩地打着朵儿的；正如一粒粒的明珠，又如碧天里的星星，又如刚出浴的美人。微风过处，送来缕缕清香，仿佛远处高楼上渺茫的歌声似的。这时候叶子与花也有一丝的颤动，像闪电般，霎时传过荷塘的那边去了。叶子本是肩并肩密密地挨着，这便宛然有了一道凝碧的波痕。叶子底下是脉脉的流水，遮住了，不能见一些颜色；而叶子却更见风致了。

"曲曲折折""田田""亭亭"等叠音词的出现，形象生动地写出了荷塘的形状、荷叶的茂密以及荷叶随风起舞时婆娑婀娜的美妙身姿；"袅娜""羞涩"，这种拟人化的描写，更是赋予荷花人的情态，准确地写出了荷花的神韵，在作者的眼里，荷花恰如下凡的仙子一般；"正如一粒粒的明珠，又如碧天里的星星，又如刚出浴的美人"一连串的比喻，引发读者的联想，唯美而又诱人。这样的语言，细腻、传神、有张力。

（三）让内容扣准题意

不管是命题作文还是材料作文，扣准题意都是写作的前提。在行文的过程中，我们可以用添加具体人和事的方法，既能准确地扣住题意，又能把写作思路明确下来。

如某高考作文"时间不会使记忆风化"，其中"记忆"的内容广泛，可以选取的材料多，但并不是什么都可以不加选择地加进来，要选取那些给自己留下深刻印象的，给自己人生启迪的材料。这样才能体现材料的意义和作文的思想深度，也符合内容方面的要求。在作文话题中把写作的内容嵌进去，可以保证内容上的一致性，如"时间不会使（我对故乡的）记忆风化"，"记忆"有了具体的指向，写作时就更好把握，也更能扣准题意。

再如以"诗意地生活"为主题的高考作文，可以将内容定为"（我童年时在江南古巷里的）诗意地生活"。这里，有了具体的时间"童年"，具体的地点"江南古巷"。可供选择的材料就集中在这样一个特定的范围里。而对生活"诗意"的理解，大致上差不多，可以根据选材的范围确定其内涵。

在行文的过程中，特别是开头和结尾，可以反复出现文章中的关键词，以加深读者的印象。如《时间不会使我对故乡的记忆风化》的开头：

> 席慕容说，记忆是无花的蔷薇，永远不会败落。阔别故乡多年，我才吟出这一句诗的滋味。或许，"离愁渐远渐无穷，迢迢不断如春水"，关于故乡的记忆经历时光的打磨，反而愈发清晰了。

结尾：

"记忆是无花的蔷薇，永远不会败落。"拿到单据的那一刻，泪水盈满面颊。我不知道是谁特意写给我的这句话，也许他也是漂泊在外的游子吧。记忆中的故乡，时间愈久便愈有分量。时间又怎么会风化她在我心中的记忆呢？

（四）让景物描写增添诗意

记叙文不仅仅是写人、记事，在行文的过程中，加入适当的景物描写，可以很好地渲染环境，烘托人物心理，表现主题。合理的景物描写，可以丰富文章的内容，也能增添文章的诗意，让文章有一种别具一格的美。

现在一些高考作文中，考生只追求情节的曲折，人物形象的高大，或是主题的深刻，虽然合乎记叙文写作的范畴，但总是少了一些点缀，那就是文章中必要的景物描写。出现在文章中的景物描写，可以调控情节发展的节奏，可以渲染生活的基调，更可以很好地展示出人物的心理，从另一个层面更好地表现出作品的主题。

如某高考优秀作文《2019 的色彩》中有这样的描写：

午后，她一个人静静地坐在小院的椅子上，半眯着双眼，阳光尽情地洒在她的身上，透过低垂的眼镜，进入她眼中的一道道光线，使她不得不合上眼。微风轻拂她斑白的头发，她的眼前渐渐地模糊。

在这样一个温暖的午后，阳光，微风，打开了她尘封的记忆，那些曾经奋斗的岁月，都是自己的人生中一抹亮丽的色彩。景物描写的合理衬托，增加了生活气息，也有利于深化文章的主题。

天津高考优秀作文《幸福在路上》，景物描写贯穿在全文中，很好地起到了渲染气氛，烘托情感的作用：

春天，风渐渐柔和，每一触都有开出一朵花的力量。路边的野花摇曳着，像孩子的笑脸，在朝阳的光芒下，映成一幅油画。

开头的景物描写，渲染了温馨和谐的气氛，体现了"幸福"的主题。

夏天，骄阳如火，村头那缀满绿叶的老槐树挺立在烈日下，纹丝不动，一切都像凝固在真空里，连知了也懒得叫一声。

这写出了自己下定决心要出去闯荡，要为家人创造更多的幸福的坚定心理。

秋天，凉风赶走了炎热。老槐树的叶子变了颜色，落叶在风中飘旋了一阵，最终热热闹闹地落在老槐树的周围。

这突出了妻子在家乡奋斗收获的喜悦之情，也暗含着叶落归根之意。

冬天，漫天飘白，银装素裹。他离家的那条小路上，白雪覆了一地，像一条光明大道。路上有热闹的脚印，远处传来孩子们打雪仗的笑闹声，这个冬天的村庄充满了生机。

这些描写中充满了喜悦的情绪，也暗示着一家人的团圆。

整篇文章写了四季的景物变化，很好地串联起了故事情节，也很好地突出了文章的主题"幸福在路上"。

总之，写作记叙文，要学会在关键地方突出盘点，既要让文章的内容丰富，又要让语言生动形象，有表现力，更要切合题意，扣住中心。这样，文章才能在众多的作品中脱颖而出。

第二节　议论文写作

一、议论文语言的张力美

孔子说："言之无文，行而不远。"刘勰说："古来文章，以雕缛成体……""雕缛"就是修辞和文采。高考作文对学生的要求很高，要做到深刻、丰富、有文采、有创新。高考作文评分标准对"有文采"的要求是：词语生动，句式灵活，善于运用修辞手法，文句有意蕴。"有文采"是显性的，可以通过语言直接显现于文面，是最直观的增分点。

（一）词语生动

"词语生动"要求学生不但要有丰富的词语作基础，而且要善于运用，特别是用好动词、形容词以增强形象性，以及恰到好处地运用成语。在议论文中，准确而生动的词语能体现语言的张力，让人有耳目一新之感。语言是思想的载体，而美的语言可以对读者形成一种冲击力，不仅悦目，而且润心。学生无论写什么文体，都要善于选用那些最能反映事物本质的词语，做到用词精当、富于变化。

如下面一段文字：

> 人生在世，首先要有民族自尊心。我以为这是做人的第一要义。浩浩青史，人们有目共睹：西汉苏武，奉命出使匈奴凡十九年，住地窖，绝饮食，卧啮雪，咽毡毛，誓不降敌，因为他有民族自尊心；文天祥死节抗元，"誓不与贼俱"，当其赴元被困之时，抱定"臣心一片磁针石，不指南方不肯休"的决心，虽死而无悔，因为他有民族自尊心；在我国近代史上，为拯救祖国于危难之中，多少热血儿女驰骋疆场，慷慨献身，"英雄非无泪，不洒敌人前，男儿七尺躯，望为祖国捐"，皆因为他们深

知自己是堂堂中国人，有一颗火热的中国心。

作者概括苏武的事迹，连用了几个动词"住""绝""卧""咽"，写出了其处境之艰难，很好地表现出了苏武在极端恶劣的条件下，保持自己志节的高尚精神。"驰骋疆场""慷慨献身"这些词语极具概括性，带有一种昂扬向上的力量，给人以心灵的震撼。

再如《以"不比"之心，创"比"之境》中的一段文字：

> "比赛竞争"的价值是显而易见的，它通过社会群体向个体传递压力，促使个体为满足社会需求，紧跟群体发展而不断提升自我，而发出者社会则在这一过程中获得优质资源。由此可见，良性的竞争能将压力化为动力，推动个人与社会的共同发展，实现双赢。当我们读到勇挑重担的老支书，成长奋进的阿舒时，我们眼前不自觉地就会浮现那个火热的"劳动竞争""劳动比赛"年代，从而也就意识到如此的"比"确实带来了技术的创造和社会生产力的极大解放，这是竞争促进发展的极佳案例。

"良性的竞争""勇挑重担的老支书""成长奋进的阿舒""火热的劳动竞争、劳动比赛年代"，中心词前面都有修饰语，界定了范围、性质，同时，突出了语言的准确、严谨。这样，在说理时就不会出现漏洞。

再如某高考考生的作文《德学兼顾义明志，理想风帆高扬时》中的一段议论文字：

> 以义明志，求真务实追高远。义是人生追求的目标，其设定不可不真，不可不高。唯其真，量力而行，才能避免好高骛远、空留遗憾；唯其高，心所向之，才能做到见贤思齐、行尽全力。目标所指，虽山高路远，不畏其艰；虽水阔浪汹，不畏其难。追梦途中，也许荆棘密布，也许险象环生，但不经历风雨，怎么能见到绚丽的彩虹？不经雕琢的生命，怎么能迎来人生的欣欣向荣？不追求远大的理想，又怎能彰显生命的价值？

这段文字可谓一气呵成，极有力量。"真""高"并列，表现义的两个特点；"山高路远""水阔浪涌"对举，列举人生可能经历的两种境况，"不畏其艰""不畏其难"指出正确的人生态度。"量力而行""好高骛远""见贤思齐""山高路远""险象环生""欣欣向荣"等成语的使用，也让文字显得简约而有内涵。

（二）句式灵活

"句式灵活"是指能根据表达的对象、目的和具体语境而变换不同的句式。长句、短句、整句、散句，常式句、变式句等参差错落，灵活搭配，交替使用，会使文章灵动而有意蕴，读起来琅琅上口，富有音律美。写作时，根据写作的内容和抒发的感情不同，可以灵活地选用不同的句式，以变换节奏，美化语言，使文章文采飞扬。

如全国卷考生《奏理想之歌，谱华夏新章》：

> 理想坚定，精神高尚，生命就会壮丽多彩。袁隆平院士离世，让世人哀叹。我们惋惜他离开了自己一生钟爱的水稻事业，感谢他一生的操劳让我们填饱了肚子；更致敬他的精神，简单，纯粹，用一生的时间去实现一桩承诺，践行一份使命。作为无双国士，他的一生是为国家奉献、为人民服务的一生。他的"禾下乘凉梦"是最朴实的理想，也是最坚定的信仰。

整句与散句的交错，错落有致，气韵流畅，使表达有层次感，充分证明了写作观点，在增强论证力量的同时，给人以不尽的美感，体现了考生深厚的写作功底。

再如，作者对"理解"的阐释：

> 理解一词常让人琢磨不透。有人说，理解是一种信任；有人说，理解是一种宽容；有人说理解是人与人之间平等的交流；有人说，理解是一种心灵的默契。理解是静夜与人共剪西窗烛的浪漫，是在赛场上与队友出神入化的配合，是在哭泣时别人递上的纸巾，是情人间含情脉脉的

对视……无论哪种理解都有一种感人的力量，震撼人心。

语句长短结合，错落有致，纡徐委婉，抑扬顿挫，灵动多变，不同凡响，增强了感染力和说服力，使文章展现出抑扬顿挫的音乐美。

同样，变式句的灵活使用，也会让文章的语言取得常式句无法达到的表达效果，如某高考考生作文《以青春之我，报青春之国》中的文字：

> 到如今，难道我们还要继续退让，继续隐忍，无动于衷地看着历史的悲剧重演吗？怎么能！怎么能！！怎么能！！！唯有中国青年之力，才能铸就一个崭新的国家，一个全新的民族。
> ……
> 抵抗吧，中国青年！以小我成就大我，将个人命运与民族国家命运紧密相连。前进吧，中国青年！向着更加美好光明的明天，向着我们的民主与自由，民族的独立与解放，前进！前进！

反问句、感叹句、倒装句，灵活多变，把内心的愤怒和青年崛起的期望表现得淋漓尽致，增强了说理的气势，使文章更具感染力。

（三）善于运用修辞手法

"善于运用修辞手法"是指善于恰当地综合运用多种修辞手法，使语言表达准确、鲜明，从而使表达生动传神、富有神韵，使文章色彩斑斓、引人入胜。

好的语言，总会合理地运用必要的修辞来增强表达效果。美学家朱光潜认为，说理文要写得好，也还是动一点感情，要用一点形象思维。修辞手法的巧妙运用，可以更好地体现作者的形象思维，使文章生动形象。

下面是一段论述"毅力"的文字：

> 顽强的毅力是探寻成功殿堂的必由之路。如果说成功是胜利的彼岸，那么毅力便是前进的风帆，它可以使我们劈风斩浪；如果说成功是高山之巅的一道奇异的风景，那么毅力便是通向山顶的阶梯，它引导我们勇攀顶峰；如果说成功是一座关闭的宝库，那么毅力便是打开宝库的钥匙，

它激励我们寻宝探秘。任何事情都不会一帆风顺，常会遇到许多困难和挫折，它们都是我们前进路途中的绊脚石，我们只有拥有顽强拼搏的毅力才可能征服它。有了毅力，就有了与困难作斗争的勇气；有了毅力也就有了恒心。狄更斯说得好："顽强的毅力可以征服世界上任何一座高峰。"

这段文字，除论证严密外，还运用了比喻、排比的修辞手法，把"毅力"比作"风帆""阶梯""钥匙"，把抽象的道理形象地表达出来，增强了文章的感染力。而排比句的运用，增强了气势，在增强论证力量的同时，给人以不尽的美感。

再如某高考考生写道：

"芝兰生于深林，不以无人而不芳；君子修道立德，不为穷困而改节。"修身养性，端正思想，方可夯实基础，成就理想。面对权贵威压，李白傲气凛然，"安能摧眉折腰事权贵，使我不得开心颜"；面对贬官被逐，王勃毫不气馁，"穷且益坚，不坠青云之志"；面对荣华与大义的抉择，苏武宁死不屈，"屈节辱命，虽生，何面目以归汉？"所以一个人思想的端正是内心不断强大的开端，是实现理想的内在的需求和基础。我们青年人也要修"君子之德"，端正思想，夯实基础，成就理想。

作者列举事例，巧妙运用排比、反问、对偶等修辞手法，罗列大量素材，对观点进行论证，充满文化内涵。

当然，句式的选择使用，要适合文章的表意需要，句式前后照应，可使文章结构完整、思路严密；排比句可增强文章的论证力量，使情感的表达更充分；设问句可引人沉思；比喻句可使内容表达更形象，更有文采，更有意蕴；对偶句可使语言凝练，形式整齐；等等。合理地选用句式，能够让文章的语言富于文采，有张力，给读者视觉和情感上的冲击。

（四）文句有意蕴

"文句有意蕴"是指文章的语言有一种含蓄隽永、意味深长的表达效果。

恰到好处地引用古诗文名句，或者化用古诗文名句，能让语言内涵丰富，使文章具有丰厚的思想底蕴和文化韵味，不但让人读起来觉得古朴、典雅，而且使文章的观点鲜明、深刻，尽显作者健康向上的审美情趣和丰厚的文化韵味，使文章锦上添花。

有学生写奋斗，他开篇这样写："尼采说：'每一个不曾起舞的日子都是对生命的辜负。'"引用这句名言，既能很好地引出自己的观点，又给整篇文章奠定了古朴典雅的基调。

某高考考生在《习古人智慧，绽理想芳华》中写道：

> "凡事之本，必先治身。"只有打牢道德根基，人生才能走得更稳，走得更远。"长太息以掩涕兮，哀民生之多艰"中屈原的人文关怀，"生于忧患，死于安乐"中孟子的忧患意识，"出淤泥而不染，濯清莲而不妖"中周敦颐的贤士风采，都是我们生命的和风甘露。文天祥"人生自古谁无死，留取丹心照汗青"的民族气节，龚自珍"化作春泥更护花"的奉献意识，叶嘉莹"把不懂诗的人接引到里面来"的师者风范，都是培养我们成长的精神食粮。只有把这些道德精华内化于心，我们的心灵才会芳华永驻，馨香久远。

作者在列举名人事例的同时，巧妙地引用了名人名句，不仅很好地诠释了他们的精神，还使文章的语言增添了文采和说服力，展现了一个中学生驾驭素材和运用语言的不俗功力。

有时候，作者不是直接引用，而是把诗文句的主旨吃透，化为自己的语言，如有考生在《站在文学的门口》中写道：

> 当暮色四合时，一灯如豆，一书如帆，送我至文学的门口。那东临碣石的一代枭雄，酾酒临江，横槊赋诗，即使岁月染白了他的须发，依旧能够高唱"老骥伏枥，志在千里，烈士暮年，壮心不已"的不屈之音，那一份遒劲雄浑的意气，常使我击节而赞。那在乱世里漂泊沉沦的诗性女子，将国家之恨纺成染柳烟浓，吹梅笛怨得哀愁，纵然帘卷西风，人比黄花，也依旧要在绝灭之境，用柔弱的才情，留下浓墨重彩的一笔。

那些铿锵或柔美的词章，溅落在历史的长河里，激荡起遥远的绝响。

作者不露痕迹地化用了曹操和李清照的诗词名句，让"站在文学的门口"具有了深刻的文化内涵。在惊叹作者阅读面之宽广的同时，更为其化用古诗词自然贴切、浑然天成的语言艺术魅力所折服。

清代诗人袁枚说："一切诗文，总须字立纸上。不可字卧纸上。人活则立，人死则卧，用笔亦然。"亮丽的语句，可以形成文章浓郁的个性风采，闪烁着哲理的光辉，给文章抹上迷人的色彩。

二、议论文说理深刻

高考作文要求"深刻"，具体体现为"透过现象深入本质，揭示事物内在的联系，观点具有启发作用"。

"透过现象深入本质"是指透过外露于事物表面的、局部的、多变的现象，探究深藏于事物内部的、全面的、稳定的本质，具有深邃的见解。

"揭示事物内在的联系"就是指在写作中要善于追本溯源，以敏锐的眼光，借助事物发展变化的脉络，深入地分析，探究问题发生的原因。

"观点具有启发作用"是指作者的观点和见解有独到之处，鲜明且蕴含哲理，能够给读者以启发和思考。

文章要以"深刻"脱颖而出，就要做到见解深刻，说理透彻，对问题的认识有自己的思想和观点，更要恰当地辩证分析，能以个人的思考和感受给人思辨的力量和气势。

（一）正确审题，论点合乎题意

审题就是领悟题旨，是一种思维取向过程，也是写好作文的第一步。

高考多为材料作文，有的是一则材料，也有的是多则材料。其基本构成往往首先是材料句，最后是情境任务句，然后是写作要求。审题时，要注意筛选有价值的信息，经过提炼、归纳，从总体上把握问题的内涵，正确且全面地把握文字材料的意思。如果是多则材料，就要首先综合所有材料的内容，然后作出归纳。情境解决"什么情形下写"的问题。情境是围绕话题而创设的，它为话题的议论提供了具体的场景或条件。一个话题可以包含多个情境，即可以在不同情境下谈论同一个话题。情境决定了写作任务，也决定了写作内容。真实而富有意义的情境，指向作文的规定性。也正因为其强调真实而富有意义，所以写作时需具备对象意识，要对所提供的现象、问题表达自己的看法。

如下面的作文题：

> 在英雄辈出的中国航天员中，有这么一位看似默默无闻却毫不逊色的传奇人物。他叫邓清明，今年55岁，是首批现役航天员中唯一一个没有执行过飞天任务的人。23年前，包括他在内的14名飞行员经过严格选拔，成为我国首批航天员。从具备独立执行载人航天飞行任务能力起，神舟九号、神舟十号、神舟十一号、神舟十二号……邓清明以出色表现多次入选飞行乘组，却总是以毫厘之差与飞天梦想擦肩而过。作为一名备份航天员，他离太空如此之近，却也离圆梦如此之远。尽管如此，邓清明始终坚持完成和主份同样数量、同样标准的训练，因为在他的眼里，"无论是主份还是备份，都是航天员的本分"。
>
> 上面的材料引发了你怎样的联想与思考？请自选角度，写一篇文章，体现你的感悟与思考。
>
> 要求：选准角度，确定立意，明确文体，自拟标题；不要套作，不得抄袭；不得泄露个人信息；不少于800字。

作文材料的主要内容是"备份航天员"邓清明的事迹。他的一句话"无论是主份还是备份，都是航天员的本分"则是立意关键点。所谓"本分"，可以理解为对祖国的热爱，对航天事业的忠诚；可以理解为高度的信念感、使命感与责任感；也可以理解为默默奉献、不求名利的优秀品质与奉献精神。正因如此，他才能做到多年如一日，不计较"备份"的身份，坚持训练，无怨无悔。

在作文任务中，"上面的材料引发了你怎样的联想与思考"，提醒考生在立意时不要只是就事论事，还应该引申到"每个人都应遵循自己的本分"。这个本分就是信念、使命、责任、担当。为了恪守这个本分，我们应不计得失、淡泊名利、努力奋斗、执着追求。作为新时代的青年，应该像邓清明那样，不计较个人的名利得失，守住本分，守住属于自己肩上的那份时代赋予的责任。

立意的正确与深刻，取决于对材料的准确理解和把握，还有平时广泛的阅读积累，以及对人生世事的思考。立意有多个层面，一定要抓住最核心、关键的那个点。这样才能为写作的深刻性奠定良好的基础。

（二）合理叙例，体现核心要素

写议论类文章，少不了论据。而作为论据的材料，要做到简练、概括。有的学生在写作时，把事例写得详细、具体，这样不仅占用了大量篇幅，还冲淡了说理的力量，犯了以叙代议、以事代理的错误。如下面一段文字：

> 放下包袱，轻装上阵，才能成就自己。美国著名总统罗斯福，从小便患上了小儿麻痹症，必须依靠轮椅生活，他很自卑，沮丧，整日不与人说话，生怕别人嘲讽自己，他把自己关在屋子里，向上帝控诉，为什么命运待自己如此不公。后来，母亲告诉他："没有人是完美的，上帝在关闭一扇窗后，一定打开了另一扇窗，只要发现了它，你的人生一样很精彩。"自此以后，罗斯福选择放下病痛的包袱，努力追求人生的价值，最终他战胜了自己，成为美国历史上一位伟大的总统。是啊！正是因为罗斯福放下了病痛的包袱，一心一意追求自己的人生精彩，他才战胜了自己，成就了他的一生。

作者在写罗斯福的事例时，详细地写了他的生活状况，虽然根据论点的需要对材料进行了概括，但是显得冗长，没有重点。

可以作如下的修改：

> 放下包袱，轻装上阵，才能成就自己。美国著名总统罗斯福放下了小儿麻痹症后必须依靠轮椅生活的病痛和自卑的包袱，努力追求人生的价值，成为美国历史上一位伟大的总统。是啊！正是因为罗斯福放下了背负的沉重包袱，一心一意追求自己的人生精彩，他才战胜了自己，成就了他的一生。

这样，就抓住了材料的核心，简洁且有力地证明了论点。

议论文运用材料的目的在于印证观点、说明道理，而不是为了让文章形象动人，因此，叙例时，应根据论点的需要，对事例进行加工改造，变具体记叙为概括叙述，舍弃与论点无关的内容。这样才能使说理集中，体现说理的严谨和深刻。

（三）讲究方法，议论深入透彻

议论文重在说理，而理透才能深刻。刘勰在《文心雕龙》中说："论如析薪，贵能破理。"意思是说，劈柴最重要的是破开木材的纹理，而说理，要把事例中的"纹理"理出来，而这个"纹理"的核心就是论点包含的道理，析的过程，就是从论点的角度，把事例中的理一点一点剖析出来，使论点和论据水乳交融，逻辑严密，浑然一体。

事实上，不少学生写议论文时，列举事例多，分析少或没有分析，论点与论据之间"油水分离"。殊不知，写议论文的关键在于例后的剖析论证，也就是找准论据与论点之间的逻辑关系，借助探因、比喻、对比、假设等技法打通内在事理关节。这样，道理才能立得住，文章才有说服力。

1. 因果论证

因果论证就是从因果关系上把材料中的道理分析出来，沿着"为什么"这条思路，探求其根源，发现其本质，使内容逐步深化。要用好因果分析法，需要抓住一个关键点——找准因果关系，将原因与观点对应起来，确保归因正确。否则，因果分析法也只是流于形式。

先来看一段文字：

> 贫困也是一笔财富。"自古才子出寒门"。司马光出身贫寒；范仲淹两岁丧父，随母改嫁，幼时连稠一点的粥都难以喝到；明代龙图大学士宋濂家中一贫如洗；荷兰画家梵高也曾穷困潦倒，一文不名，生活上常靠着弟弟接济；苏联伟大作家高尔基曾经是个流浪儿；居里夫人刚满十岁就外出打工……可见贫困也是一笔财富。

这是典型的观点加论据加总结的形式，虽然罗列的事例不少，但是没有分析其中的道理，因此，文章显得干巴，没有说服力。可以在举例后加上下面的分析，文章就会深刻起来：

……这都是幼时曾经贫困而后来成为才子的非常之人。寒门是他们植根的土壤，也就是这块贫瘠的土壤使他们不断地发育，不断地成熟，塑造自我，完善自我，最终成为参天大树，开出灿烂之花。由此看来，贫穷并不可怕，可怕的是丧失摆脱贫穷的信心和斗志。穷则思变，就要奋发图强，越是贫困越激励人奋发上进，这又何尝不是一笔财富呢？

再如高考满分作文《重拾劳动热情，共享劳动意义》中的一段文字：

　　或许在有些同学心中，劳动是"面朝黄土背朝天"的操劳，是"足蒸暑土气，背灼炎天光"的艰辛，它似乎只有汗水与苦辛。更有甚者对劳动不屑一顾，或大力吹捧"坐享其成"的态度，或对劳动者的付出嗤之以鼻。但是，这样的认识正确吗？事实上，劳动可分为体力劳动与脑力劳动，流水线上认真作业的工人、大街小巷中辛劳穿行的快递员、大山深处坚持勘测的工人，与实验室默默耕耘的科技研发者、案前兢兢业业的艺术创作者一样，都是新时代可爱的劳动者，都是值得敬重的追梦人。正是他们不断奋斗，通过劳动实现自我价值，为社会创造财富，才让各行各业焕发生机，让祖国发展繁荣昌盛。因此，我们更需要明确劳动的意义，端正劳动的态度。

这段文字中，作者首先列举了对于劳动的几种错误认识，然后以一个反问句过渡，又列举了劳动的不同分类，指出不同岗位上的劳动人，"都是新时代可爱的劳动者，都是值得敬重的追梦人"，最后分析其中的原因，让读者进一步认识到正是"劳动"，才会有自我价值的实现，才有社会财富的创造，才有各行各业生机的焕发。这样条分缕析，让说理一步一步走向深入。

2. 比喻论证

比喻论证是指用比喻者之理去论证被比喻者之理的论证方法，是用人们熟悉、易懂的具体事物证明人们生疏、难以理解的抽象道理的一种论证方法。它可以让读者透过表象看到本质，更深刻地懂得其中的道理。

如高考满分作文《重拾劳动热情，共享劳动意义》中的一段文字：

我们要热爱劳动，热爱劳动背后的精神态度，在劳动中获得人生成长财富。如果说认识劳动是我们脚踏的土地，那对劳动的热爱就犹如地上的梯子，让我们收获别样的风景。现实语境中，不少同学认为劳动占学习时间，智能时代劳动没必要。其实劳动与科技、学业从来不是有你无我的关系，相反美美与共，意义非凡。袁隆平扎根农田数十载，奔波于田垄与实验室，方能研发"中国稻"，创造世界粮食奇迹；农业播种新科技一分钟可以撒种 8 公顷，为农业生产带来便捷，但粮食的成长仍离不开农民的辛苦培育。而回想我们参加的学农活动，辛勤种下了一片地、煮好了一顿饭后，我们也获得了不少对自然生活的体悟，我们的品格也获得了磨砺，这对学习也有更好的促进。劳动，可以让我们在耕耘中点燃智慧，收获内心的充盈，热爱劳动的火光应在我们心中点燃。

作者把"认识劳动"比作"我们脚踏的土地"，把"对劳动的热爱"比作"地上的梯子"，生动形象。登高可以望远，看到的风景更是别样精彩。袁隆平研发"中国稻"，我们参加学农活动，都和"土地"关联，都是立足于"土地"之上，收获人生财富。新奇的比喻，不仅让语言充满了活力，还让说理和论证形象生动，层层深入，让读者对劳动的认识深刻且到位。

3. 对比论证

"有比较才有鉴别"，两种事物一经对比，就可以分辨出彼此的差异。把两种矛盾或对立的事物加以对照和比较，从正、反两方面进行说理，从而揭示事物的本质，能使所阐述的事理更加深刻，更有说服力。

如某高考作文《强不自喜弱不悲，时势虽易国必强》中的一段文字：

强弱本无定论，唯自强者不败。孟子有言：天将降大任于斯人也，必先苦其心志，劳其筋骨，饿其体肤。生而弱者经过刻苦的训练，也可以为人生绘就辉煌的底色。高位截瘫的张海迪，仍刻苦自学不自弃，终成时代楷模；独腿博士孙小军，一心研发假肢，圆少年足球舞蹈梦；生无四肢的尼克·胡哲，与命运顽强抗争，励志演讲"走"遍世界。"生而强者如果滥用其强，即使是至强者，最终也许会转为至弱"。方仲永身具异才，却沉迷表演无心学习，终泯然于众人；英国工业革命后国富民强，却不思科研研发，终被别国后来居上。由此观之，发展之路乃如螺旋般上升，无论是沾沾自喜于一时强大，抑或是妄自菲薄于一时弱小，皆会约束奋发进取之心，阻滞发展强大之路。

张海迪、孙小军、尼克·胡哲，他们都身有残疾，可以说是生活中的弱者，但是他们都通过自己不懈的努力，取得了常人无法企及的成绩，由"弱"转"强"。这就很好地说明了"强弱本无定论，唯自强者不败"的道理。方仲永"身具异才"，本是生活中的强者，可他却"沉迷表演无心学习，终泯然于众人"；原本"国富民强"的英国，也因不思进取，被别国后来居上。这些从反面说明了"强弱本无定论"，"强"也可以转"弱"的道理。对比分析，让读者看到了发展方向，从而深刻地认识到"自强"的重要性。

4. 假设论证

假设论证法就是针对上面所举的事例，从反面进行假设，使事例和析例正反映衬，进而推论论据的真实性、可靠性，从而有力地论证中心论点。这种分析法是假设材料中能达到的某种结果的条件不存在，进而推测将会出现什么样的结果。

如某高考作文《知人，智人》中的一段文字：

"知人""善用"两个词语，自古以来都是不分家的。知人之后，便是善用。试想，倘若鲍叔向桓公举荐了管仲，而桓公因为当年的私人恩怨没有重用他，那么齐桓公还能成为"春秋五霸"之首吗？由此看来，如果说"知人"是一捆上好的木柴，那么"善用"便是那星星之火，二者合力，方能创造最大的收益。

桓公重用管仲，遂成就霸业，这是历史事实。文段中假设了和结果相反的一种情况，就是"桓公不重用管仲"，那么，自然会出现相反的结果。假设让读者看到了事实的另一面，从而让道理清晰地呈现出来。

再如《以梦为帆，依心而行》中的一段文字：

而如果不能坚持自我，不能独立思考，不能对自己有一个准确的定位，任由家庭和社会对自己进行塑造和安排，就只能如天空中由线和风控制的风筝，左右摇摆；如水中随波逐流的鱼儿，身不由己；如茫茫草原上被驱赶的牛羊，失去方向。若不能成为独一无二的自己，其结果也只能像方仲永一样，因父亲的贪心和摆布而沦为平庸。

同样假设了一个相反的做法，得出了一个结论，孰是孰非自明，材料中的道理显而易见。反面假设，正反对比，论证会更加深入，论点也自然而然更加鲜明。

（四）全面分析，说理辩证周密

辩证分析，是用发展的观点来看待问题，也是用联系的观点看问题，同时也是一分为二地去分析问题。议论文说理切忌片面化、绝对化，要学会用辩证的方法去思考问题、分析问题，既要看到问题的这一面，又要看到问题的另一面。这样才能将问题分析得透彻、深刻。

要做到辩证地分析，就要由浅入深，提升思维品质。对一个问题进行分析，不要只看到表面现象就断然下结论，要分析事物内部的因果关系，知道"是什么"，也要知道"为什么"，不要让所写文章的立意停留在"是什么"上，而要在"为什么"上深入开掘。同时，要由此及彼，打开联想之"窗"。

如考生的《做一只特立独行的猪》，作者在引出观点后，用了两个分论点进行分析：做一只特立独行的猪，关键要认清自己；做一只特立独行的猪，关键是要坚守自己的本心。两个分论点都是强调"听从自己内心之所向"，随后以退为进，以"不是……也不是……更不是……而是……更是……"句式，既强化了自己的观点，又使论证具有了一定的辩证性：

当然，做一只特立独行的猪，不是只倾听自己内心的声音，也不是一种完全不管不顾的自以为是、自私自利，更不是抛弃他人、拒绝与时俱进的故步自封、闭门造车。而是在思考过他人的声音后，依然能坚持走自己的路的清醒与理智，更是一种无须他人的光芒来照亮自己前进道路的自信与从容。也许最好的作品是既能与读者产生共鸣又能彰显个人风格的，但生活这部作品，毕竟不同于作家笔下的文字，说到底，这是我们自己的，是靠我们自己来写就的。

再如考生的《价值出于沉淀》，开篇表明立场，主体部分从两个方面入手，作者首先对时间沉淀价值的作用进行了分析，然后转换思路，从另一个角度分析新兴事物的潜在价值，升华了中心，也体现了自己的辩证思维：

> 但是，我们看重经过时间考验的思想文化，也不可忽视新兴事物的潜在价值。原因不言自明："价值"是为他人、社会带来进步与发展能力的度量衡。新兴事物一方面可以以其时效性解决诸多问题，也可为丰富、完善旧事物提供丰富材料，时间的双重作用可以保证事物紧随时代，为社会创造价值，而对新兴事物的认可、利用也是实现价值体系升华的应有之义。

再如下面的作文：

得与失，是一个过程

"塞翁失马，焉知非福"这则流传千百年的民间故事，告诉我们要全面、辩证地看待问题。而故事发展进程中展示的塞翁、邻居们对得与失的不同看法，可以启迪我们：得与失，不仅仅是一个终点、一个起点，更是一个过程。

邻居们对塞翁的吊、贺、吊，体现了邻居们把得与失看成是结果，是终点；与邻居们反应相对应的是塞翁依次提到的福、祸、福，体现了塞翁把得与失看成是起点的可能性更大些；而故事进展的一波三折，更是诠释了应该把得与失看成是一个过程的道理。

得与失，是一对矛盾，我们的人生就是贯穿了得与失。

得与失，有小大之分，有近远之别。人生不会一帆风顺，社会不会一成不变，会经常遇到鱼和熊掌不可兼得的场景，在得与失的矛盾碰撞中，就要看我们如何对待得与失了。如果我们把得与失看成终点，尽管可以好好总结过去，却会让我们失去对未来的憧憬。如果我们把得与失看成起点，尽管可以重新扬帆起航，却会让我们忽略对历史的总结。而如果我们把得与失看成过程，则既可以让我们反思过往，也可以珍惜当下，更可以憧憬未来。

"得与失"是一个相互交织，相互转化的过程。

新中国第一座自己设计、自制设备、自行施工的大型水电站——新安江水电站的建成，使当地淹没了 49 个乡镇、1377 个自然村，移民累计 29.15 万人，这让原先富庶的当地成了杭州地区最贫穷的地方，这对当地百姓来说，当时收获更多的是"失"。但不可否认的是，新安江水电站的建成是中国水利电力事业史上的一座丰碑、是中国人民勤劳智慧的杰作，这对当时乃至现在的中国来说，收获更多的依然是"得"。

我们要用可持续发展的眼光去看待得与失这个过程。

如今，因新安江水电站的存在而形成的拥有"天下第一秀水"美誉的千岛湖，更是坚决摒弃了发展工业促经济发展这一短时可以有"得"的做法，而义无反顾地走上了"绿水青山就是金山银山"的暂时有"失"的生态发展道路。尽管千岛湖地区的发展目前依然处在杭州地区的末尾，但千岛湖的一湖秀水，使千岛湖成为国家 5A 级旅游景区的佼佼者。随着与千岛湖发展配套的千黄高速、杭黄高铁的开通，随着千岛湖成为杭州等大城市的饮用水基地，我们完全有理由相信，走生态发展道路的千岛湖的明天会越来越好。新冠疫情暴发初期武汉封城的壮举，"失"的是武汉一城，"得"的是我们全国，乃至整个世界。

生活证明，我们青年学生为实现中华民族伟大复兴的中国梦继续奋斗的过程，就是一个"得与失"辩证发展的过程。"宠辱不惊，看庭前花开花落；去留无意，看天上云卷云舒。"作为新时代青年的我们，需要的是把得与失看成过程，在社会发展建设的道路上扎实地走好每一步。

这是一篇充满人生哲理的文章。作者以"塞翁失马，焉知非福"的故事引起，让人自然一下子就能想到"得"与"失"的相互依存，进而得出观点："得与失，不仅仅是一个终点、一个起点，更是一个过程。"作者分析了"得与失"的"小大之分，近远之别"，也分析了"得与失"是一个相互交织，相互转化的过程，并提出要用可持续发展的眼光去看待"得与失"这个过程。

丰富的材料与辩证的分析，让读者看到了一个问题的两个方面，使道理自然而然变得更加深刻。

（五）紧扣现实，书写人生哲理

议论文在分析说理的过程中联系现实，可以增强说理的时效性，让道理更具有时代色彩，体现其观照社会的作用，也让说理更加深刻。联系现实，可以是对前文的论点进行必要的补充，从而体现思想的辩证性、逻辑的严密性；也可以从反面现实论证前文论点，从而提升文章的高度和视角。这就要求作者在写作的过程中，要学会关注人生，关注社会。关注人生，就是关注生活态度、生活信念、看问题的方式、方法，为人处世的准则。关注社会，就是关注爱国守法、明礼诚信、团结友爱、勤俭自强、敬业奉献的社会公德，以及开拓创新、奋发有力、与时俱进的时代精神等。

如《守住自我与改变自我》中的一段文字：

> 人如此，我们这个在新世纪的国家更要如此。面对西方的种种文化，面对西方的种种思想，我们必然要先守住自己五千年的传统历史文化，再有选择地吸取、改变，才能使中国成为一个有自己特色并能融入世界潮流的有竞争力的国家。

作者由"人"联想到了"新世纪的国家"，人要守住自我，国家更要守住自我，这是民族的文化自信。分析一步步走向深入，也走向深刻。

关注现实就是关注我们日益发展的生活与我们身处的这个社会。要选择联系当下社会相关的内容，包括社会热点、文化现象、民族精神、传统思想等。要选择切身相关的内容，如个体如何对待荣辱得失、个人价值的体现、小我与大我、现实与理想、自我与外物等。

"深刻"是作文"发展等级"的要求，也是作文获得高分的重要条件。要想以深刻使文章脱颖而出，就需要在写作时既抓住材料的核心立意，又把事例材料剖析开来，透彻地分析出其中的道理，还要结合社会生活实际，对问题的认识有自己的思想和观点，更要恰当地辩证分析，能以个人的思考和感受给人思辨的力量和气势。总而言之，站得高，看得远，挖得深，说得透，就能达到

"深刻"的要求。

三、写好几个关键段

议论文的写作是一个系统的工程，需要从整体上谋划。但是，文章中的几个关键段落如果能够写好，文章就会更加出彩。

当代著名教育家张志公先生说："在语言表达中，段落是至关重要的。几乎可以断言，能够写好一段，一定能写好一篇。不重视段落的训练，这是不少学生写不好文章的重要原因。"基于此，在平时的训练中，一定要关注重点段落的写作。

（一）写好开头段

考场作文不同于平时的写作，往往有具体的材料和任务要求，因此，在审题正确的前提下，最重要的一点就是要紧扣材料，明确观点。材料是观点的来源，不能仅仅把材料当成论据来使用。紧扣材料，并不是照搬、照抄，而是对材料进行归纳概括，用简练的文字，归纳、概括出材料的核心意义，从而提炼出文章的观点。

就考场作文而言，写好开头有两个方面的意义：一是为全文内容设纲，为文章添彩；二是以奇句夺目，让评卷老师怦然心动，从而不吝赋分。

1. 概括材料，明确观点

概括材料，首先要吃透材料，要抓住材料的关键词、关键句，概括材料核心内容，于核心处立意，要从整体上分析，切忌断章取义。如果是多则材料，还要明确材料之间的关系，特别是材料之间的辩证关系，这些都是立论的关键。

如《不因强喜，不为弱悲》中的一段文字：

> "生而强者不必自喜也，生而弱者不必自悲也。"毛主席一百多年前发表在《新青年》上的铿锵文字，很早以前便阐释了一个观点：强与弱看似对立，实际上并不是一成不变的，并非强则恒强，弱则恒弱，强与弱是能够进行转化的。所以"强"是可以凭借个人的主观能动性达成的。

文章首先摘取了材料中的核心句"生而强者不必自喜也，生而弱者不必自悲也"，进而分析了其中包含的辩证关系，即强与弱的转化，进而提出了自己的观点。开头虽然有些平淡，但能够很好地体现材料的主旨，而开门见山明确观点的写法，也是考场作文常用的。

2. 巧用比喻，生动形象

生动形象的比喻，可以让抽象的道理具体化，也可以让文章语言更加灵动，有文采。开头段里恰当地运用比喻，能给人眼前一亮的感觉。

如《用实力眺望理想，用奋斗创造明天》中的一段文字：

> 青春，是我们一生中最灿烂的季节，也是最梦幻的季节。理想之于青年，犹如灯塔之于茫茫大海之上的航船，指引着我们破浪前行。汉代扬雄曾以射箭为喻，他说："修身以为弓，矫思以为矢，立义以为的，奠而后发，发必中矣。"可见"弓硬""矢正""的明"都做到了，方能一发必中。不过，在这里我更看重"弓硬"。没有过硬的实力，再远大的理想都只能是空想。

开头的亮点在于比喻句的使用，"理想之于青年，犹如灯塔之于茫茫大海之上的航船，指引着我们破浪前行"，生动形象地指出了理想对青年的意义，与后面引用的材料中杨雄的"射箭"之喻相互呼应，随后明确了自己的观点：没有过硬的实力，再远大的理想都只能是空想。表现出了很强的驾驭语言的能力和整合材料的能力。

3. 名句开头，彰显底蕴

开头引用名人名言，或是化用名人名言，可以让文章显示出厚实的文化底蕴，也能使文章有更为高深的立意，强化文章的说理。

如《中国味，民族根》中的一段文字：

> 习近平说："博大精深的中华优秀传统文化是我们在世界文化激荡中站稳脚跟的根基。"中华民族源远流长的民族精神、民族文化散发的中国味，是我们的民族根，守护好这份一脉相承的"中国味"，我们的中华民族才可以枝繁叶茂，灿烂辉煌。

文章开头引用习近平的话，点明了"中华优秀传统文化"的重要作用，起到了高屋建瓴的引领作用，让文章神采焕发，富有底蕴。随后，作者扣住材料中的"中国味"，说明只有守护好我们的"民族根"，"中华民族才可以枝繁叶茂，灿烂辉煌"。文章开头显得大气，有力量，而且深刻。

4.使用整句，整齐有力

整句是两个或两个以上句式整齐、结构相似的句子，能够加强语势，表达丰富的感情，给读者以深刻、鲜明的印象。在写作中合理地运用整句，可以使行文节奏协调，气势贯通。

如《三千桃李在，不负师者情》中的一段文字：

> 三年磨一剑，一朝制敌；千日师生情，永生难忘。毕业之前的最后一节课，不仅是学生备考的最后时期，更是师生共同奋进的最后时期。从这之后，你向考场走去，他从讲台离去。每一个教师心中都回响着这样一句话：你们再看看书，我再看看你们。

开头两句用了整句，前一句写出了学生三年的奋斗经历，后一句写出了师生间深厚的情谊，读来让人感动。两个句子形式上整齐，增强语言的音韵美；内容上互相照应，丰富了句子的内涵。这也是对材料中的漫画内容进行了很好的诠释，也为后面观点的提出作好了铺垫。

5.反问开头，引发思考

开头用反问句，能引起读者的警醒，有振聋发聩的作用，让读者深思。

如《德学兼顾义明志，理相风帆高扬时》中的一段文字

> 没有理想，人生怎能飞翔？但实现理想之路并非一片坦途。"修身以为弓，矫思以为矢，立义以为的，奠而后发，发必中矣。"汉代杨雄用精妙的比喻启示着我们，理想的实现需要修身以德，正思以学，明志以义。

文章紧扣材料，开始就用了一个反问句："没有理想，人生怎能飞翔？"

给人以强烈的震撼，引发大家的思考。后面指出实现理想不是一片坦途，并概括杨雄的话，明确了观点。整个段落一气呵成，入题简洁，观点鲜明。

（二）写好第二段

从文章的结构上看，第二段是个过渡段。第二段开头提出观点。这一段应该是结合材料对观点进行阐释，这样才能更好地把材料里面蕴含着的道理阐发出来，也才能与后面联系现实进行分析的段落有机结合起来，不至于让段落之间显得突兀。

很多人忽视了第二段的作用，提出观点后，没有对材料进行分析，直接举例论证，或是抛出分论点，造成文章的观点和后面的分析之间出现"断层"，使文章缺少合理的联系，过度生硬。分析时，可以多问自己几个"为什么"，即问自己为什么材料中能包含着那样的观点。回答出来，就是分析的过程。

如某高考作文《追求卓越，乘"理想号"出击》中，作者的开头段是：

> 扬起理想的风帆，见证大海的浩瀚无边；挥洒努力的汗水，收获未来的硕果累累……理想从不会一蹴而就，而是需要不断的努力为之铺路架桥。

作者在开头段之后，用了两个段落进行分析。这两个段落的分论点是：理想是风帆，是航船前行的方向；努力是船桨，是船航行的动力。开头和第二段之间没有必要的过渡，文章显得生硬，有断层的感觉。如果在第二段就开头的观点进行分析，指出"理想"为什么不会"一蹴而就"，为什么"需要不断的努力为之铺路架桥"，就能与下文的分论点进行呼应，结构上也就严谨了。

第二段通常是对第一段的补充，或者是阐释，是从材料开始的论证分析。

如韩愈的《师说》中有这样的段落：

> 古之学者必有师。师者，所以传道受业解惑也。
>
> 人非生而知之者，孰能无惑？惑而不从师，其为惑也，终不解矣。生乎吾前，其闻道也固先乎吾，吾从而师之；生乎吾后，其闻道也亦先乎吾，吾从而师之。吾师道也，夫庸知其年之先后生于吾乎？是故无贵

无贱，无长无少，道之所存，师之所存也。

第一段提出观点：古之学者必有师。第二段阐释了原因，从几个方面指出了人要从师学习的必要性。这就为后面的分析作出了铺垫，起到了引领的作用。

再如一篇文章《透过"冰墩墩"感受文化自信厚积薄发的力量》中，第一段通过冰墩墩周边产品在国内"一墩难求"的社会现象引出热门话题，并通过不同国家对"冰墩墩"的狂热追求进一步展现它的火爆程度，这种现象也激发了我们强烈的民族自信。

第二段写道："冰墩墩"，"冰"象征纯洁、坚强，是冬奥会的特点。"墩墩"意喻敦厚、敦实、可爱，契合熊猫的整体形象，也象征着冬奥会运动员强壮有力的身体和坚韧不拔的意志。冰墩墩的熊猫角色，凸显人与自然和谐共生的理念，向世人呈现更加自信、更加多彩的中国。

文章并没有直接就文化自信展开论述，而是先解释"冰墩墩"的名字内涵，看似简单的名字却非常完美地融合了我国的本土文化特色，具有很好的寓意。这样，就很好地承接了第一段中的观点，为下文展开论述作了一个很好的过渡。

第二段写得好，可以自然地过渡到下文的分析论证。无论是联系现实、举例分析，还是设置几个分论点，从不同的角度分析，都可以很好地融合在一起，使整篇文章结构严谨、说理充分。

（三）写好结尾段

文章的结尾不要过于随意，"虎头蛇尾""画蛇添足"都是潦草的表现，让人产生"一盘散沙"的感觉。议论文的结尾虽要求简练，但也应是浓墨重彩的一笔，是对论点的总结和升华，能使文章更加严谨自然、完整统一，也能使观点更加鲜明、深刻。

李渔曾有"终篇之际，当以媚语摄魂，使之执笔留连，若难遽别"之说。所谓"媚语"，即富有文采、意蕴深刻的语言。可见，写作必须在结尾处多下些功夫。

1. 首尾呼应，总结全文

议论文结尾如果能巧妙照应开头，首尾圆合，文章读来便能气韵流畅，既有视觉上的和谐对称，又有思维上的起承转合，严密且周全。

如某高考作文《领青春之航路，发理想之箭镞》：

开头：

> 我提笔写下"青春年少"，只是墨色淡了，没有写出"未来可期"。当代许多青年也如我一样，不知前方是平坦大路，抑或是荆棘险途。但谁人无梦？青年当有为，何况追求理想的你我本就不甘平庸，吾辈领青春之航路，发理想之箭镞。

结尾：

> 领青春之航路，发理想之箭镞，吾辈之青年，为理想努力，为国家奋进。青年理想的实现，不是孤注一掷的豪赌，而是厚积薄发、脚踏实地的必然。我们望着理想的前路，期待未来可期的故事，理想不会停步，每一程都崭新，每一程都不可辜负。

文章开头首先写了当代青年的现状——没有写出"未来可期"，然后用一个反问句提出"谁人无梦"的话题，进而明确了自己的观点：青年当有为，吾辈领青春之航路，发理想之箭镞。结尾则重申"领青春之航路，发理想之箭镞"，照应开头，最后从正、反两个方面指出青年理想的实现所需要的态度和途径，给人以鼓舞、信心和力量，从而很好地深化了主题。

2.引用名言，丰富内涵

名言警句，内涵深刻。引用名言结尾，可以丰富语言的内涵，增强文字的表现力，也能有力地佐证自己的观点，让观点体现一种厚重感。

如某高考作文《铭记可为奉己力，奋发有为奏华章》的结尾：

> 我们通过奋斗披荆斩棘，走过了万水千山。我们还要继续奋斗，勇往直前，创造更加灿烂的辉煌！书声琅，琴声畅，莫负大好时光。自万丈红尘中走过，不改松鹤本性；自寒冬烈风中行过，不坠青云之志。吾辈青年既生逢盛世，铭记可为奉己力，奋发有为奏华章。

作者引用名言作结尾，借名言进一步阐释了自己的观点，增强文章的权威性，让观点的高度更上一层楼，突出和深化了中心思想，也很好地照应了文章的开头，让文章的结尾更具文化内涵。

3. 巧用整句，增强气势

排比句出现在文章结尾不但可以给读者以气势上的震撼，也可以多角度地对观点进行诠释，也可以体现语言上的生动、形象，增强感染力。

如某高考作文《青春的梦想》的结尾：

> 正如夕阳凄美了走廊，时间斑驳了围墙，背影拉伸了方向，天空定义了凭栏远眺的梦想，我们一次次失望却又一次次成长。走上高考的路，背上理想的行囊，路边含苞的花朵，也为我们悄悄绽放。虽路途坎坷，虽理想在远方，可是我们有无限的力量，带给我们奔赴高考的勇气，追逐青春的梦想，给生命带来希望，把前方的路照亮。

前边一组排比句，从不同的角度，列举了成长的路上经历的坎坷，不但文字优美，而且给人一种浩荡的气势，让人可以直面那些成长过程中所经历的种种磨难。虽然有磨难，但是我们在其中成长。这样的句子，让文章生彩。后边几个整句，也让语言充满了力量，让读者在激进的旋律中，体味到青年应该有的追求和不畏艰难、勇往直前的决心。

4. 运用比喻，生动形象

比喻手法的使用，可以让语言变得更加生动形象，也可让深奥的道理浅显化，化抽象为具体。

如某高考作文《明书法之道，悟人生真意》的结尾：

> 人生如书法，书法喻人生。从横竖撇捺里我们看到人生之道理，自承转起伏中领悟人生的精神。唯愿人生之真理在我们心中永远留存，成为铭记恪守之则，如此，我们定能为自己的人生描红，在这一卷浓墨重彩中增添全新的笔画。

作者将人生比作书法，又以书法喻人生，在横竖撇捺里寄寓着人生的哲理，生动形象，从承转起伏中领悟人生的精神。这样的比喻将抽象的人生道理和具体的书法联系起来，让人耳目一新。

5.提出号召，铿锵有力

结尾在充分说理的前提下，联系现实，提出号召，既具有很强的感染力，又具有时代色彩。以号召的方式结尾，表达对人们的一种期望，这种形式的结尾，能有效凸显作者的写作意图，唤起读者的共鸣。

如某高考作文《回望纪念日，逐梦新时代》的结尾：

> 过去、现在、未来，纪念日都在岁月里留下了浓墨重彩的一笔，作为发展历程中的里程碑，它指引着我们向着光明闪耀的未来奋进。我们是成长的一代，是改革的一代，是开创的一代，让我们回望纪念日，一起逐梦新时代！

作者在最后发出号召，既照应了题目，又对青年一代提出了要求，具有很强的感召力，也体现了青年一代不忘过去，奋进新时代的高昂精神。同时，这种号召式写法，感情充沛，也体现了作文发展等级"情感真挚"的要求。

6.运用反问，引人反思

在文章结尾设置问句，引起读者的思考，让读者进一步关注论述的问题，有效地拓展了读者思想的空间。

如某高考作文《撇捺见人生，处世显芳华》的结尾：

> 写字运笔如此，做人何尝不是如此呢？描红写字，最重要的是善于借鉴，描摹学习。向成功者学习，学习他们落笔的方向，你的人生便会目标清楚；学习他们运笔的力道，你的人生便会操控自如；学习他们构字的框架，你的人生便会方正挺立；学习他们藏而不露、不偏不倚、停滞迂回的智慧，你的人生便会厚重大气、充满神采！

作者首先运用反问句，从写字运笔，引申到做人，具有振聋发聩的效果，然后从"落笔的方向""运笔的力道""构字的框架"等角度由书法而人生，道理鲜明而生动、深刻。这种结尾具有启发性、感染性，给人留下了感情真挚、论证有力的印象。

当然，一篇文章的好，也并不只是体现在这几个段落上，还需要有严谨的结构，准确、生动而又简练的语言以及丰富的材料、高深的立意等多个方面。但是，这几个重要的段落如果写好了，就会带动整篇文章，为文章的成功奠定好的基础。

四、向课文中的经典学写作方法

能写出一定质量的议论文是高中语文课程标准中对学生的基本要求。众所周知，现在高中学生承受的学业压力比较大，而写作又是很难在短时间内见效的，所以，写作成了一些学生的短板。

在对学生写作状况的调查中，我们可以发现，很多高中学生由于时间紧张，不能广泛地阅读，造成了自己缺少材料积累、语言积累的现状，而且，对社会中的一些问题，也没有自己深刻的认识，不能进行透彻分析，这在很大程度上导致了学生的作文思想贫乏，内容空洞，没有自己的见解，从而很难得到高分。

其实，高中语文教材中的课文，特别是一些文言文，就是很好的写作范例，只要能够认真地分析，很好地理解，就可以从文章的结构、论证方法、论证语言等方面学到很好的方法，从而丰富自己的写作素材，提高自己的写作水平。

（一）论证结构

梁启超说："凡制于文，先布其位，犹夫行阵之首次，阶梯之有依也。"议论文讲求结构严谨，常用的结构有总分式、并列式、层进式、对照式等。

总分式就是在论证的段落、层次结构中引入总说和分说关系的论证方法。这种方法的运用能使论证内容纲目清晰，层次井然。

并列式就是在论证思路中，对中心论点进行条分缕析，分解出几个分论点，共同来阐述文章的中心论点。

层进式就是后面的论证是在前面论证的基础上进行的，前后是逐层推进、逐步深入的关系。层进式结构中各个层次、段落之间的前后顺序有内在的紧密联系，不能随意变动。这种布局的好处是能反映出作者严密的逻辑思维能力。

242

对照式是在阐述和论证论点时，在主体部分选用论据进行对照和比较。它是将论证内容构成正反对比或相关比较的关系。具体的安排是将两种事物或意思加以正反对比，或者用一种事物或意思与另一种事物或意思作比较。它的好处是布局上对比鲜明、主次明确，论点突出。

在议论文写作的过程中，写作者可以根据写作内容和自己掌握的材料以及自己平时写作的习惯等来选取不同的结构方式，切忌行文思路混乱，忽东忽西，没有章法。

语文教材中的《六国论》堪称古代论说文的典范，其结构完美地体现了论证的一般方法和规则。文章开篇即提出"六国破灭，弊在赂秦"的论点，随后分别就"赂秦"与"未尝赂秦"两类国家从正面加以论证；又以假设进一步分析，若不赂秦则六国不至于灭亡，从反面加以论证，从而得出"为国者无使为积威之所劫"的论断；最后借古论今，讽谏北宋统治者切勿"从六国破亡之故事"。文章围绕中心论点展开论证，既深入又充分，逻辑严密，无懈可击。全文纲目分明，脉络清晰，结构严整。不仅句与句、段与段之间有紧密的逻辑关系，而且首尾照应，古今相映。

再如《劝学》，文章各段的条理十分清晰，基本上每段阐述一个具体问题，并且在文章的开头、结尾部分作出明确的交代。作者一开始就明确提出观点：学不可以已。随后从提高自己（青出于蓝、冰寒于水）、改变自己（直木輮以为轮、木受绳则直、金就砺则利）两个方面论述学习的意义，从而得出结论：君子博学而日参省乎己，则知明而行无过矣。第二段，作者用"跂而望"与"登高而招"作对比，又用"顺风而呼""假舆马""假舟楫"作比喻，指出君子学习要善假于物，学习可以弥补不足，从而体现学习的作用。第三段作者则分别从积累（积土成山，风雨兴焉；积水成渊，蛟龙生焉）、坚持（骐骥一跃，不能十步；驽马十驾，功在不舍。锲而舍之，朽木不折；锲而不舍，金石可镂）、专心（蚓无爪牙之利，筋骨之强，上食埃土，下饮黄泉，用心一也。蟹六跪而二螯，非蛇鳝之穴无可寄托者，用心躁也）三个方面分析了学习的方法和态度，从而得出结论：积善成德，而神明自得，圣心备焉。荀子这种谨严、朴实的写作方法，能够有效帮助读者掌握各段文章的基本内容，对学生学习写作议论文、理清文章的结构也是十分有益的。

（二）论证方法

议论文重在说理。而说理，要运用各种论证方法。常见的论证方法有比喻论证法、对比论证法、例证法、类比论证法、假设论证法等。一篇文章中有时要用到多种论证方法，从不同的角度全面而深刻地分析材料中的道理，论证观点。教材中的经典篇目，就是运用多种论证方法说理的典型。

《劝学》中最典型的论证方法是比喻论证法。全文除少数地方直接说明道理外，几乎都是比喻。作者从生活中选取材料，取譬设喻，把深刻的道理说得生动、具体，深入浅出，让读者在真实的生活体验中获得丰富而深刻的哲理认知。

文中比喻的形式是多种多样的，有时用同类事物设喻，从相同的角度反复说明问题，强调作者的观点。例如：登高而招，顺风而呼，假舆马，假舟楫，积土成山，积水成渊。有时将两种相反的情况组织在一起，形成鲜明的对照，让读者从中明白道理。例如：将骐骥与驽马对照，将朽木与金石对照。设喻方式有时先反后正，有时先正后反，内容各有侧重，句式也多变化，读着毫无板滞之感。有的比喻，说比喻时把道理隐含其中，让读者思考，如"青出于蓝""冰寒于水"。有的先设比喻，再引出道理，如"登高而招，臂非加长也，而见者远""假舟楫者，非能水也，而绝江河"。有的先设比喻，引出道理后，再用另外的比喻进一步论证，如先用"积土成山""积水成渊"设喻，引出"积善成德，而神明自得，圣心备焉"的道理，再用"不积跬步""不积小流"作进一步论证。如此层层推进，上下呼应，使本身表现力很强的比喻，更充分地发挥作用，从而把道理阐述得十分透彻。

《师说》中的第二段恰当地运用了对比的论证方法，造成了一种强烈的反差效果。作者感叹："师道之不传也久矣！欲人之无惑也难矣！"随后列举出了当时社会上的具体情况，运用对比的方法分三层论述。第一层，把"古之圣人"从师而问和"今之众人"耻学于师相对比，指出是否尊师重道，是圣愚分野的关键所在；第二层，以为子"择师而教之"，自己却不愿甚至耻于从师作对比，指出"今之众人""小学而大遗"的谬误；第三层，以"巫医乐师百工之人"与"士大夫之族"作比较，揭示了尊卑贵贱和智力高下成反比的奇怪现象，批判了当时社会上轻视师道的风气。

韩愈批评"耻学于师"的风气，涉及的面很广，开头是"今之众人"，接着是做父亲的人,最后又是"士大夫之族"。但是作者的主要批评对象是士大夫之族。作者在文章后面对士大夫之族不仅表露了不满情绪,还显示出一种鄙夷和蔑视的态度,说他们瞧不起劳动群众,却不如劳动群众聪明,不懂得从师的道理。"位卑则足羞,官盛则近谀"正是这类人的特殊心态,也是门第观念很深的反映,而门第观念跟以"道"为师的正确主张恰恰是格格不入的。这样的对比,直指当时不良的社会风气,具有振聋发聩的力量。

(三)论证语言

高考作文评价中的"发展等级"对语言的要求是"有文采"。学生作文中存在的一个比较突出的问题就是语言的平淡、干巴、生硬,其中的原因,一是学生平时没有养成锤炼语言的习惯,二是学生平时没有语言方面的积累,三是学生缺少写作训练。孔子曰:"言之无文,行之不远。"议论文的语言准确、严谨,也讲究生动、形象。美的语言,能给人以视觉上的张力,充分体现语言文字的魅力。

教材中的古代经典文章,都是语言运用方面的典范。学生如果能够将其充分地理解透彻,并能把其中的一些方法运用到自己的写作中,既可以弥补平时阅读少、积累少的缺点,又能够让自己的写作水平有大的提高。

《寡人之于国》中,作者先用"五十步笑百步"作比喻,回答了梁惠王提出的"民不加多"的疑问,生动形象,通俗易懂而又寓意深刻。梁惠王的做法看起来确实是尽心,但实际上是"头痛医头、脚痛医脚"的办法而已。《劝学》中,作者用了二十多个比喻,有反复设喻"登高而招""顺风而呼""假舆马""假舟楫",有正面设喻"青出于蓝""冰寒于水",还有正反设喻"蚓"和"蟹"、"骐骥"和"驽马",使所讲道理生动形象,也充分体现了议论文语言的文采。

从语言的角度看,所谓气盛的文章,多用排比句或对偶句。《寡人之于国也》后面一段运用排比和对偶,来增强文章的气势,增强文章的节奏感。例如:"谷不可胜食也""鱼鳖不可胜食也""材木不可胜用也",一连三个"……不可……也";"五十者可以衣帛矣""七十者可以食肉矣""颁白者不负戴于道路矣",一连三个"……者……矣"。这种排比的写法,通过选用相同的句式,将文章的气势积蓄起来,加强了论辩的力量。《过秦论》的第二段,作者用一"有"字领起，贯穿下面三句，罗列了大量历史人物，形成排比句。行文中多用骈偶，如"振长策而御宇内，吞二周而亡诸侯，履至尊而制六合，执敲扑而鞭笞天下"，读起来铿锵有力。它的骈偶非常灵活，有时字数不尽相等，有些骈语甚至包含在散句之中，如"然后践华为城，因河为池，据亿丈之城，临不测之渊，以为固"。句式变化多端，不显单调。许多文章中，整句与散句并用，使文气流畅而不呆滞，体现了语言文字的节奏美。

高中学生课业重，用于阅读的时间较少，也就难以有广泛的涉猎和丰富的积累，但是如果能够从平时的学习中充分掌握课文中的方法，就能很好地提高自己的写作水平。学习从来不是一种单一的行为，并不是一定要从课外获取写作技巧。写作的方法就在我们自己身边。做个有心人，哪里都能找到好的借鉴。课文中的经典，就是最好的范例。学习文言文不仅要积累其中的文言文知识，分析其中包含的道理，还要学习古人高超的行文技巧。